La camisa

———

El cuarto poder

Letras Hispánicas

Lauro Olmo

La camisa
___
El cuarto poder

Edición de Ángel Berenguer

QUINTA EDICIÓN

CÁTEDRA

LETRAS HISPANICAS

Ilustración de cubierta: Fernando Suárez
Fotografía realizada por sistema
Polaroid SX-70

© Lauro Olmo
Ediciones Cátedra, S. A., 1995
Juan Ignacio Luca de Tena, 15. 28027 Madrid
Depósito legal: M. 20951-1995
ISBN: 84-376-0499-0
Printed in Spain
Impreso en Selecciones Gráficas
Carretera de Irún, km. 11,500 - Madrid

Índice

Introducción

A Celia y Paloma

David Pierson: «Lauro Olmo, autor de *La camisa*». Grabado
en madera. San Francisco, 1978. (Col. particular.)

Agradecimientos

Por muchas razones estas páginas están en deuda con Lauro Olmo. El autor es un ejemplar raro de ser humano, amistoso y cordial, que sabe transgredir la habitual ceguera y ensimismamiento de los autores dramáticos. Ha sido un placer trabajar con su generosidad y largueza de buen sentido. Otras personas han contribuido materialmente a que este proyecto llegue a ser barco que arriba: Tracey Hill lo transcribió con fidelidad y los alumnos de Tufts University y Skidmore College en Barcelona, sufrieron y aprendieron en estos cinco años de su concepción y realización. Con sus trabajos me prestaron ideas y datos que sería injusto no recordar aquí, junto con los de otros colegas, colaboradores o ex alumnos.

Deber también de justicia es agradecer en estas líneas el apoyo y cortesía del personal de la Wessell Library de Tufts University que, durante los últimos tres años, paciente y amablemente, me han asistido en mi trabajo.

Mención aparte merecen Antonio Sánchez Trigueros, y don Manuel Alvar, gracias a cuya insistencia y amistad estas páginas formaron parte del estudio *Conciencia política y poética realista en Lauro Olmo,* que se convirtió en mi tesis doctoral española en la Universidad de Granada.

11

Cronobiografía

1922   El 9 de noviembre nace Lauro Olmo en Barco de Valdeorras (Orense).

1926   Su padre emigra a Buenos Aires.

1930   Va con su familia a Madrid.

1934   Ingresa en el asilo. (El último cuento de *Golfos de bien*, «Adiós», es su despedida antes de ir al asilo.)

1936   Es evacuado por el Gobierno de la República a las Guarderías infantiles de San Juan (Alicante). Ingresa en el Instituto de esta ciudad.

1939   Trabaja de mecánico de bicicletas, empleado, vendedor en Atocha. A finales de este año había regresado a Madrid.

1941   Trabaja de dependiente y, en ratos libres, escribe.

1943   Marcha al Servicio Militar.

1944   Ingresa en el sanatorio militar de Ronda (Málaga) donde le practican un pneumotórax. Sus estancias hospitalarias y tratamientos duran casi tres años en dos etapas.

1948   A finales de este año le dan el alta definitiva en el Sanatorio de Ronda. En septiembre se hace socio del Ateneo de Madrid.

1949   Marcha a Galicia a reponerse (a Jagoaza). A finales de este año regresa a Madrid y empieza su etapa de ateneísta.

1950   Escribe *Casa Paco* (antecedente de la pieza teatral *El milagro).*

1951   Escribe *Breve historia del hombre que vendió su muerto.* El 29 de mayo, primer recital público en el Centro Gallego de Madrid.

1952   Recital (con Ángela Figuera, Ramón de Garciasol...) en el «Café Lira», de Lavapiés.

1953   Escribe: «Don Cosme», «El señor González», «José García» (del que se hará una pieza teatral con el mismo nombre), *El milagro, El perchero* y *Doce cuentos y uno más.* En la concesión del Premio Leopoldo Alas, la censura prohíbe *Doce cuentos y uno más.* Trabaja en la secretaría del Aeroclub de Madrid. Conoce a Luis Garrido (pintor y tapicista).

1954   El 29 de octubre se casa con Pilar Enciso, a quien había conocido este mismo año. Escribe: «El león engañado» y *Cuno* (enero-febrero) que se publica en julio en la colección «Literatura de juglaría» (Madrid, Gráficas Bachende). Publica *Del aire* (Madrid, Colección Neblí). Representación de *El milagro* en una taberna de la calle Delicias. Viaje de novios a París aprovechando una beca de Pilar.

1955   El 6 de junio de 1955 nace Lauro Olmo Enciso. Escribe el libro de poemas *Del hombre.* El 16 de diciembre representación de *El milagro* en la Escuela de Capacitación Social de Trabajadores (Madrid). Estreno de *El milagro* por los «Amigos del Teatro Español» en Toulouse (Francia). *Doce cuentos y uno más* gana el Premio Leopoldo Alas.

1956   Escribe «El Nache» e «Historia de una noche» (incorporados los dos a *Golfos de bien).* Publica

13

Doce cuentos y uno más (Barcelona, Rocas). Asiste al Congreso de Escritores Jóvenes.

1957 Escribe: «El segundo terrón», «El Cucha» (incorporado a *Golfón de bien)* y su primera novela *Ayer, 27 de octubre* (que es finalista del Premio Nadal).

1958 El 7 de junio de 1958 nace Luis Olmo Enciso. Escribe: *El gran sapo, La peseta del hermano mayor* (iniciada ya en 1957), «Un botón» (que es el antecedente de *La condecoración)* y «La gran lección». Publica *La peseta del hermano mayor* el 24 de diciembre (Barcelona, Rocas) y *Ayer, 27 de octubre* (Barcelona, Destino).

1959 Escribe *El león enamorado* (sobre una idea del Panchatandra).

1960 Escribe *La maquinita que no quería pitar, La camisa* y *El raterillo.* Lectura de unos fragmentos de su novela inédita *El zócalo negro* en la Asociación Cultural Iberoamericana de Madrid el 5 de abril.

1961 Escribe *Asamblea general.* Obtiene el Premio «Valle-Inclán» por *La camisa.*

1962 Estrena *La camisa* en el Teatro Goya de Madrid, con *Dido, pequeño teatro* el 8 de marzo. Obtiene con ella dos premios: «Larra» y «Nacional de Teatro». En septiembre-octubre escribe *La pechuga de la sardina* (antes *La casa de las tres chimeneas),* obra que publicaría más tarde la revista *Primer Acto* en su núm. 43.

1963 Escribe *La noticia* y *La señorita Elvira* que se presenta en TVE en septiembre-octubre. Publica *La camisa* en *Primer Acto* (núm. 32). De su obra más conocida aparecen otras ediciones que atestiguan la rápida popularidad de *La camisa* y que aparecen en la bibliografía del autor. Obtiene el Premio «Álvarez Quintero» de la Real Academia por *La camisa* y el Premio «Elisenda de Montcada» por *El gran sapo.* Se estrena *La pe-*

chuga de la sardina en el Teatro Goya de Madrid el 8 de junio. Estrena *La camisa* en el «Old-Vic Theatre School» de Bristol (Inglaterra) el 9 de mayo. También es representada *La camisa* en el teatro de la «Cour Saint-Pierre» de Ginebra (Suiza) por la Agrupación de Trabajadores del Centro Cultural Español el 13 y 14 de diciembre. Los estrenos de *La camisa* se multiplican por todo el mundo. Desde el Centro Democrático Español de São Paulo (Brasil), un significativo 13 de abril, hasta su representación en el Teatro de la Ciudad Universitaria de París (con el TEU, el 8 de noviembre), esta obra se instala en los repertorios habituales de los teatros y compañías más interesantes de todo el mundo. Conoce a Manuel Tuñón de Lara, y Antonio Buero Vallejo le presenta a Martín Recuerda. Firma el documento de los 102 intelectuales. Del 14 al 20 de octubre es invitado al coloquio internacional «Realismo y realidad en la Literatura contemporánea» (Hotel Suecia, Madrid).

1964   Escribe *La condecoración*. Publica *El gran sapo* en marzo (Barcelona, Garbo Editorial). Estrena *La camisa* en el «Kleist-Theater» de Frankfurt (Alemania) el 26 de enero, y el 31 de mayo (por la misma compañía) en Berlín, como homenaje al pueblo español. Estrena *La camisa* en el Teatro «IFT» de Buenos Aires, donde se le otorga el premio a la «Mejor Obra Extranjera en Idioma Original» (por la revista *Talía* y el radiofónico «Semanario Teatral del Aire»). «Mención Especial para Obras Extranjeras» por unanimidad de la revista *Teatro XX*. «Mención» de la Asociación de críticos teatrales de la República Argentina. Lectura de *La condecoración* en casa de Conchita Montes. Se le concede una beca no oficial de la «bolsa de ayuda de viaje al extranjero».

1965   Escribe: *El tonto útil, Nuevo retablo de las*

15

maravillas y olé (publicada en *Cuadernos para el Diálogo*, número 49, Madrid), *La metamorfosis de un hombre vestido de gris* (publicada en la revista hispánica de Amsterdam, *Norte), Ceros a la izquierda, La niña y el pelele* (publicada en *Cuadernos del Ruedo Ibérico*, núm. 7, París), y en septiembre escribe *El cuerpo.* Publica *La noticia* en la revista berlinesa *Sonntag*, ilustrada por Renau (núm. del 28 de marzo de este año). Estrena *La condecoración* en el «Théâtre du Taur» por los «Amigos del Teatro Español» el 4 de diciembre. Se repite el espectáculo de la misma agrupación, en el «Théâtre de l'Institut d'Études Ibériques et Ibero-Americaines», el 11 de diciembre durante la celebración del II Festival de Teatro Español en Burdeos (Francia). Viaja a Saint-Etienne. Intento de detención el 1 de mayo.

1966   Escribe *Mare Nostrum, S. A.* y una de las crónicas del *Cuarto poder, De cómo el hombre limpión tiró de la manta.* Publica *Nuevo retablo* y *La noticia* en *Cuadernos para el Diálogo,* y *El cuerpo* (Madrid, Escelicer). Estrena *El cuerpo* en el Teatro Goya de Madrid el 4 de mayo. Estrena *La camisa* en el teatro N. V. Huis de Utrecht (Holanda), por el Círculo español «Libertad y Cultura», el 25 de junio.

1967   Muere su padre en Buenos Aires, donde está enterrado. Escribe *El mercadillo utópico* (mayo), *English spoken* (en el otoño), *Cronicón del medioevo* (junio-julio) (también llamada *El pechicidio),* y *Plaza menor* (junio-julio). Publica *El cuerpo* (Madrid, Aguilar), *La pechuga de la sardina* en la «Colección de Teatro» (Madrid, Escelicer, y *Primer Acto,* núm. 43), *La camisa* (Madrid, Escelicer), y *El mercadillo utópico* o *De cómo el hombre limpión tiró de la manta* en *Yorick* (número 29, Barcelona). Lectura de *El cuarto poder* en *Cuadernos para el Diálogo.* Estrena *El rate-*

rillo en Montevideo (Uruguay), que se mantiene en cartel durante este año y el siguiente. *El raterillo* recibe el Premio del Círculo de la Crítica del Uruguay a la mejor obra infantil. El «Aula de Teatro» del Ateneo de Oviedo estrena *La noticia* en el de Santander.

1968   Publica en Barcelona, en Plaza y Janés, *Golfos de bien* y en Oxford (Inglaterra), en Pergamon Press, *La camisa.* Estrena *Asamblea general* en el Teatro Principal de Castellón el 20 de diciembre y *English spoken* en el Teatro Cómico de Madrid el 6 de septiembre.

1969   Publica *El león engañado, El león enamorado, La maquinita que no quería pitar, El raterillo* y *Asamblea general* en la Colección «Teatro» (número 630, Madrid, Escelicer). También ven luz este año *La señorita Elvira* (en *Informaciones)* y *English spoken* (en el núm. 102 de *Primer Acto* y en Escelicer, Madrid). El TEU ofrece *La noticia, La niña y el pelele* y *El mercadillo utópico* en el Teatro Ex-Enal de Parma (XVII Festival Internacional de Teatro Universitario), el 26 de marzo. Estrena *La metamorfosis de un hombre vestido de gris* y *La noticia* en el Teatro «L'Atelier» de Ginebra (Suiza) el 25 de abril con el «grupo español de teatro de la universidad obrera de Ginebra». Emisión en la RAI de *La notizia* y *La metamorfosi di un uomo in uniforme* de *Il quarto potere* el 28 de diciembre.

1970   Estrena *La camisa* (Saint-Etienne). Filmación del corto «La España de Lauro Olmo y *La camisa».* En mayo interviene en el III Congreso Nacional de Teatro Nuevo celebrado en Tarragona. Se publicó su ponencia (un extracto) en *Yorick,* número 40 (mayo-junio). Emisión en la RAI de *La notizia* y *La metamorfosi di un uomo in uniforme (Il quarto potere),* el 3 de enero y también a fin de año.

1971 Publica *La señorita Elvira* en la revista *Temas*
de Construcciones Colomina y su grupo, volumen XIII.

1972 Representación de *La noticia* en gallego en la
Universidad de Santiago de Compostela. Emisión
radiada de *La camisa* en Estocolmo. Estreno de
su versión definitiva de *Los leones (El león engañado* y *El león enamorado)* en el Teatro Quart
de Valencia, en noviembre.

1973 Publica *José García* en *Cuadernos para el Diálogo* en el número 114 (marzo). Publica *La maquinita que no quería pitar* en Audiolibro (Videosistemas, S. A.). Estrena *Cronicón del medioevo*
el 23 de octubre. Estrena *Los leones* en el Teatro Arniches de Madrid.

1974 Estrena (revisada y aumentada) *Cronicón del medioevo* el 23 de julio en el Teatro de La Comedia
de Madrid (con el título definitivo de *Historia de
un pechicidio* o *La venganza de D. Lauro,* es editada en Escelicer, núm. 768). Adaptación en diciembre de *A los hombres futuros, yo Bertold
Brecht.* Le seguirán *El señor Puntilla y su criado
Matty* y la *Antígona* de Anouilh.

1975 Escribe entre octubre y noviembre *Spot de identidad.* Estrena en Bilbao *El pechicidio* el grupo
Akelarre abriendo el Festival Teatral de Sitges en
este año. Estrena *José García* en la Facultad de
Filosofía y Letras (por el TU de Murcia), el 10
de febrero. Estrena *La camisa* abriendo la temporada en el «Nouveau Gymnase» de Lieja (Bélgica). *La camisa* acude al «Festival du Jeune Théâtre» celebrado este año en Bélgica. *La camisa* a
finales de año obtiene un señalado éxito en la
televisión checoslovaca. En febrero interviene activamente en la huelga de actores. El 2 de mayo
se celebra una «cena de los ateneístas» en su
homenaje, siendo prohibido su discurso. El 4 de

noviembre interviene en «Diálogos sobre el teatro español», autojuzgándose.

1976 Publica en la revista norteamericana *Estreno* (volumen II, núm. 2, otoño) *José García,* donde también se publica una entrevista y un trabajo de García Pavón titulado «Obra y semblanza de Lauro Olmo». El 5 de marzo, el ciclo de la Fundación Juan March «Literatura Viva», le dedica la sesión. En abril participa en el seminario sobre el teatro español en la Universidad de Montpellier. Es invitado a la Bienal de Venecia. El 15 de septiembre muere su madre. Publica *El gran sapo* y *Cuno* en el Círculo de Amigos de la Historia, S. A., y *La pechuga de la sardina* en el libro *Años difíciles* (Bruguera, Colección «El libro amigo», núm. 492, marzo). Del 30 de mayo al 4 de junio interviene en las primeras jornadas de estudios sobre teatro escolar del INCIE. Se estrena *La condecoración* el 12 de enero en Checoslovaquia y asiste al estreno. También al de la misma obra (el 10 de marzo), en el Teatro Infanta Isabel en Madrid. Participa en un coloquio sobre «Los exilios» que se publica en la revista *Historia 16* en el número 19 (noviembre).

1978 Escribe siete guiones de los trece que iban a componer una serie popular en TVE, bajo el título de *Un taxi para vivir.* Su espectáculo *Arniches* se estrena en la Corrala (Madrid). Reajusta *Spot de identidad* y pasa a llamarse *Los maquilladores* (octubre). Revisión y fijación del nuevo texto de *Mare Nostrum, S. A.* que pasa a llamarse *Mare Vostrum* (noviembre). Interviene en el VI Congreso Internacional de la A.S.S.I.T.E.J. celebrado en Madrid en junio; en el transcurso de este congreso el TEI estrena la versión definitiva de *Asamblea general.* A finales de febrero es invitado por la «Asociación de Amigos del Sahara» de Madrid para asistir al II aniversario de la proclamación de la República Árabe Saharaui Democrática. Inicia una serie de musicales populares madrileños en los que pretende rescatar la esencia genuina de algunos personajes y situaciones de la tradición sainetesca. El primero de ellos resultó de la adaptación de una serie de sainetes rápidos y escenas originales (estructuradas desde una concepción precisa del espacio urbano materializado en La Corrala) que contenía dos partes: *Del Madrid castizo,* y la adaptación de *El agua del Manzanares,* del mismo Arniches.

1979   Asiste a un ciclo de teatro para el pueblo en el Club de Amigos de la UNESCO, el 17 de enero.

1980   El 15 de febrero de este año, desde el balcón principal de la Casa de la Panadería en la Plaza Mayor de Madrid pronuncia el primer pregón de los carnavales madrileños, cuya celebración se reanudaba tras cuarenta años de paréntesis. Después de un año de ausencia de La Corrala, durante el verano, vuelve Lauro Olmo con su adaptación de una versión casi completa de la obra de Arniches *Del Madrid castizo* que presenta bajo el título *Del Madrid castizo I.*

1981   El 28 de junio se televisa en el espacio «Teatro Breve» una nueva versión televisiva de su pieza corta titulada *La señorita Elvira.* Creación de un espectáculo musical adaptando *El santo de la Isidra* y *El amigo Melquíades* de Arniches, para La Corrala.

1982   El 19 de febrero se televisa, con gran repercusión, su obra titulada *La pechuga de la sardina,* con la que España concurre al Festival Internacional «Praga de Oro» de dramáticos televisivos, celebrado en Praga en junio de este año. Se consideró como el mejor programa dramático del año y un gran logro en la historia de los dramáticos de TVE. Presentado por el poeta Ramón de Garciasol, lee una selección de sus cuentos en la Biblioteca Nacional («El autor y su obra») con destino al Archivo de la palabra. En mayo asiste al Congreso Internacional de Escritores, celebrado en Moscú, bajo el lema «El niño y la paz». Creación de un espectáculo musical titulado *Serafín el pinturero* basado en la obra del mismo título escrita por Arniches. En septiembre empieza los trabajos preparatorios para escribir *Pablo Iglesias,* obra cuya escritura inicia en el mes de diciembre.

1983   Da varias charlas-coloquio sobre «El autor y su obra» en distintos Institutos de Madrid y sus alrededores, organizados por el Ministerio de Cultura con participación de algunos de los principales escritores, críticos y ensayistas de la literatura actual. Recibe el Premio Manuel Espinosa y Cortina (compartido con Pilar Enciso) de la RAE por su obra *Asamblea general* concedido a «la mejor obra estrenada en el quinquenio 1977-1891». Creación de un espectáculo musical (basado en algunos sainetes rápidos de Arniches) titulado *Del Madrid castizo II* en La Corrala. En septiembre termina la redacción de *Pablo Iglesias.*

1984   Recibe el Premio Dorín de Teatro a la mejor labor de creación de la temporada madrileña 1983-1984 por su obra *Pablo Iglesias* (estrenada el 24 de febrero). En marzo interviene en el *Primer Seminario de la Literatura Actual* de la UNED (Ávila). Entre el 26 de julio y el 2 de septiembre se representa en La Corrala su adaptación de *La revoltosa* (de López Silva y Fernández Shaw, con letra del Maestro Chapí), en un espectáculo titulado *La Corrala 1984.* El 20 de septiembre presenta en Motril (Granada) los «Encuentros de teatro en la comarca», con una charla titulada «El teatro español hoy».

Lauro Olmo en la década del realismo

Durante los años 50 se desarrolla y afirma el realismo social en la literatura dramática española. Los éxitos, ganados a pulso, de Antonio Buero Vallejo y Alfonso Sastre que, en medios dispares y con orientaciones distintas, habían conseguido imponer un lenguaje teatral relacionado con el presente nacional y sus conflictos, abonaron el camino tanto a Lauro Olmo como a sus compañeros de la siguiente generación realista. Todos están formando su estilo en aquella década y durante aquellos mismos años emprenden su aventura creadora. Como sus coetáneos todavía y también desconocidos, Lauro Olmo busca una fórmula expresiva propia y genuina. Por ello, el autor de *Doce cuentos y uno más* practica la narración durante aquella década y, esporádicamente, escribe dramas.

Frente a la educación superior de Buero y Sastre, surge la autoeducación de este *golfo de bien*. No debe olvidarse que es, precisamente, esa frescura bien trabada y auténtica la gran novedad aportada por Lauro Olmo al teatro de su tiempo, y que en ella está uno de los ele-

22

mentos más evidentes del sorprendente éxito de *La camisa*. En realidad, se trataba de una elaboración estética
nacida de una voz que se desprendía directamente del
ambiente que el autor recreaba en el escenario.

Por otra parte, Lauro Olmo aparecía uniendo los
posibles antagonismos, cada vez más evidentes, surgidos
entre lo que llamaremos el «modo Buero» (más técnicamente conocido por «posibilismo») y la «actitud Sastre»
(o «imposibilismo»). Evitándose (dentro de lo posible
en un ambiente tan cerrado como el que nos ocupa)
tener que tomar partido, Olmo se sale por la tangente
del conflicto con su nuevo lenguaje (no ausente en algunos parlamentos de *Historia de una escalera*), su peculiar
recuperación de una tradición dramática (más por afinidad
expresiva que ideológica), y su nueva representación de
un ambiente popular. El resultado es *La camisa:* un producto genuino e irrepetible por su carácter de obra que
representa rica y adecuadamente toda una época, desde
la óptica de un sector, generalmente mudo, de la sociedad.

Como ya hemos señalado, desde 1950 (año en que
produce *Casa Paco*) Lauro Olmo practica la literatura
escribiendo sobre todo narrativa. Sus cuentos y novelas
le afirman el estilo y traspasa, en varias ocasiones, los
umbrales del teatro. Técnicamente, y ya desde aquellos
años, el autor de *La camisa* ejercita y conoce su modo
de expresión, que nace y se desarrolla en los cauces del
realismo social, por entonces imperante en los medios
intelectuales que frecuenta Lauro Olmo. Se reúne, con
otros escritores, en los círculos más cercanos al Partido
Comunista, del que unos son verdaderos militantes sin
carné, otros compañeros de viaje y, algunos, afiliados o
ex miembros.

El mismo autor reconoce que, por aquellos años su
conocimiento del marxismo científico era nulo. Le eran
familiares las líneas generales de aquél pensamiento gracias, sobre todo, a las publicaciones clandestinas del PCE.
En su caso personal todo aquello era lluvia sobre moja-

do. La biografía de Olmo está llena de factores que hacían al autor parte inseparable del cuerpo social en que más eco producían las tesis comunistas. Esta información sobre sus bases ideológicas y políticas tiene enorme pertinencia en la lectura que proponemos de su obra.

Probablemente sin saberlo, Lauro Olmo está introduciendo su actividad creadora en un amplio movimiento de vieja tradición europea, que encontró cierto eco así en nuestra literatura dramática, como en el desarrollo de círculos teatrales, entre los obreros de nuestras grandes ciudades desde principios de siglo. A diferencia del movimiento alemán que encarnó el ideal Socialista del teatro para el pueblo (la *Freie Volksbuhne,* fundada en 1890) [1] la producción escénica de carácter social (que defendía tesis cercanas a socialistas y libertarios) se dedicó en España más a la defensa de los nuevos objetivos políticos, que a la creación de un movimiento amplio y eficaz capaz de llevar la cultura más libre a un público inmensamente mayoritario [2].

---

[1] Véase el excelente libro de Cecil Davies, *Theatre for the People,* Austin, Texas, University of Texas Press, 1974.

[2] Para el final del siglo, hemos tenido en cuenta el documentado libro de Jesús Rubio Jiménez, *Ideología y teatro en España: 1890-1900,* Zaragoza, Pórtico, 1982. Permítaseme citar *in extenso* algunas de sus conclusiones:

> La producción teatral anarquista y socialista, bastante escasa estos años, no superó el maniqueísmo melodramático. Tan sólo algunos dramaturgos anarquistas catalanes —Iglesias, Cortiella y Brossa— conocieron con cierta amplitud la renovación teatral europea y, en sus dramas, procuraron seguir sus pautas... La «gente nueva» y luego los «jóvenes del 98», tanto modernistas como noventayochistas, caso de admitirse tan controvertida y poco clara distinción, se ocuparon mucho del teatro. Su consideración de su función social fue poco clara y defendieron un teatro sociológico, pero también un teatro en el que lo puramente estético tuviera un valor en sí... Durante los primeros años de la década de 1890 a 1900, predominó la primera tendencia, pero en los últimos, al acentuarse el personalismo de los escritores, lo sociológico perdió terreno. Las ideas de Zola fueron al principio su *catecismo,* pero progresivamente se

El hecho es que se produce una disociación evidente entre intelectuales (si salvamos la escasa nómina de socialistas provenientes de profesiones universitarias, siempre tan comedidos en su atención a los temas de creación y cultura) y militancia ideológica radical[3]. Probablemente hay que buscar la explicación de esta separación entre cultura y socialismo en no pocos de los factores históricos contradictorios que coincidieron con la crisis finisecular. Algunos de ellos han sido ampliamente entudiados (porque influyeron en la creación del llamado «espíritu

---

enriquecieron con las de los autores nórdicos, las de los simbolistas y, ya hacia 1900, con las de algunos nuevos dramaturgos franceses e italianos. Su zolaísmo inicial, con todo, se hallaba lastrado de elementos procedentes de la dramaturgia neorromática de Echegaray y su crítica social debe no poco a la literatura satírica y periodística (página 232).

[3] De la necesidad de una acción política militante en el campo de la producción cultural, no hay rastro en las actas de los congresos del PSOE y todo queda en manos de la Escuela Nueva a partir de 1913-1914, cuando pasó a denominarse Centro de Estudios Socialistas. Pero ello no implicó una mayor práctica de acción cultural socialista a través de creadores cada vez más alejados de la estructura socialista de partido. Esas relaciones (aun a pesar de puramente superficiales y tan recelosas) han sido aludidas por Tuñón de Lara en su *Medio siglo de cultura española* (Madrid, 1970, pág. 170) de una manera muy evocadora:

Empezaron los cursos el 15 de enero en la Casa del Pueblo (excepto en el de Dibujo, que se daba en el Centro Socialista del Sur). La inauguración fue una clásica velada literaria, como tantas otras: Joaquina Pino y Ricardo Simo Raso representaron el sainete de los hermanos Quintero *Los chorros del oro*. El mismo Jacinto Benavente leyó un cuento titulado *Por qué no bebe Juan*. Ricardo Calvo (entonces primer actor joven en el teatro Español) leyó poemas de Zorrilla y Lucrecia Arana lució su voz de magnífica cantante. Hasta ahí todo era incoloro en el plano de la cultura. Sólo había el hecho social de aquellas clases que se dieron, con éxito de público, durante los cuatro primeros meses de 1911. Un sector del movimiento socialista no miraba con buenos ojos aquella presencia «intelectual». Por eso, el Comité Nacional de la UGT, en su reunión del 13 de abril de 1911, negó el ingreso en la misma a la Escuela Nueva.

del 98») en lo que los relaciona con el radicalismo de Costa. No insistiremos aquí mucho más en la cuestión, pero sí nos parece importante señalar el radicalismo más o menos exacerbado del ambiente político cultural del momento, así como el evidente conservadurismo de las técnicas dramáticas empleadas tanto por los autores «sociales», como en las obras de dramaturgos más influidos por la tradición dramática nacional y el reclamo del negocio teatral [4].

En este contexto hay que recordar el severo juicio de don Manuel Azaña sobre Joaquín Costa y su andadura histórica:

> Estas vacilaciones de Costa tienen por fondo su pesimismo radical y su recelo de la democracia... Unos por anarquismo; otros por casticismo agarbanzado, que siempre están soñando con el reinado de Isabel «La Católica», casi ninguno confía en la organización de las fuerzas populares. Costa quería que se hiciese una revolución, pero poniéndola en buenas manos [5].

El asunto se complica si observamos que se ha venido manteniendo cierta relación (más bien coyuntural y de superficie, a nuestro entender y según muestran la vida y obra de los autores noventayochistas) entre la llamada «juventud del 98» y el nocialismo militante de la época [6]. Este juicio curioso, que pretende recuperar los años

---

[4] Véase mi capítulo «El teatro hasta 1936» (en *Historia de la Literatura Española,* vol. IV, 3.ª ed., Madrid, Taurus, 1980).

[5] Véase *Historia social de la Literatura española,* II. Carlos Blanco Aguinaga, Julio Rodríguez Puértolas, Iris M. Zavala, Madrid, Castalia, 1981, pág. 200. Los autores de este libro reflexionan sobre el mismo problema que nos interesa aquí (IV-3). Curiosamente adoptan una idea también nacionalista al comparar nuestra historia literaria y social con el fenómeno latinoamericano, insistiendo así en una nueva fórmula de nacionalismo transhispano, mientras que olvidan relacionarlo con los logros del socialismo cultural militante europeo del momento.

[6] Véase *Historia social de la Literatura española,* II, págs. 226 y siguientes.

mozos de la «gente nueva» en aquel controvertido final de siglo, para la causa del socialismo, parece motivado por la falta de perspectiva internacional con que (en algunos casos, muy sorprendentemente) nuestra crítica se enfrenta al estudiar los años de la crisis española.

Para seguir citando un fenómeno de verdadera importancia europea, recuérdese de nuevo el de la *Volksbuhne* a que ya nos hemos referido. No hay paralelo en España ni creadores, críticos, autores (y, sobre todo, gestores) de la envergadura y compromiso de Otto Brahm, Wedekin o Piscator.

El teatro, como la política y el arte, se mantiene en aquella España en un nivel de pura subsistencia comercial. La controversia creada por Galdós en alguno de sus estrenos, es un fenómeno aislado que surge como acción política y genera cierto rechazo por su pretendida baja calidad dramática. Tanto que hasta hoy llega ese lugar común cuando se habla del don Benito dramaturgo [7]. Es verdad que existe y persiste un «teatro social» hasta la II República, pero es más deudor del drama postromántico español que coetáneo de la nueva sensibilidad social acuñada por la *Volksbuhne,* como ya señaló José Yxart:

> Con aquella inesperada y deslumbrante resurrección (... del drama neo-romántico...) se interrumpen las tentativas de Enrique Gaspar, con *Las circunstancias* (1867), *La Levita, D. Ramón* y *El Sr. Ramón* (1868), *El estómago* (1871), y la misma tendencia de Tamayo, en obras como *Los hombres de bien:* últimos ejemplares del periodo anterior, donde se acentúa el propósito de romper con las convenciones aceptadas, comunicar semblante de vida, movimiento de realidad,

---

[7] Nótese cómo Ruiz Ramón en el primer volumen de la primera edición de su *Historia del Teatro Español* (Madrid, Alianza, 1970) habla de Galdós como autor decimonónico. En su edición actual (Cátedra) no aparece tampoco en este siglo, a pesar de haber escrito y estrenado la práctica totalidad de su obra dramática a partir de 1900.

a los caracteres y a la acción, dar un nuevo paso en el uso de la prosa hablada, del lenguaje usual, y ahondar más en los conflictos íntimos de nuestra época, hasta incurrir en cierta crudeza cáustica, en la sequedad y aridez que suele ser el defecto de la escuela. El neo-romanticismo que sobreviene de golpe, suspende aquel movimiento de avance; cuando intenta continuarlo en el fondo, o en los asuntos elegidos, de tal modo lo altera en la forma, y a tal punto se extravía y aleja de él, que cuesta trabajo reconocerle [8].

Este fenómeno que consiste en la recuperación del nuevo lenguaje escénico europeo, se acentúa posterior-mente en nuestro teatro y se convierte en mal endémico del mismo. En esta amplia tradición hay que situar los descalabros empresariales de los autores renovadores que, en este siglo, han intentado acceder siempre a la escena comercial (aunque el intercambio de intereses lo promueva uno u otro gobierno) de nuestros teatros.

Frente a esa tradición (y probablemente impulsados por los ejemplos que conocen durante su exilio europeo) se alza la nueva política «cultural» de la izquierda socia-lista española, impulsada por las tesis del PCE durante la época en que se inicia el joven Lauro Olmo [9].

Efectivamente, no pocos autores —y no solamente

---

[8] José Yxart, *El arte escénico en España,* vol. I, Barcelona, Imprenta «La Vanguardia», 1894, pág. 66.

[9] La experiencia teatral de la Guerra Civil española es, sin duda un elemento importante de cohesión según han visto Marrast, Bilbatúa y Monleón entre otros. Pero no debe olvidarse que era el signo de la época y que en lugares tan remotos como la ciudad de Nueva York, se hizo más y con más rigor que entre nuestros profesionales de la escena. Véase el libro de Morgan Himelstein, *Drama was a weapon (The Left-wing Theater in New York, 1929-1941)* (Nueva York, Rutgers University Press, 1963), donde se exponen las tácticas políticas y estéticas de aquel movimiento, abortado en 1941 y en el que participaron y se for-maron creadores de primera fila como Elia Kazan y Lillian Hellman. Sin duda el contexto era diferente al español, como también lo era la tradición del compromiso político de los crea-dores, a veces importado de Alemania o Italia por los emigrantes.

dramáticos— que están empezando con los años 50, utilizan la literatura como «arma», tanto en su tradición social de entre siglos y el bélico compromiso de las letras durante la Guerra Civil, como en el contexto de la resistencia política al franquismo que, por aquellos años, animaba a los círculos del Ateneo frecuentados por nuestro autor en Madrid. No debe olvidarse que a partir de 1955

> el ambiente estaba más cargado, no sólo en los medios universitarios y culturales (impresionante manifestación en octubre cuando muere Ortega y Gasset, poesía comprometida de Blas de Otero y Celaya con *Pido la paz y la palabra* y *Cantos iberos* respectivamente, realización por Barden de la cinta *Muerte de un ciclista*, *Informe* del rector Laín al Gobierno sobre la situación espiritual de la juventud universitaria; contando con el patronazgo del mismo Laín se empezó a organizar un Congreso de Jóvenes Escritores Universitarios) [10]...

En realidad, todo lo que antecede no es sino una continuación del radicalismo que conduce a practicar la literatura social a la inmensa mayoría de los autores progresistas. Si exceptuamos a los escritores *postistas* —que intentan una aventura surrealista de la que sólo sobreviven Arrabal y Ory—, poco queda al margen de la enorme ola realista. De todos modos, no pocos *postistas* acaban en las aguas de la poesía social en los años 50, cuando el movimiento ᴜe da por finiquitado, según he señalado en otro lugar [11].

---

[10] Manuel Tuñón de Lara, «La sociedad y las instituciones», en *Historia 16*, XXIV extra, Madrid, diciembre de 1982, pág. 125.
[11] Véase mi Introducción de *Pic-Nic, El Triciclo, El Laberinto*, Fernando Arrabal, Madrid, Cátedra, 1979.

El realismo social en los años formativos de Lauro Olmo

La apuesta social por lo que, en términos muy generales, hemos denominado *realismo*, apunta ya de una manera clara (tanto en el teatro como en la novela), durante los años 40, pero es la década siguiente, la que consagra a una nueva generación de narradores jóvenes entre los que hay que colocar a Lauro Olmo, a pesar de que no aparezca en la lista que recogemos del profesor Corrales Egea:

> citaremos los más significativos entre esos novelistas de la promoción mediosecular, indicando entre paréntesis la fecha de nacimiento de cada uno de ellos, por orden cronológico: Armando López Salinas (1925), Antonio Ferres (1925), Carmen Martín Gayte (1925), Jesús Fernández Santos (1926), Ana María Matute (1926), José M. Caballero Bonald (1926), Rafael Sánchez Ferlosio (1927), Juan García Hortelano (1928), Alfonso Grosso (1928), Juan Goytisolo (1931), Juan Marsé (1933), Luis Goytisolo Gay (1935)... [12].

El autor de *La camisa* se inicia con los autores citados por el también novelista del grupo Corrales Egea. El futuro dramaturgo está en la misma línea y se forma en el mismo caldo de cultivo y, con

> ese grupo, presentará bastante homogeneidad, adoptando (...) actitudes muy semejantes frente a los problemas principales de la literatura, de la existencia, del escritor [13].

El compromiso con la realidad adquiere entre ellos carta de naturaleza y coincide plenamente con la tesis

---

[12] José Corrales Egea, *La novela española actual,* Madrid, Cuadernos para el Di!logo, 1971, pág. 57. Pueden verse las páginas 132 a 137 en referencia a Lauro Olmo.

[13] José Corrales Egea, pág. 57.

(elaborada en el V Congreso del PCE, en noviembre de 1954) del *frente nacional antifranquista,* en lo que se refiere a la creación literaria. Se trataba de enfrentarse a ella iluminando, en el terreno de la creación imaginaria, los aspectos más oscuros de la convivencia social. A partir de esta actitud se comprenden mejor las características que otorga a este grupo de autores el profesor Corrales Egea:

> las mismas causas les mueven a escribir; idéntica misión se atribuyen. Todos ellos escriben por algo y para algo; todos consideran la literatura, en primer lugar, como medio de comunicación, y no como fin en sí misma, esforzándose en desvelar y revelar —a través de ella— la realidad viva y actual del país, de la que quieren testimoniar ante el lector, para que éste, colocado ante la realidad desvelada por el novelista, tome conciencia de su propia situación y adopte un comportamiento. Todo ello, realizado de la manera más objetiva posible, sin la intervención aparente del autor, según una elaboración, un procedimiento que ha sido designado como realismo objetivo o realismo objetivista, y por ello mismo crítico [14].

A lo que precede, añade otras notas características el mismo autor, que pueden resumirse en: a) novelística *abierta* a la vida diaria; b) *sensible* al acontecer exterior; c) *antievasionista;* d) *preocupada,* y, e) *comprometida* tanto con el país que la produce como con la transformación sociopolítica del mismo. Para llevar a cabo su objetivo emplean una técnica literaria

> que se distingue por el predominio de la sobriedad frente al juego literario; la sencillez frente al ornamento; preferencia de la expresión concreta y directa frente a la imagen, el rodeo metafórico o alusivo... [15].

---

[14] José Corrales Egea, pág. 58.
[15] José Corrales Egea, pág. 60.

Todo lo que precede podría aplicarse al teatro, como resulta evidente de algunas declaraciones que se encuentran en un *Manifiesto* (publicado en *La Hora,* en octubre de 1950 por el Teatro de Agitación Social de Alfonso Sastre y José María de Quinto) donde se recogen las mismas ideas, aunque de una manera más solemne.

Las preocupaciones de Sastre al respecto se remontaban a la mitad de los años 40, cuando formó parte del colectivo Arte Nuevo [16]. Entre una y otra declaración se produjo (en él y en otros), una más clara inclinación por la lucha revolucionaria, organizada en las filas comunistas. Ello rompió aquel primer grupo entusiasta e inconformista. El asunto no deja de tener importancia si repasamos los peligros evidentes que, ya de por sí, acechaban a los escritores comprometidos, de alguna manera, con opciones propias de la oposición al régimen. Si el grupo no era abundante, tampoco fue consistente y se disgregó tanto por el doctrinarismo de unos, como por el desencanto de otros. Algunos se acercaron a la gran corriente de la Literatura Social y otros se fueron alejando hacia el conservadurismo más radical, como ocurrió con Alfonso Paso. Pocos (sí alguno) se dedicaron simplemente a buscar y crear una organización sólida e imaginativa, para ese teatro de agitación con que soñaban. Probablemente en ello influyó la tradicionalmente tibia voluntad militante de algunos creadores españoles, patente ya en sus abuelos, según hemos venido viendo. Esta tarea de «estructurar la agitación tea-

---

[16] Sastre calificó así aquella experiencia:

Arte Nuevo surgió en 1945 como una forma —quizá tumultuosa y confusa— de decir «no» a lo que nos rodeaba; y lo que nos rodeaba, a nosotros que sentíamos la vocación del teatro, era precisamente el teatro que se producía en nuestros escenarios. Si algo nos unía a nosotros, que éramos tan diferentes (José Gordon, Alfonso Paso, Medardo Fraile, Carlos José Costas, José Franco, José María Palacio y yo, entre otros), era precisamente eso: la náusea ante el teatro burgués de aquel momento.

(Alfonso Sastre, *Teatro,* Madrid, Taurus, 1964, págs. 55-56.)

tral» quedó para la generación posterior que fue la primera en organizarse [17].

Aunque Buero Vallejo se ha distinguido siempre de los distintos grupos más o menos generacionales, también compartió, en líneas generales, la fórmula estética que venimos señalando y navegó en las mismas corrientes morales que sus coetáneos de los que, en algunos casos fue guía y, en ocasiones, antagonista. Así lo señala Ricardo Domenech: su

> preocupación de signo primordialmente ético en parte resulta explicable al considerar cuál es el momento social e histórico en que el autor escribe: a partir de —y también a pesar de y, en otro sentido, a causa de— las ruinas materiales y mortales de nuestra última discordia civil. El tema de España está, perceptible incluso, de una manera mediata y fundamental, en estas acabadas pinturas de la sociedad española de este

---

[17] De ello —y con más años de retraso que los deseables— se encargó el Teatro Independiente. Hay que notar, de todos modos, la suspicacia de los autores para meterse en el movimiento y las no pocas nuevas vocaciones que se ataron al carro del teatro como arma, sin más equipo que su buena voluntad y optimismo juvenil y cierto interés por el desclasamiento, que les produjo la falta de perspectivas para la juventud obrera en la era de Franco. De hecho, todo ello resulta más relevante ahora, según los pobres resultados que produjeron tantos vendavales. Muchos lamentan el relativo fracaso, como el mismo Ruiz Ramón. Otros viven ahora de él. Queda, sin embargo, en el enorme haber de este grupo generacional del 68, su compromiso militante que (como grupo) es original en nuestra literatura, aunque no le falten antecedentes aislados, como el mismo Alfonso Sastre y el «redescubierto» Brecht. Se quedaron algunos con la letra del autor alemán y olvidaron su espíritu, lo que explicaría el escaso fervor creativo promovido por sus hallazgos, y el forzado compás de espera en que han sumido a nuestro teatro. Aquellos años no fueron fáciles, si tenemos en cuenta que al fervor militante socialista de la *Volksbuhne,* hay que contraponer en estos años la desconfianza por la estructura de partido que animaba a los creadores del Teatro Independiente, en lo que, también, se separaban de sus predecesores inmediatos.

tiempo, que se titulan *Historia de una escalera, Hoy es fiesta, Las cartas boca abajo* y *El tragaluz* [18].

No sólo los dramaturgos, sino todos los intelectuales están presentes —aparezcan o no— en una fuente inapreciable para comprender el medio en que se movía Lauro Olmo durante aquellos años madrileños de 1950: el relato autobiográfico de Jorge Semprún que ganó el premio Planeta 1977, *Autobiografía de Federico Sánchez*. Más que muchos informes sobre la actividad del PCE en los medios intelectuales, el relato del escritor ex dirigente de aquel partido, recrea el ambiente y las preocupaciones socioestéticas de aquella generación:

> tengo en mi mesa, por ejemplo, un número de *Cuadernos de Cultura* de comienzos de los años cincuenta. Es un número enteramente dedicado a la poesía. De la presentación extraigo las siguientes líneas, muy típicas de la fraseología de la época. «Nos encontramos ante un nuevo resurgir de la poesía española, de una poesía de combate, de una poesía que exalta la lucha por la vida. Hoy lo que vive, lo que crece, lo que tiene un mañana —y no sólo un ayer— es el pueblo, es la clase obrera, es el Partido Comunista» [19].

Por sus páginas se pasean nombres que son clave tanto de la compleja organización que él mismo estableció en Madrid y cuyos componentes eran (también algunos) amigos de Lauro Olmo, como de otros intelectuales ligados al PCE: Jesús López Pacheco, Enrique Múgica, Julián Marcos, Javier Pradera, Ramón Tamames, Gabriel Celaya, Blas de Otero, Sánchez Dragó y un largo etcétera. Tanto desde el punto de vista de la historia partidista que recoge, como por su perspectiva del discurso imaginario (recreando la atmósfera de la época), el libro

---

[18] Ricardo Domenech, *El teatro de Buero Vallejo,* Madrid, Gredos, 1973, pág. 70.
[19] Jorge Semprún, *Autobiografía de Federico Sánchez,* Barcelona, Planeta, 1977, pág. 20.

de Semprún es, también, una prueba importante de las últimas estribaciones literarias de aquel realismo.

La práctica del realismo en «La camisa» y «El cuarto poder»

Nos referimos, evidentemente, aquí a una de las tendencias de la literatura llamada del medio siglo [20]. Otras coexisten con ella, pero Lauro Olmo se hace en este marco que venimos describiendo, que (para algunos críticos) define también significativamente, la narrativa producida en la década de los 50, donde destacan los «universos novelescos rigurosamente homologables con el universo social español» [21].

Si bien todo lo que precede puede dar la idea de que Lauro Olmo se encuentra en un medio intelectual de gran coherencia, la realidad era muy diferente. Junto al intelectual militante, interesado por las bases teóricas del pensamiento marxista o las organizaciones masivas, pervive la imagen marginal y decimonónica del escritor maldito, a la que, necesariamente, tienen que acoplarse los autores militantes, poco asimilables por los circuitos comerciales del teatro en la España del momento.

Entre los autores de la época, sólo Buero y, sobre todo, Sastre se han acercado, para indagar el futuro, a la teoría dramática. Lauro Olmo sigue atentamente el debate y ensaya sus propios hallazgos. No se puede decir que su teatro revolucione conceptos como los de espacio y tiempo, pero sí que se propone indagar, de una manera personal (basada en la autenticidad), en aspectos concretos de la construcción dramática: el lenguaje, las situaciones y la construcción de los personajes. Por ese camino

---

[20] Véase el capítulo «La prosa narrativa desde 1936» de Santos Sanz Villanueva (en *Historia de la Literatura española,* Madrid, Taurus, 1980, vol. IV), especialmente las págs. 278 y 284.
[21] J. I. Ferreras, *Tendencias de la novela española actual,* París, 1970.

encontrará su cauce este autor, más atento a resolver los problemas concretos con que se enfrentaba el discurso dramático practicado en su entorno, que a elaborar un castillo teórico con las cortas armas que le permitía el contexto. Y no sólo nos referimos a la precariedad política de la dictadura, sino también al panorama desértico de la cultura militante que más tenía que gastar sus esfuerzos en defenderse y sobrevivir, que en atacar a un sistema tan poderoso, desde posturas tan débiles. Quizá por eso las tentativas formales quedan a la zaga de los logros que se apuntan nuestros autores realistas (aunque de todo hubo, con desigual acierto), y también explique ello la fruición y el éxito con que manipulan la intención soterrada, las situaciones violentas, los personajes ejemplares [22].

Lauro Olmo, como hemos dicho, escogerá un camino perfecto para su habilidad expresiva, en un contexto (internacional y madrileño) que le impulsaba a ello desde el cine neorrealista, la novela social, el compromiso de la pintura, el teatro brechtiano y la poesía dirigida a la inmensa mayoría.

En realidad, siguiendo su intuición, Olmo va más lejos que sus compañeros. Con tesón y asombro, llevará la indagación personal hasta el límite de sus posibilidades, creando una obra como *La camisa,* que es un compendio de toda una época. Continuándose a sí mismo, explora más allá del realismo en su serie del *Cuarto poder.* Por lo que una y otra obra tienen en común las hemos querido estudiar juntas. Ambas representan dos caminos, dos maneras de hacer de nuestra generación

---

[22] Resulta curioso observar cómo la transición democrática española ha venido, también, a aclarar los niveles de comprensión de la lengua dramática. Hoy nos sorprendemos de la enorme cantidad (y diversidad) de significados que se sacaba a una frase en distintos años y contextos. Algunas eran genio de autor, desde luego, pero no pocas se debían al ingenio del público, más alejado —con el paso de los años— de la España fascista que militante de una nueva, determinada España.

realista. *La camisa,* como hemos dicho y veremos en nuestro examen, representa un hallazgo de extrema coherencia y gran riqueza, en la trayectoria ya descrita del realismo, en que nada nuestro autor. Después del éxito obtenido, Lauro Olmo repite variantes razonables de su descubrimiento en obras como *English spoken* (1968)[23].

Sin embargo, casi al mismo tiempo, se pone en marcha hacia nuevas fronteras de su utensilio dramático. Con *La noticia* descubre signos nuevos en su discurso. Vuelve a escribir, cambia, ordena y rectifica su serie de piezas cortas que forman *El cuarto poder.* Por ello, precisamente, se ha hecho esperar tanto una edición completa y definitiva de la obra. En su escritura, Lauro Olmo ha vertido su nueva experiencia dramática. Acepta el universo alegórico, incluso en las situaciones, y perfila su lengua teatral. Al margen de Alfonso Sastre, también empeñado en una nueva ejecutoria del realismo, Lauro Olmo continúa en la línea autóctona que ya hemos descrito y busca los límites de su fórmula teatral.

Una y otra obra representan, a nuestro entender, el resultado del mismo esfuerzo. *La camisa* es un final de trayecto y *El cuarto poder* punto de partida del mismo cuño, aunque lanzado hacia el futuro desde su constatación personal del estado actual del teatro en el mundo a que el autor tiene acceso.

Precisamente por ello muchas de las afirmaciones que haremos al referirnos a *La camisa* (lenguaje, situaciones, etcétera) serán pertinentes en 'el análisis del *Cuarto poder,* quedando lo específico en las páginas dedicadas monográficamente a cada una de las piezas cortas que lo componen.

También a causa de esta continuidad interna de las obras, nos hemos permitido analizar primero y de una forma más detenida la primera. Con ello establecemos

---

[23] También en otra obra, *La pechuga de la sardina* (1963), ya señala Ruiz Ramón *(op. cit.,* pág. 496) la aparición de ciertos elementos esperpénticos que están mucho más desarrollados en *El cuarto poder.*

las bases del discurso dramático de Olmo y ofrecemos
dos acercamientos críticos a dos realidades dramáticas,
tan bien diferenciadas en tanto que obras, en su lenguaje
escénico, el concepto temporal y espacial que las indi-
vidualiza y, finalmente, la distinta base histórica de la
anécdota que las inspira.

Antes de estudiar una y otra obra (cuya edición anotada sigue) hemos querido analizar conjuntamente los
dos aspectos más peculiares de la manera en que Olmo
construye su teatro: el espacio (y sus implicaciones dramáticas e ideológicas), y el lenguaje realista que marca (y
es definido por él) el entorno espacial, ya delimitado en
el estudio que precede.

EL CONCEPTO ESPACIAL EN LAURO OLMO

Como hemos venido señalando, Lauro Olmo se plantea la construcción de sus dramas desde una perspectiva
bien precisa: la eficacia es la base de su preceptiva dramática. No le faltarán, pues, razones (al seleccionar una
determinada estructura espacial), para decidirse por la
fórmula tradicional al uso: el teatro a la italiana.

El autor es consciente del medio teatral español en
que se mueve. Pretende estrenar en Madrid como dramaturgo profesional y esto le dirige, necesariamente, al
teatro comercial. A pesar de los intentos teóricos (algunos llevados aisladamente a la práctica) de años anteriores, lo cierto es que en la España de 1960 se estaba muy
lejos de propuestas escénicas revolucionarias, capaces de
participar en el amplio movimiento mundial que ponía en
duda el espacio teatral de la tradición decimonónica,
creando nuevos y más totalizantes conceptos para el lugar del drama. Las razones son probablemente múltiples,
pero —entre ellas— permítasenos destacar alguna más
evidente.

La creación necesita libertad y polémica, cuando debe
realizar pasos en el vacío, hacia adelante. No se trata de

una libertad legal (democrática o no), sino del espíritu. No la determina la falta de cadenas, la califica un empuje hacia lo desconocido que surge de la confianza en sí experimentada por individuos o sociedades. En la transformación de la escena se refleja, también, el cambio social de un pueblo, sus angustias, su riqueza, el estado de su ciencia, etc. La España de la Estabilización Económica [24] no se había desbordado todavía en el desarrollo posterior y mantenía estructuras socioeconómicas y científicas tan tradicionales como lo era el concepto espacial del teatro español de la época. Aun reconociendo los intentos de grupos como Dido, Pequeño Teatro (tan atentos a los nuevos conceptos teatrales europeos del momento), o del teatro más oficial (dedicado a recuperar espacios abiertos, al aire libre, con más interés por el boato oficial del «marco» histórico-natural que en el replanteamiento del lugar dramático), las compañías teatrales madrileñas o barcelonesas, pensando tanto en los edificios utilizables en ambas capitales como en los que encontrarían en sus giras por la península, veían claramente como única alternativa evidente el montaje tradicional, en un teatro a la italiana, de escenario único o múltiple.

Este tipo de organización espacial del espectáculo teatral, convenía perfectamente a *La camisa,* pero resultó inadecuado parcialmente para *El cuarto poder.* Entre una y otra obra, Lauro Olmo repite la experiencia primera sin cuestionarla a fondo, influido probablemente por el éxito de *La camisa* y los consejos más generalizados de la crítica.

¿De qué se trata, en realidad? El teatro a la italiana, que se generaliza durante la Restauración en España como un reflejo de la moda europea imperante, supone una visión del mundo perfectamente categorizada por René Allio:

---

[24] El mismo Olmo ha definido el marco de *La camisa* en estos términos.

Ce qui est choisi dans la scène à l'italienne, ce qu'implique le cadre de scène qui la caractérise, c'est l'illusion visuelle. La scène est «ailleurs». Le spectateur este en dehors, confortablement installé dans une architecture qui organise une réalité bien présente à travers tout un jeu de courbes et de stratifications horizontales qui disent la stabilité des choses et des gens et le disposent à contempler les péripéties d'une action que l'illusionnisme permet de rendre délicieusement présente en même temps que la convention de cadre de scène permet à tout instant si nécessaire, de s'en détacher. En définitive, «on distance» mais seulement le spectateur, pas le spectacle [25].

Sin embargo, Lauro Olmo, siempre atento (como sus predecesores del teatro social) a la eficacia de su drama-portavoz de una tesis, acepta las reglas del juego apostando por la tensión política soterrada, como ensalmo para romper el juego de ilusiones vehiculado por el teatro de estructura tradicional [26].

---

[25] «Le théatre comme instrument», en *Le lieu théatral dans la société moderne,* París, Centre Nacional de la Recherche Scientifique, 1978, pág. 100.

[26] En su artículo «La remise en question du lieu théatral» *(op. cit.,* pág. 15), Denis Bablet se acerca también al mismo fenómeno:

Scène et salle forment deux espaces autonomes. La scène et sa machinerie camouflée accueillent les mirages de l'imaginaire ou les tranches de vie naturalistes. Elle emprisonne l'univers dramatique. Le cadre n'est qu'une fenêtre ouverte sur un monde vu à distance. A l'époque où la peinture officielle se fonde sur la perspective, le modelé et le clair-obscur, le cadre de scène est l'équivalent du cadre du tableau qui détache une portion d'espace figuré selon des lois illusionnistes. Le théâtre se fonde sur les prestiges d'une vision axiale, la magie, celle du rideau rouge et d'une machinerie à toute épreuve dont on perfectionne les instruments pour en multiplier les effets. Théâtre de vision, théâtre-miroir, théâtre-tableau, qui condamne le spectateur à la passivité du voyeur, puisqu'aucun appel n'est fait à son imagination. Ce théâtre devient un symbole, celui d'une entreprise commerciale, d'un rite bourgeois destiné au divertissement et à l'évasion hors des problèmes réels, d'un

40

La solución de Olmo se encuentra ya en la tradición del teatro considerado como arma social, a que nos hemos venido refiriendo más arriba. Consiste en mantener el espacio concebido por el teatro comercial al uso durante el siglo XIX, y cambiar el contenido de los dramas procurando así una experiencia nueva y sorprendente al espectador que espera una correlación tradicional entre espacio y texto. Más aún, además de las experiencias citadas ya, hay otras en Europa que tratan de modificar la eficacia del espacio teatral suprimiendo las incomodidades de los teatros tradicionales. En ellos, los arquitectos habían estado más pendientes de la función estamental de la sala que atentos a la eficacia de la misma para servir los mínimos derechos del espectador: ver y oír la función de una manera confortable [27]. A los problemas señalados, y por razones de eficacia sociopolítica, responden no sólo los diseñadores de la Volksbühne, sino Maurice Pottecher con su *Théatre du Peuple* (iniciado

---

art décadent où le luxe des décors, les prouesses de machinerie sont au service d'une dramaturgie dont ils masquent l'indigence.

[27] André Antoine, ya en 1890, se quejaba del problema *(op. cit.,* pág. 14):

Toutes les salles actuelles se composent d'un rez-de-chaussée (orchestre, stalles ou parterre) et d'un nombre variable d'étages. La forme circulaire, adoptée généralement, condamne les deux tiers des spectateurs de ces étages supérieurs à être placés littéralement et sans exagération aucune les uns en face des autres. L'action dramatique ne peut être suivie par eux sur la scène, qu'en tournant péniblement la tête. Si, à la rigueur, toutes les personnes placées au premier rang d'un étage peuvent jouir du spectacle au prix d'une torture supportable, les occupants des trois ou quatre rangs placés en arrière sont obligés de se tenir debout, de s'arc-bouter, de se pencher dans le vide pour apercevoir une très petite partie du théâtre. On peut même affirmer que dans tous les théâtres actuels, il existe aux deux derniers étages, toute une série de places d'où l'on ne voit absolument rien (...) Tout l'art des décorateurs, toute la partie pittoresque du spectacle est perdue. Un tiers de la salle n'entends pas.

en 1895 en Bussang, Francia) y, en Suiza, se busca una solución aceptable para un teatro auténticamente popular, inaugurando el *Théatre du Jorat* en 1908.

En España la cuestión se resuelve a través del teatro comercial (es decir, no se resuelve) y de los grupos teatrales que nadan entre la profesionalidad, el mensaje político y el placer vocacional. Tras l as experiencias más o menos frustradas de grupos como *La Barraca* de García Lorca o los múltiples teatros urgentes de la acción política y sindical que actúan durante la Guerra Civil, el franquismo impone el toque de queda en la investigación teatral del espacio escénico. Nuestros autores realistas comprenden el problema y vuelven a la brega, emprendiendo de nuevo el largo camino del teatro social de tesis. Aceptan el esquema imperante tanto por la necesidad a que les restringe el estado dictatorial, como por interés propio. En efecto, la aceptación de un cuadro tradicional (y las mejoras adoptadas por los teatros madrileños desde el siglo XIX, aunque fueran mínimas), permitían al espectador concentrarse en el texto del drama, sin entorpecer los silencios significativos, las alusiones y gestos.

La «densidad» del ambiente en los estrenos suplía las enormes concesiones estéticas que los montajes dramáticos tenían que hacer. Nadie duda de la eficacia de la solución, pero quizá en ella se encuentre ya el germen de cierto carácter coyuntural existente en aquel teatro, según han denunciado las generaciones posteriores (o disidentes) de autores, directores y críticos.

La camisa se organiza en un escenario múltiple tradicional que sirve bien los deseos de eficacia del autor ya señalados. Como también se ha dicho, el dispositivo escénico sirve bien los propósitos del drama, al aceptar la simultaneidad de acciones entre dos escenas que se desarrollan al mismo tiempo en distintos sectores del escenario. Pero, básicamente, Lauro Olmo no quiere inventar nada. Desea apoyar escénicamente su obra, concebida como un efecto de la imaginación (en la caja del escenario) sólo unida al mundo real de la sala (teóricamente separado por la embocadura) a causa de esa atmósfera densa de adhesiones morales, que catalizaba una emoción dramática pareja al cúmulo de riesgos que la representación tomaba en aquel marco de represión.

Por ello, en *El cuarto poder* Lauro Olmo mantiene el espacio tradicional, aunque trastoca el carácter anecdótico y sainetesco del dispositivo que funcionó tan bien en *La camisa* por una serie de planos sucesivos.

Esta técnica es una evolución de la anterior y puede estar asociada con el carácter más claramente urgente y político de la obra. En los años 60, no lo olvidemos, la obra corta y eficaz políticamente, está a la orden del día en el teatro de todo el mundo. Tanto el *Teatro Journal,* el *Bread and Puppet* o el *Teatro Campesino,* así como los autores del *absurdo,* se interesan enormemente por estas fórmulas cortas y brillantes, como bofetadas sin causa aparente o gritos en la noche iluminada por el neón.

Sin embargo, Lauro Olmo, se inserta en la corriente a su manera. Mantiene la estructura espacial que ya conocía y «muda» el escenario [28]. La rapidez de la sucesión (sin anécdota que los enlace) produce un efecto nuevo: hay que incorporar en el discurso del espectáculo los cambios de lugar y, para ganar en eficacia, alternar ambientes tradicionales con fórmulas más radicales, propias del teatro de urgencia política. Lauro Olmo recurre a fórmulas también tradicionales: la comedia del arte y el gran guiñol. Naturalmente, con la eficacia dramática también incorpora el riesgo de la desmesura y la censura, atenta e implacable, desarticula el arma en proyecto que estaba diseñando Lauro Olmo.

Probablemente en ello esté una de las causas que han frustrado una más radical búsqueda espacial en nuestro autor a quien, naturalmente, el teatro comercial tenía que cerrar las puertas. No tuvo más suerte Lauro Olmo

---

[28] A la manera que ya entendían Lotti y Calderón.

con la generación posterior (más desmesuradamente deseosa de abrirse camino que crítica de la opción realista) ya que, como otros compañeros de generación, se convirtió en antagonista de los más jóvenes sin haber sido protagonista más que una fugaz noche veraniega de 1962.

EL LENGUAJE DRAMÁTICO DE LAURO OLMO

Uno de los aciertos más señalados de Olmo en sus obras es la utilización del habla local madrileña, propia de las clases populares.

Naturalmente se trata siempre, en el teatro, de una convención formal coherente, y representativa de una fórmula social reconocible. Más aún, en el teatro social de la tradición española, se pretende recrear el lenguaje de la calle para dar así veracidad y eficacia a la anécdota del drama.

Las voces dramáticas de la izquierda se aplican, en en nuestro teatro de postguerra, a estudiar fórmulas posibles para la lengua de sus obras. El trabajo no es simple. Unos se deciden por el camino de la lengua común afilando sus calidades dramáticas, otros siguen la veta del costumbrismo, sin revisarlo de una manera radical.

El hecho es que la lengua de nuestras clases populares, urbanas o campesinas, tiene que ser recortada, por necesidad de censura, en todo aquello que pueda ofender al oído del espectador. Naturalmente, los autores tienen que ignorar campos semánticos tan fecundos y móviles en la lengua popular como las interjecciones, el sexo, la burla política o religiosa, etc.

Lauro Olmo es, desde luego, una víctima de ese entorno político y su empleo del habla popular sufre de esas cortapisas. Nadie, entre los de su generación y los dramaturgos posteriores, han conseguido plantearse este problema y resolverlo felizmente, como lo han hecho Edward Bond y Howard Brenton en Inglaterra o Franz

Xaver Kroetz en Alemania, por no citar sino unos ejemplos.

Mientras en el teatro occidental se investigaban los
límites de la expresión popular de una manera sistemá-
y tensa densidad dramática), en España los autores lu-
tica (con ello, entre otras cosas, se conseguía una nueva
chan por ganar una frase, un «taco» a la censura.

En este contexto y no en otro debe situarse la cuestión del lenguaje escénico de Lauro Olmo. Precisamente
por ello, se han encontrado tantas relaciones entre el
drama social de nuestro autor y sus predecesores, entre
los que destaca el costumbrismo sainetesco de Arniches [29].

En realidad, entre la España de la Restauración y la
gobernada por Franco las cosas, si habían cambiado en
algo con respecto al lenguaje empleado en nuestros escenarios, lo habían hecho a peor. La censura (personal u
oficial) ha generado más ese paralelismo que la práctica
lingüística de Lauro Olmo, aunque, naturalmente, nuestro autor actualizó y contextualizó la lengua del madrileño
común, acercándola al espectador coetáneo que ya no
podía ver en ella una lengua literaria tradicional, sino un
eco de su comunidad vital.

La mayoría de los críticos mantienen que Lauro Olmo
construyó una lengua dramática propia:

---

[29] No se olvide que las voces auténticamente populares impre-
sionaban a los autores de la prensa comunista, tan llena de gali-
cismos:

> Como desconocía tanto el ruso como el alemán, idiomas
> habituales de trabajo del secretariado internacional, Arro-
> yo traducía del francés los textos de la edición española
> de la *Correspondencia Internacional*. Por eso, sus versio-
> nes de la literatura política de la Komintern, ya de por sí
> harto farragosas, estaban plagadas de galicismos, que con-
> taminaron los propios órganos de prensa del PCE. Hasta
> en el lenguaje era extraño el PCE de entonces a la realidad
> española.

(Jorge Semprún, *Autobiografía de Federico Sánchez*, Barcelona,
Planeta, 1977, pág. 13.)

Creo, pues, que el lenguaje de *La camisa* y, en general, de todos los personajes populares de Lauro Olmo debe ser examinado desde una perspectiva poética, como creación del dramaturgo, referido artística y no documentalmente a personajes y conflictos de la sociedad española actual [30].

Es muy significativo descubrir que algunas disonancias de este lenguaje se producen, precisamente, cuando el autor introduce palabras —por lo general, tacos— cuya «veracidad» puramente magnetofónica, cuya atribución al lenguaje madrileño popular, se ajusta totalmente a la coetánea realidad lingüística.

Aunque toda creación de una lengua dramática requiere una elaboración personal del autor, según ya hemos dicho, también es verdad que en las obras de Lauro Olmo (incluso en algunos actos del *Cuarto poder)* se manifiesta una extraordinaria transparencia del autor que participa de no pocos rasgos coloquiales (propios de sus personajes) en su escritura, como puede verse en no pocas notas en la edición de ambas obras que sigue a esta introducción.

Quizá en esto hay que buscar la verdadera originalidad de su lengua dramática: intenta (como más tarde conseguiría Kroetz) ser un conductor perfecto de la corriente verbal desde la calle al escenario. Cuando se torna literario, le asoma la fórmula académica o el manoseado sabor del melodrama [31]. Precisamente en esa resistencia

---

[30] José Monleón, «Lauro Olmo, o la denuncia cordial», *op. cit.,* págs. 24-25.

[31] Amorós, Mayoral y Nieva, *Análisis de cinco comedias (Teatro Español de la Posguerra),* Madrid, Castalia, 1977, pág. 159:

Quizá una buena manera de demostrar la «artificiosidad» de este lenguaje sea mostrar aquellos momentos en que ésta salta a la vista. No se trata de señalar defectos. Sería absurdo. A lo largo de toda la obra, el espectador tiene la impresión de estar oyendo «el dioma del bajo Madrid esmaltado por palabras gruesas que no surgen por afán de asombrar al burgués, sino de modo absolutamente natural», citando palabras del crítico Adolfo Prego. Pero la (parcial y coyuntural) al paso del flujo popular, está (contrariamente a lo que pregonaban sus consejeros críticos) el límite de su buen hacer dramático.

Convendría preguntarse en este contexto hasta qué punto el marco histórico español de la época impide a Lauro Olmo plantearse como objetivo dramático la formulación de un lenguaje popular-literario. Ya hemos señalado la incidencia de la censura. También debería mencionarse la pureza y honestidad formal, mal entendida, de la izquierda antifranquista que pretende expresarse a través del realismo social. Lo cierto es que los personajes de Lauro Olmo transmiten una lengua popular auténtica, aunque podada de no pocos aspectos de su expresividad.

Para conseguir efectos dramáticos muy significativos, Olmo emplea el silencio. Afirma o niega con lo que calla entre líneas en *La camisa,* o explícitamente, en el primero de los actos del *Cuarto poder.* Sin embargo, no lleva este efecto hasta sus últimas consecuencias degenerando la capacidad de articulación de sus personajes. Los seres que pueblan sus escenarios se expresan, aunque sea entre paréntesis. Estamos muy lejos de poner en duda el carácter positivo del texto dramático [32].

---

impresión de naturalidad es engañosa. Como dice el autor, las gentes del bajo Madrid no hablan «así», ni juran, ni taquean tan oportunamente.

[32] En este sentido, conviene insistir en procesos distintos (aunque del mismo origen) realizados por otros dramaturgos europeos como los ya citados, que, aunque posteriores, son ejemplos válidos, pues nacen del mismo concepto estético. Véase, por ejemplo, lo que Richard Gilman (en F. X. Kroetz, *Farmyard & Four Plays,* Nueva York, Urizen Books, 1976, pág. 11) dice a propósito del joven autor alemán:

In place, then, of characters whose command of language is their precondition for being characters and who talk so that we may «appreciate» them (apreciate: to judge with heightened perception and understanding) and so presumably be made more conscious, Kroetz ras created figures whose speech does nothing either to bring forward ideas or perspectives on their condition or to cover it up, and

Lauro Olmo se aferra a la realidad y su realidad lingüística es el habla de aluvión del Madrid popular, que nace en las chabolas de la acumulación léxica y fonética de variantes periféricas del español vulgar. La concentración humana se realizó como consecuencia de la política económica de la década anterior, y también por haber disminuido la presión represiva, exacerbada en años anteriores.

Por ello, el lenguaje de *La camisa* es auténtico y tan eficaz como coyuntural (también lo era el riojano de Berceo). Refleja la lengua de su contexto, como ya aclaró el mismo autor señalando su distancia con Arniches:

> Tú hablas de Arniches como de mi maestro —¡buen maestro!, ya sabes mi admiración por él—, pero yo no lo veo ni lo siento así. Quizá la diferencia entre don Carlos y yo es que él ha sido un observador de lo que yo he vivido. Él iba a la calle. Yo estaba en la calle. Algo le debo, claro; pero es algo que también viene de los pasos y de los entremeses y, sobre todo, de la línea popular soterrada que hace saltar sus liebres expresivas por plazas y calles. También hay otras matizaciones entre él y yo: las que van de un buen autor a un «golfo de bien» que trata de llegar a serlo [33].

En estas aclaraciones está una de las claves de la adecuación, conseguida por Olmo en *La camisa,* entre lengua y formulación dramática.

Si observamos algunas de las variantes anotadas en nuestra edición, vemos que, con cierta frecuencia, el autor utiliza en las acotaciones fórmulas literarias tan

---

in fact only «expresses» it negatively by its injured or inadequate quality. They seem to speak only because people do, struggling to find some connection between words and the internal condition or facts of the world which make up their situations; they speak, one feels, because not to speak at all would be the conclusive evidence of their despair.

[33] «Carta a Pepe Monleón», en *op. cit.,* pág. 44.

coloquiales como las de sus personajes [34]. Esta constancia en el empleo de dichas fórmulas nos parece una evidencia de que el autor lucha contra su natural inclinación en las partes más literarias de su drama. Precisamente al no encontrar un cauce receptivo a su lenguaje auténtico, Lauro Olmo se permite generalizaciones lingüísticas (sobre todo empleando frases lapidarias y sentenciosas como: «¡Inmortalicémosle!») que restan valor a la coherencia lingüística del drama, aunque fueran necesarias en el contexto de su redacción.

No sólo el autor, sino también este editor duda sobre la constante que explique la alternancia de ausencia/presencia en la transcripción de ado/ao, tiene/tié, todo/to, y un largo etcétera. En realidad, el autor tiene que recrear el ritmo de la frase, y en ello se encuentra una respuesta no desdeñable [35].

Lo cierto es que Lauro Olmo recoge y transmite un

---

[34] Véase en especial, algunas notas de *La camisa:* 87, 98, 125, 126, 132, 134, 239, 241, 243, 245, 248, 252, 262, 391, 394, 395.

[35] En una carta al director argentino Jaime Kogan del 14 de julio de 1964, Lauro Olmo da algunas ideas sobre su visión de *La camisa* que se convierten en sugerencias para el estreno de la obra en Buenos Aires. Alguna de ellas nos ha parecido muy iluminadora tanto por su significación como por el abundante espacio que ocupa en una carta de tres folios donde se repasan todos los aspectos de la obra:

> En la escena final del segundo acto, cuando Luis le da el cinto para que «pegue», Juan tenso, duro, con rabia, arroja el cinto contra el suelo, violentamente, y a mitad de la frase suya: en la palabra *esto,* que es donde carga toda la fuerza de la exclamación. Toda la frase se oirá clara. A partir de aquí, todo el ritmo trepidante que traía la escena, se amansa, se densifica —es un contraste buscado— y ayudado por la música melancólicamente honda, el clima se hace lento. Y cuando Lolita realiza el único movimiento que debe hacer en escena —la limpieza de los zapatos de su padre— caen los globos, lentos, numerosos: como una lluvia de ilusiones que se hunde. Luego, lento también, comienza a bajar el telón. Y cuando éste está a la mitad de su recorrido, cae rápido, vertiginoso, con el fin de sacar al espectador del estado emotivo que se le ha creado.

estado determinado del habla madrileña de su tiempo, como ha demostrado Manuel Seco considerando a nuestro autor una de las *autoridades literarias* del tema y citando *La camisa* a menudo en su léxico madrileño.

El texto de *La camisa* es especialmente demostrativo de nuestra afirmación, que también formulan, casi unánimemente, los críticos de la obra. En nuestra edición comentamos y destacamos algunos casos de loísmo y laísmo, así como formas léxicas madrileñas y vulgares (en ocasiones señaladas también por Seco) y formas sintácticas tanto populares como académicas (según han señalado también Amorós, Mayoral y Nieva en su obra citada). Sin embargo, el trazo común es la inconsistencia de los fenómenos que nos hace abundar en nuestra afirmación de que Lauro Olmo transcribe expresiones populares que comparte.

No es tampoco menos cierto que, desde un punto de vista estrictamente dramático su voz auténtica (porque casi incontaminada) y popular se ve trabada por dos aspectos coyunturales de su entorno (censura y garrulería literaria) en *La camisa,* y en las obras del mismo carácter que escribe más tarde. En *El cuarto poder* Lauro Olmo cambia también su lengua alternando la fórmula popular patentada en *La camisa* con un lenguaje desmesurado, entre el panfleto y el esperpento por su rapidez y eficacia. A nuestro entender, en esta experiencia lingüística, Lauro Olmo recoge influencias de su acercamiento al teatro y al lenguaje infantil como la consonancia, la reiteración, el asombro y la sencillez extrema. Sin embargo, aquí tampoco —todavía— Lauro Olmo da el salto al vacío de un lenguaje dramático que exprese, en su forma, el desarraigo total que podría implicar la trama de sus dos obras estudiadas aquí y, por ende, aquellas que las acompañan cronológicamente.

Por otra parte, debemos señalar la importancia de un fenómeno interesante relacionado con el lenguaje dramático de Lauro Olmo. De una forma constante y coherente transmite un contenido ideológico concreto, que coincide con los análisis más generales del PCE. Con lo que se podría decir que los personajes de estas dos obras repasan, representan o atacan una serie de conceptos políticos que, de esta forma, encuentran una voz dramática en que expresarse en un nivel imaginario, según veremos en los estudios respectivos que siguen y ya se ha podido intuir en los que preceden.

La camisa

Escrita en 1960 y retocada en las distintas reimpresiones de la misma (según puede verse en la edición crítica, que introducen estas líneas), *La camisa* se estrenaría el día 8 de marzo de 1962, en el Teatro Goya de Madrid [1]. La función, «de cámara y ensayo», se debió

---

[1] Permítanme citar largamente el trabajo de Amorós, Mayoral, Nieva, *Análisis de cinco comedias,* Madrid, 1977, págs. 139-140:

Estamos ya en la década de los sesenta. En España, Solís preside el II Congreso Sindical, al que asiste el Príncipe Juan Carlos. Se acentúa la gravedad de don Juan March, que fallecerá dos días después. El padre Félix García, desde las columnas de *ABC,* pide comprensión y ayuda para Ramón Gómez de la Serna. Hay ya Cinerama en Madrid: en el Albéniz se proyecta «Aventuras en los mares del Sur». La Orquesta Nacional toca una obra de un músico español de vanguardia, «Radial», de Luis de Pablo. Federico Sopeña comenta agudamente el tardío estreno madrileño de *El martillo sin dueño,* de Pierre Boulez. Se discute sobre la subasta del retrato ecuestre del Duque de Lerma, de Rubens, legado a una comunidad religiosa, que puede salir de España. El Real Madrid de la etapa gloriosa empata con el Inter de Milán gracias a dos genialidades de Di Stéfano y Puskas.

a la decisión que *Dido Pequeño Teatro* (uno de los raros grupos activos, por aquellos años, en el campo del teatro) tomó en el caso de Lauro Olmo. Esta organización (en cierto sentido precursora del posterior movimiento de teatro independiente) se apuntó durante su existencia diversos éxitos, rescatando autores (como el trasterrado Arrabal) y traduciendo obras extranjeras de gran importancia. Todo ello se debió al tesón de Josefina Sánchez Pedreño y Trino Martínez Trives.

Si el estreno de *La camisa* había sido influido, también, por la concesión a la obra del premio Valle-Inclán 1961, tras su estreno los premios se suceden (*Larra* y *Nacional de Teatro* 1962, *Álvarez Quintero* 1963) y, el eco del drama se agranda convirtiéndose en una especie de clásico coetáneo.

Las razones de ello son múltiples. Algunas de ellas están, implícita o explícitamente, contenidas en el prólogo que escribió Lauro Olmo para acompañar las ediciones de su obra[2]. Cuando el autor habla en él de que: «tanto yo como los de mi casa estábamos nerviosos. Sabíamos que el ambiente era un poco apasionado, peligroso», está aludiendo a las tensiones que se produjeron entre bastidores y en la calle. Paralelamente al estreno de *La camisa,* se estaba creando un movimiento de apoyo a la obra por parte de diversas organizaciones y personalidades antifranquistas, que llenaron el teatro aplaudiendo tanto el buen hacer escénico, como el contenido ideológico del drama.

La crítica (que en su mayoría fue muy positiva), apareció naturalmente escindida al considerar el trasfondo histórico de *La camisa.* Mientras los críticos más conservadores llegaban hasta considerar adecuado el trascendido «fondo» social, como parte del detonador estético que aplaudían en la obra, otros, los más distantes al sistema franquista, señalaban la trascendencia histórica del tras-

---

[2] Por su valor documental y por las genuinas informaciones que de la obra ofrece, lo incluimos también en ésta.

fondo social aludido en la misma. Sin duda desde ese momento se empezaron a señalar acertadamente las calidades de *La camisa*. Inexplicablemente, y a pesar de la crítica que apareció en *Gaceta Ilustrada* (21-VII-1962), titulada «Una lección de ética social» y firmada por Pedro Laín Entralgo, se ha extendido hasta hoy una interpretación general excesivamente simplificadora de *La camisa* [3].

Pero era evidente que la mayoría de los asistentes al estreno, había comprendido perfectamente la dimensión ética y política del drama que venía a descubrir y poner en pie «la aventura de lograr un orden social que permitiera... la empresa de vivir con plena dignidad humana» [4] en la España soñada por Lauro Olmo, donde la emigración no fuera más que una opción, entre otras, y no un desastre necesario.

En otro punto se acordaron, por el contrario, todos los espectadores de aquella representación única: Lauro Olmo se introducía en el largo río nacional del sainete dramático, conectando así, al mismo tiempo, con la tradición realista española. Por ello pareció más adecuado citar el nombre de un antecesor insigne y desprovisto de connotaciones sospechosas para el régimen: Carlos Arniches. Las circunstancias y la formulación general de *La camisa,* propiciaban la etiqueta de «sainete popular» y remontaban sus ancestros hasta el entremés, los pasos y las fiestas dramáticas populares. Ello conllevaba, naturalmente, un peligro: ¿cómo se podía escribir una obra ideológicamente progresista y formalmente reaccionaria? [5].

---

[3] En ella se pretende confinar esta obra de Lauro Olmo en el cercado del teatro social, y caracterizarla como el drama —por antonomasia— que analiza la emigración masiva de trabajadores españoles a la Europa, económicamente eufórica, de los años 60.

[4] Laín Entralgo, *ibídem*.

[5] José Monleón señaló ya el problema desde su revisión de esta «denuncia cordial» de Lauro Olmo, que aparece en nuestra bibliografía final.

Sin embargo, después de repasar la crítica del momento, podría pensarse que se produce un fenómeno parecido a la relación entre el habla de Madrid y el teatro de Arniches. El autor estructuró y enriqueció tanto su lengua dramática que influenció el modelo lingüístico real[6]. Con la crítica de Lauro Olmo pudo ocurrir algo similar. Tanto se habló de sainete, lengua y teatro popular que el autor se dejó arrastrar hacia «la especialidad», en varias ocasiones, con desigual éxito, olvidando el motor interno de su éxito en *La camisa:* la adecuación entre un tema y su realización formal. Poco a poco, el tesón creador de Lauro Olmo empieza a tomar conciencia de ello, y vuelve a su búsqueda de otros discursos dramáticos, en la serie del *Cuarto poder.*

Pero todo ello es el resultado de una lectura precisa y determinada de *La camisa,* que aquí proponemos y que, naturalmente, recoge y amplía la tradición crítica existente, muchas veces menos explícitamente desarrollada pero con mayor sentido del valor gestual de un párrafo o una acotación. En las primeras reacciones de la crítica están implícitas no pocas de nuestras conclusiones, como también aparecen las limitaciones estéticas, sociales y políticas de no pocos juicios, emitidos por aquella variopinta muchedumbre en que la dictadura había convertido al entramado social español. Tanto el estreno del Goya como el posterior (ya comercial) del Teatro Maravillas, durante ese mismo verano, eran acontecimientos a través de los cuales se expresaba un anhelo social y político, imposible de realizar en el plano de la confrontación política aceptada por el régimen franquista. Por ello, precisamente, la crítica de la obra está tan mediatizada como el mismo drama, y los aplausos y censuras no suelen ser estrictamente dramáticos: cada uno piensa lo que quiere y escribe lo que puede. Unos señalan el fondo de la cuestión como un simple aspecto de la misma y otros trasto-

---

[6] Véase el excelente trabajo, ya citado, de Seco.

can el interés de la iniciativa dramática por miedo a caer en imprevistas implicaciones punibles.

Como resultado de todo ello, queda el autor solo, ante su obra, mirando hacia el futuro, sin más veleta que el mismo viento, ni más norte que su instinto. *La camisa* había creado una fórmula dramática original y representativa de su tiempo. Su tradicionalidad está casi siempre (y como veremos) relacionada con la manipulación de contenidos dramáticos novedosos en sistemas expresivos tradicionales, lo que amplía el eco de sus innovaciones. Como resultado de todo ello, el drama de Lauro Olmo consiguió una estructura modélica que expresaba adecuadamente el conflicto dramático de un sector social de su España, empleando y trastocando un sistema expresivo pretendidamente literario y tradicional. Frente al inventor de un lenguaje literario, adoptado más tarde por una sociedad, se contrapone aquí la imagen del manipulador de un enjambre de signos, que están en la calle confundidos caóticamente, y que se ordenan con limpieza en las páginas de esta obra, tan aceptada universalmente como desconsiderada por nuestro teatro oficial [7].

LOS PERSONAJES DE «LA CAMISA»

Hemos querido estudiar detenidamente el conjunto de los personajes de *La camisa* por su carácter complejo, simbólico y, en ocasiones, ejemplar. No hacemos lo mismo al estudiar *El cuarto poder,* pues en esta obra los múltiples personajes son desarrollados velozmente y sin gran artificio, ya que se trata de piezas cortas con bastante autonomía (propias del teatro político de agitación), y tanto su juego escénico como sus relaciones

---

[7] Sorprendentemente, *La camisa* es una obra arrinconada para los escenarios (aún en el 20 y democrático aniversario de su estreno), aunque imprescindible en las aulas de todo el mundo, cuando se estudia el reciente teatro español.

quedan suficientemente aclarados en una lectura detenida. En ello están también los dos estilos del autor que
se compendian en una y otra obra. Tras el universo complejo (como la realidad que transmite) de los personajes'
que pueblan *La camisa,* se oculta también una fórmula
dramática compleja y menos tradicional de lo que, a primera vista, pudiera suponerse.

Lauro Olmo no sigue aquí la fórmula acuñada del sainete que desarrolló Arniches, continuando la tradición
del *género chico.* No hay lance de amor, ni devaneo;
tampoco joven formal/obrero enamorado, a quien deba
aconsejar y rescatar un consejero/protector, etc., según
hemos estudiado ya en otro sitio [8]. El héroe de Lauro
Olmo no es joven (aunque sí indefenso) y no salva ni es
salvado por ninguna mujer. Lola tiene plena autonomía
como personaje y en ello insiste hasta el desenlace. Es
verdad que algunos tipos de la obra podrían, eventualmente, identificarse con el «protector» tradicional (la
señora Balbina, la abuela), pero también lo es que esos
personajes se explican por el gran halo de solidaridad
que impregna la obra desde su inicio. Lo cierto es que el
nudo de la acción está inscrito en un conflicto entre adultos. Parece como si los personajes típicos del sainete
restauracionista hubieran perdido alegría y juventud,
para convertirse en seres frustrados y acorralados.

Lauro Olmo, a nuestro entender, pretende (y consigue) mantener las fórmulas generales de la tradición
sainetesca en la concepción de los personajes, ayudado
por la ambientación y el lenguaje de resonancias populares evidentes. Sin embargo, cambia la estructura tradicional planteando un lance de sus personajes con el sistema
impersonal que los condena injustamente. Sus personajes
han superado el nivel del enfrentamiento personal (que
está, pero en segundo plano) para alcanzar una dimensión,

---

[8] Véase nuestro «El teatro hasta 1936», *op. cit.,* págs. 219
y 220.

nueva en el género, auténticamente comprometida con los grandes problemas de su tiempo.

No debe desdeñarse, sin embargo, una interpretación del fenómeno que insista en la combinación de personajes sainetescos y los propios del llamado *teatro social*. La habilidad de Olmo habría consistido, pues, en autentificar los del sainete en su dimensión social y dar verosimilitud a los personajes literarios de la otra tradición. En *La camisa*, Lauro Olmo se propone esa audacia y construye sus personajes «nuevos», con dedicación y eficacia.

Se mueven en cuatro círculos que forman *núcleos de relación* basados en la comunidad de intereses o relaciones, profesionales o familiares:

La familia de Juan y Lola.
Los obreros amigos.
Los marginales (mujeres y niños).
El Señor Paco.

La familia de Juan y Lola

Venidos a Madrid en el aluvión de inmigrantes que buscaron, en las grandes ciudades, trabajo y subsistencia durante los años 40, Juan y Lola han estado viviendo «provisionalmente» en esa chabola desde 1944, año en que se casaron. Han pasado dieciséis años hasta el momento de la acción que se sitúa, precisamente, en el umbral del desarrollo económico. Estamos en el momento preciso en que España se va a ir abriendo paulatinamente hacia la transición y la democracia. Esta familia es un ejemplo excelente del pasado inmediato, y va a protagonizar la tormenta de cambios que se le propondrán (ya en la misma acción de la obra) desde las opciones de transformación social que implicó el desarrollo económico.

Juan es, sin duda, el protagonista de la obra. Habla con todos los demás personajes de alguna entidad (no así otros: Lola, Señor Paco, etc., como puede verse en los esquemas que acompañan), y hace siempre avanzar la acción (incluyendo la línea esencial de ella). En la ya citada carta a Jaime Kogan (en el estudio de los personajes la emplearemos a menudo por la visión que de ellos da el autor al director argentino), Lauro Olmo caracteriza así a Juan:

> Juan, para mí, es el personaje «mordiente» de la obra. Tenso, ensimismado, con una pasión muda que le hierve dentro. Tiene algún instante de desfallecimiento —instante que de ningún modo le define—, pero de vez en cuando le aflora la rebeldía y surge, restallante, la imprecación. ¡Y cuánto dolor por dentro! ¡Qué amor hacia «todos» los suyos!

Por otra parte, Olmo construye el personaje del padre como *relator* [9]. Uno de sus objetivos es servir de puente para la comunicación de la comunidad familiar con su entorno social por su condición de clase (él pertenece también al *núcleo* de los obreros, por sus características personales), por su dependencia de un sistema económico (relación con el Señor Paco) y por su función social de cabeza familiar (el episodio de Nacho, el «novio» de Lolita).

Está convencido (lo encarna en la obra) de que el progreso pasa por la lucha y que sólo la confrontación política negociada con tesón, producirá frutos válidos y permanentes en el conflicto de justicia social que enfrenta a los chabolistas (futuros emigrantes o mano de obra sorprendida que construyó el llamado «milagro español») con el sistema franquista. Porque cree en su proyecto está dispuesto a todo, incluso renuncia a su función familiar de principal productor del mantenimiento de la comunidad que encabeza. En este sentido, durante la obra asistimos a un cambio progresivo y radical del personaje. Su

---

[9] Entiéndase, el personaje-eje a través del cual se ponen en contacto varios *núcleos de relación* en la estructura de la obra.

honrada entereza le empuja, finalmente, a olvidar sus reticencias del primer acto, aceptar su derrota (provisional, claro) y permitir el desarrollo autónomo de otro personaje que, en principio, le estaba subordinado: Lola.

Esto implica una concepción progresista del personaje, que se corresponde perfectamente con las opiniones políticas y el tesón luchador de Juan. En el escenario se nos ofrecen dos pruebas evidentes: su distancia de trato (y, en ocasiones, enfrentamientos) con el Señor Paco (siempre por razones de opinión) y, sobre todo, el empeño con que insiste en reclamar su derecho al trabajo (por todos los medios, incluyendo *la camisa*), lo que implica cierto conocimiento básico del «contrato social» ofrecido por el sistema franquista[10]. Aunque lo que precede no indica que los demás obreros de la obra estuvieran desinformados al respecto, sí expresa claramente la especial sensibilidad de Juan por el proyecto de futuro que les prepara el sistema. Su concepción del problema también coincide, en líneas generales, con las propuestas políticas de la clandestina oposición del momento, según hemos visto más arriba. El personaje de Juan podría, pues, haberse comprendido como una expresión viva, de carne y hueso, que compendiaba y animaba un árido y complejo análisis político[11].

La importancia de *Lola* en el drama de Lauro Olmo no queda muy a la zaga del papel más protagonista de su marido, Juan. La mujer encarna la imaginación y la determinación en la pareja. Con su marido comparte el sueño de la lucha social y en su realización y mantenimiento colabora (ella busca, compra y arregla la camisa). Sin embargo, sigue atentamente al desarrollo de otra po-

---

[10] Efectivamente, el *Fuero de los españoles* señalaba «el derecho al trabajo» de todo ciudadano.

[11] No hablamos, en absoluto, del personaje-idea del teatro social tradicional, sino de un ser vivo y autónomo en el escenario, que coincide con ciertos análisis políticos (muy generalizadores y abstractos) del momento.

sibilidad de enfrentarse al futuro: la emigración. La comprende en su justo valor: una solución de urgencia a la que se ven abocados por necesidad, no por libre albedrío. Cuando agotó su capacidad de resistencia no dudó en abandonar la dependencia familiar que le imponía el sistema y actuó autónomamente enfrentándose a su marido y organizando su propio destino. Esta progresión del personaje nos parece absolutamente coherente con el desarrollo que Olmo hace de su *correspondiente* Juan [12]. En realidad, se podría decir que su decisión final era la que se esperaba de la mujer de Juan. Sería difícil comprender la obra sin la concatenación de uno y otro en una pareja: el «progresismo» de Juan implicaba el de Lola y viceversa. Lauro Olmo nos estaba ofreciendo, además, un modelo de relación matrimonial dinámico, pero coherente y ejemplar para el futuro inmediato tan complejo y contradictorio [13]. Permítasenos destacar, todavía más, el factor modélico que el autor introduce en la composición de este personaje. Estamos ante una madre que contiene todos los aspectos descritos por el sistema. Es fiel, honrada, trabajadora, tierna y sensible, se preocupa por el futuro y la educación de sus hijos (para los que quiere «lo mejor», aun contra el gusto de Lolita) y, desde luego, apoya al marido, soportando cualquier cosa para encontrar paz y ofrecer amor y dedicación.

---

[12] Al hablar de un personaje *correspondiente* nos referimos al que se configura en la obra paralelamente (como antagonista o no) a otro.

[13]

Cuando Juan, en la escena en que Lola le tira las prendas de ropa íntima, se lanza sobre su mujer y la abraza en un abrazo seco, frenético, viril, desesperado; se lanza después de una breve e intensa pausa, en que por su actitud —recibe la última prenda de cara a Lola— no se adivina que va a abrazarla. Esto lo intuye ella, que lo abraza con igual fuerza. Luego, en el justo momento en que él, ya desde dentro, acaba de correr la cortina, debe entrar en acción la trompeta de la charanga desgarrando el aire con las estridentes —necesariamente estridentes en este caso— notas del pasadoble (Lauro Olmo en su carta a Kogan).

Sin embargo, Lauro Olmo va más allá de estos conceptos acuñados por la tradición conservadora española.
Lola se pone a cambiar y, en su progresión hasta el final
de la obra, muestra una posibilidad de emancipación
(que en la obra siempre se entiende en el marco de cierto
orden determinado) a la mujer española de las clases
populares, precisamente en el umbral del cambio económico, que acabará improvisando mil soluciones variopin-
tas a la desmembración del sistema familiar tradicional
en España [14]. Lauro Olmo lo expresó así en su carta a
Jaime Kogan:

> El momento más intenso de Lola, es cuando al fi-
> nal —Juan ya ha salido con la maleta— se queda sola
> en su chabola, en su casa, y la recorre emocionada-
> mente con la mirada: son muchos años, mucha *vida*
> suya y de los suyos que queda ahí, a pesar de todo.
> Creo que éste es un momento telúrico, enraizado (...)
> Otro momento que cobra hondura, significación, es
> cuando Nacho entra a despedirse de Lola: la plena
> aceptación por ésta de su mundo, de su lucha. La
> acotación dice que «Nacho le alarga su mano a Lola,
> y que ésta se la estrecha y le acaricia la barbilla». No
> debe ser así. Es mucho más intenso que, aunque la
> mano de Nacho se quede sola, la de Lola, después
> de una breve pausa, vaya a posarse sobriamente y du-
> rante un instante sobre la mejilla del muchacho.

La *abuela* que vive con los hijos es una prueba del
núcleo familiar extendido de que parte Lauro Olmo al
levantar el telón para iniciar su drama. Sirve de apoyo y
aporta la experiencia del adulto que ya sólo espera de la

---

[14] No debe olvidarse que el problema no pasó inadvertido
a las instituciones religiosas y políticas conservadoras en España
que, en distintos sectores sociales, se ocuparon del tema. El Opus
Dei, la Acción Católica y la práctica religiosa no organizada, pre-
sentaron sus alternativas de núcleo familiar ante la nueva sociedad
española abocada al desarrollo. El éxito de estas (también la de
Lauro Olmo) y otras respuestas, conforman la España actual.
Cada cual juzgue el resultado.

vida un entierro decente. En aras de la solidaridad familiar (insertada en la más amplia, de clase, que impregna la obra) está dispuesta, también, a sacrificar su anhelo, ofreciendo sus pobres ahorros para que Lola (y también Juan) salven el escollo a que les enfrenta la coyuntura, como expresa el mismo Olmo al describir escenas relevantes a Kogan, así como al modo de tratarlas:

> La escena en que la Abuela, pausadamente, hondamente, se saca el calcetín amarillo y, ante la expectativa de Lola y Lolita, vuelca su contenido sobre la mesa. Etc., etc., etc. En fin, no es sensiblería lo que se busca, no es sentimentalismo; sino hondura, profundización en la realidad. Y si aflora el sentimiento, que aflore entero, sin decadentismos.

La ternura de la abuela (así como su indefensión de vieja) es su modo de relación con los nietos. En ello está su función social también, en el marco de la familia extendida tradicional, cuyo desmembramiento produce el vacío de un aspecto de la experiencia humana acumulada, que no puede llegar a los nietos de la familia nuclear.

Lolita y *Agustinillo* completan, finalmente, el cuadro familiar y en él representan sus funciones de una manera coherente y rica. La niña se encuentra en el preciso momento de la pubertad y descubre el amor en el marco de sus obligaciones familiares y preferencias sociales. Conoce las reglas del juego y las sigue tanto al evitar los avances del señor Paco (sin implicar a los suyos: puede manejarse) como presentando a Nacho a la familia, según le recomienda su honradez. Este concepto está también en la base sobre la que construye Lauro Olmo el personaje de *Agustinillo:* es díscolo y golfillo, pero honrado y sincero en sus relaciones familiares, como también —se piensa— lo es *Nacho.* Nos parece importante destacar aquí el universo familiar que propone Lauro Olmo en *La camisa.* Los hijos están, todavía, controlados por el núcleo familiar. En él ven ejemplos convincentes que seguir, honradez y protección valiosa. Por eso permanecen en él y siguen las reglas del juego. Estamos, todavía, lejos del desarraigo que lanza a los adolescentes a la calle y les arranca de un zarpazo la débil flor de la solidaridad social.

Los obreros amigos

Como el Juan que acabamos de analizar en su marco familiar, sus amigos (también obreros manuales, algunos en paro como él) tienen una visión muy concreta de la realidad en que viven y de las alternativas que se le ofrecen. Como *núcleo,* en la obra, presentan diversos aspectos individualizados de una postura común ante la vida. Su única posesión es su fuerza de trabajo y su capacidad para emplearla en el lugar (el «tajo») más ventajoso, es la única posibilidad de supervivencia, avance social y desarrollo de su individualidad que se les ofrece, como aclara Olmo a Kogan:

> Donde es importante conseguir mucho «color», mucho ritmo, mucho desgarro y desparpajo, es en la escena protagonizada por Lolo, Luis, Sebas, Señor Paco, Juan, Balbina, María, Ricardo, Tío Maravillas, en el primer acto, cuando ellos se sientan delante de la taberna. Sobre todo el momento del cante, del aire aflamencado que entona Lolo: «Que del fraile me voy a la fraulein» (pronunciado «fraulien» para que juegue con «fraile»), etc. Luis acompañará haciendo palmas, y al final del cante, cuando Lolo dice: «la gazuza que pasando estoy», Luis puede levantarse y zapatear un poco en plan de juerga, exclamando eso de: ¡Tacatá-tacatá-tacatá! durante un momento, y dejándose caer después sobre su asiento riéndose al mismo tiempo que Lolo. Inmediatamente entra el Tío Maravillas exclamando muy claro: «¡Globitos! ¡Fabricaos con materia prima nacional!» Etc. En el personaje Lolo, está toda la clave del ritmo de esta escena. Es un personaje dicharachero, ocurrente, alegre... En definitiva, este personaje es todo ritmo y desparpajo.

Lauro Olmo nos ofrece un repertorio variopinto de personajes para ilustrar este *núcleo* de relaciones integrante de la obra. *Lolo, Luis* y *Sebas* se mueven en unos espectros ideológicos y de comportamiento muy parecidos. Tienen o quieren trabajo pero también desean avanzar económicamente. Comprenden que el sistema nunca les sacará de un estado económico más o menos mitigadamente desfavorable y apuestan por dos de las opciones que aquél les ofrece: acertar las quinielas o emigrar. Tienen el pasaporte listo y muestran interés por conocer otras realidades políticas («cómo se las ventilan por ahí»). También desean mayor libertad en su vida cotidiana y expresan la afirmada libertad sexual, que cierta tradición española concede al hombre y niega a la mujer. Por otra parte todavía temen la ya no tan reciente Guerra Civil («yo no me dejo liar otra vez...»), lo que podría interpretarse como deseo de tránsito político pacífico, contra ruptura y conflicto como fórmulas para finiquitar la estructura del sistema franquista. Pero, «por si acaso», juegan a las quinielas y uno de ellos, *Lolo,* acierta con lo que, naturalmente, renuncia al viaje. Con ello muestra Lauro Olmo la emigración como una solución negativa, impuesta por el sistema, que el orden «natural» del mundo no contempla sino como urgente solución a un fracaso personal o social. No debe, sin embargo, entenderse que el autor se queda ahí. Toda la curiosidad, el deseo de libertad y las expectativas de aprender donde experimentaron otros, están, desde luego, pero no hay un resquicio por donde emerja ese deseo de estar en todos los espacios del mundo que impregna a no pocos corazones con vocación universal. En esto Lauro Olmo se sitúa en una larga tradición de autores (también del *teatro social),* algunos muy conservadores. que consideran la emigración una lacra social inaceptable, aunque nuestro autor reconozca el derecho a la libre circulación humana, según muestra también en su obra.

En el marco de sus amigos, *Ricardo* entraña una imagen angustiosa: la del fracasado que no tiene la entereza de seguir luchando y se entrega a la droga barata del alcohol. Por ahí, parece decirnos Lauro Olmo, se llega a la muerte o, lo que le parece peor, a la indignidad de la inconciencia. El hombre es apaleado por su mujer, cargada de razón (lo que es peor, desde el sistema) y desesperación. Su actitud es repudiada por el modelo y ello lo hunde más en su desastre. El alcohol aparece, a través de Ricardo, como otra alternativa —peligrosa— del sistema, para destruir a quienes no tienen el ánimo o el vigor de luchar por sus derechos.

Precisamente es el vigor lo que, con los años, ha abandonado al *Tío Maravillas*. La vejez y el vino son dos buenos cimientos para construir un personaje tan complejo como éste. Aunque presentado como obrero ya viejo, la crítica ha estudiado tradicionalmente al *Tío Maravillas* como un personaje aparte, en el que Olmo habría acumulado toda su imaginación y deseo de soñar en voz alta. Quizá por ello se solía dudar de la entidad y eficacia del personaje. Nos ha parecido conveniente introducirlo en el *núcleo* de los obreros amigos, que representan diversas versiones individualizadas del conglomerado social a que pertenecen. El *Tío Maravillas* es, como Ricardo, un borracho (aunque él sea más consciente del efecto alienador del alcoholismo que el joven). Con los demás comparte el pasado y la miseria actual. Es un obrero viejo, retirado. Ya no tiene derecho ni siquiera a pensar en el futuro, lo que Olmo considera horrible desde un pasado tan nefasto: el hijo, muerto, del PCE y la hija huida con un falangista trasterrado; trabajar toda la vida para ahora ser guarda nocturno y vendedor de globos por necesidad... Tanto sus actividades laborales, como sus intervenciones son siempre marginales. Entre las segundas destacan su patriotismo desilusionado (sus globos acaban siendo pura filfa y con ellos explota la ilusión de una España grande, como si la Historia le hubiera traicionado, imposibilitando su particular idea de la «patria de todos»), a no confundir (algunos críticos lo han hecho) con el patriotismo sin connotaciones, como si tal cosa pudiera existir [15]. Parece como si con él, Lauro Olmo, pretendiera revelarnos otro aspecto del *núcleo* de los obreros en la obra: el viejo obrero, que no consiguió imponer un sistema justo que le asegurara una vejez honesta y un descanso merecido antes de entregarse al arreglo final de sus cuentas con la vida.

Los marginales: mujeres y niños

Según el modelo social tradicional, recogido por Lauro Olmo en *La camisa,* también la vejez del *Tío Maravillas* (como la de *la abuela* o la *Señora Balbina)* aconsejaría colocarlo entre los seres cuya marginalidad (no tienen participación claramente definida en el proceso de producción, dependen de otros y no pueden tomar, aunque sí apoyar, las decisiones en el *núcleo* familiar o profesional al que pertenecen) había sido institucionalizada en este sistema social. Sin embargo, a diferencia del *chaval* (entre la marginalidad y la pertenencia al *núcleo* de obreros), el *Tío Maravillas* todavía está activo y convive (como modelo inquietante) con los seres maduros que buscan una salida a su experiencia social.

No así las mujeres, que están definidas por su postura

---

[15] Véase, de nuevo, la carta de Olmo a Kogan:

El Tío Maravillas es un personaje difícil, totalmente dramático. ¡Cuidado con el melodrama! En los momentos en que los personajes están *ilusionados,* allí están los globos del Tío Maravillas, «fabricaos con materia prima nacional»... ¡Pobre vendedor de colorines! ¡Y que ha hecho creer que...! ¡Y qué limpia «esa mirá de los chaveas cuando descubren por primera vez los globos»: toda esa promesa de vida ingenua, coloreada, limpia. ¡Y qué gran canallada el estafar toda esta gran posibilidad! Pero, a pesar de todo, hay algo que en su momento culminante descubre, intuye —otro momento telúrico, enraizado, amigo Kogan—, el Tío Maravillas y le hace gritar con infinita rabia, con amorosa rabia: ¡Viva España!, un grito dolorido, entrañable.

social pasiva. Entiéndasenos: su función social es pasiva, lo que no implica que los personajes femeninos estén inactivos y no progresen durante la obra. La *Señora Balbina* (como *la abuela, María* y, lo hemos visto, *Lola*) está atenta al desarrollo de las alternativas que se ofrecen a su grupo de convivencia y apoya aquellas que considera acertadas y necesarias. En esta obra, las mujeres están relegadas (por el sistema social) pero no enajenadas. Viven el presente pensando en el futuro y colaboran activamente en todo lo que significa avance social. Esta práctica incluye también los «sartenazos» de *María,* que el autor califica explícitamente como dedicados a conseguir enderezar la conciencia pusilánime del marido.

Por su parte, *Nacho* (como también *Agustinillo)* depende de los mayores para subsistir. Tiene que vender sus servicios al *Señor Paco* y sueña con ser un obrero especializado. Ni siquiera duda un momento ante la perspectiva de irse a Alemania. Tanto que usa para emocionar a *Lolita* las imágenes de una película famosa por aquellos años: *Sissi.* No está en abierta ruptura con el marco social y acepta las reglas de su juego: entra en la casa de *Juan* más como hijo que como «novio» adulto e independiente. El gesto de Lola, que comentaba antes Lauro Olmo, es todo un signo de ello. Con sus sueños, hace avanzar el *núcleo* de personajes en que se integra hacia una de las salidas posibles: la emigración. También expresa el futuro inminente de la especialización, como base del cambio de *status* social de los obreros españoles en la fase del Desarrollo de los años 60. Como seres marginados, las mujeres y los niños (también de ahí la ejemplaridad, en la realidad) sufren la explotación sexual de los adultos. De ello no se libra (por razón de su clase social) ni siquiera la *visitadora.* Tampoco la niña, ni los realizadores de los primarios ensueños eróticos del *Señor Paco.* Todos forman parte del mismo *núcleo* dramático y en su red intentan desesperadamente sobrevivir. Como un enjambre vivo, estos personajes evolucionan desde el llanto hasta la carcajada, dejándonos constancia en todo su actuar de un estado de las cosas, en un país y un tiempo.

El Señor Paco

Mención aparte merece, en nuestro análisis, el personaje del *Señor Paco*. No es un obrero, ni sus condiciones familiares de vida lo identifican con los seres que le rodean y de cuyas debilidades y ganas de soñar vive, según aclara también Luciano García Lorenzo al situarlo en el contexto de los demás personajes:

> Y sobre todos ellos, que no al lado, el Tío Paco, viejo lascivo pagando a los niños para que levanten las faldas a las mujeres, explotador de un mundo ya explotado y de la miseria que tiene a su alrededor y estafador de adultos y también de los propios chavales, que por unas monedas colaboran en el «voyeurismo» del tabernero [16].

Sin insistir en lo emblemático de la frase, reconocemos en ella una visión concisa y clara del personaje. Es el representante de un grupo social bien concreto: los pequeños comerciantes que se enriquecen, con pocos escrúpulos («cuando sube el vino sube también el agua»), negociando con los desheredados, y que representan el primer escalón de los comerciantes. El *Señor Paco* se considera parte de la patronal. Así piensa y así se expresa. Desgraciadamente para él, es el primer eslabón de la cadena: el tabernero de un barrio de chabolas. Pero eso no importa. Olmo, de una manera muy eficaz, le hace portador de todos los agravios de su clan, desde la óptica popular de sus héroes en *La camisa*. Se aprovecha de los *marginales* aunque sabe retirarse a tiempo cuando se le

---

[16] En *La camisa / English spoken / José García,* Lauro Olmo, prólogo de Luciano García Lorenzo, Madrid, Espasa-Calpe, 1981, pág. 26.

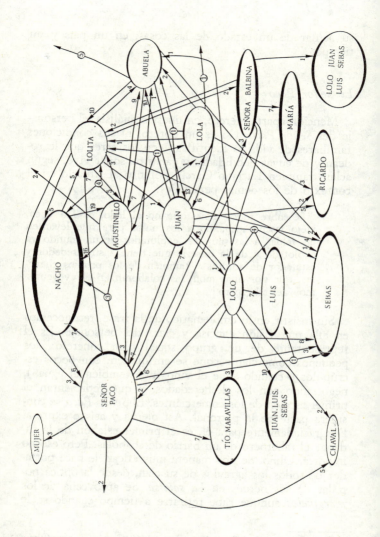

FIG. 1.—Esquema de la relación verbal entre los personajes durante el primer acto.

70

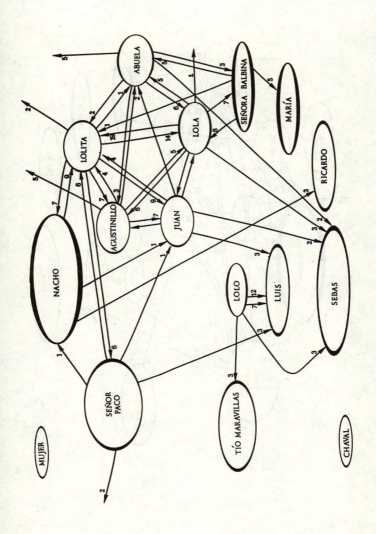

Fig. 2.—Esquema de la relación verbal entre los personajes durante el segundo acto.

71

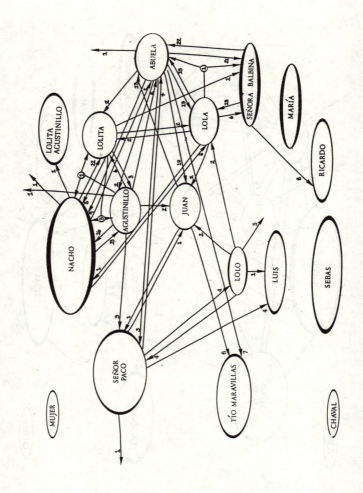

Fig. 3.—Esquema de la relación verbal entre los personajes durante el tercer acto.

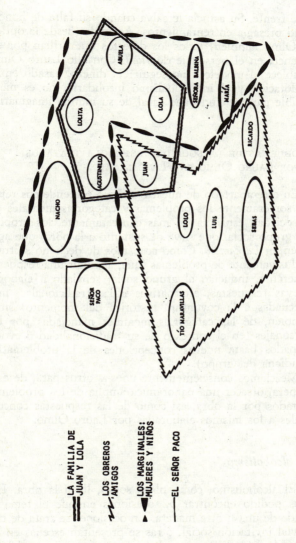

FIG. 4.—Esquema de los núcleos de personajes.

hace frente. Su astucia le salva cuando su falta de honestidad presagia enfrentamientos. Acumula (desde la óptica
de Olmo también) todos los defectos que brillan por su
ausencia en el personaje de *Juan*. Con ello Lauro Olmo
establece el modelo a no seguir: el dinero, basado en la
explotación y el individualismo insolidario, no es meta
posible para el ciudadano ideal de su mundo imaginario.

PROBLEMAS DE LA SOCIEDAD ESPAÑOLA TRATADOS
  POR LAURO OLMO EN «LA CAMISA»

En este apartado de nuestro trabajo pretendemos repasar someramente los problemas y categorías mentales de
la sociedad española (y, más concretamente, los propios
del grupo social que sirve de sustento a la obra) que aparecen en *La camisa*. Como acabamos de decir no se trata
exclusivamente de problemas (que, al exigir una respuesta
coherente, inducían al grupo social señalado a elaborar
nuevas respuestas, alternativas a las tradicionales, más
adecuadas a la coyuntura histórica del momento) sino,
también, de las categorías mentales manejadas por los
personajes (en el contexto de su tradicionalidad o evolu-
cionados hasta nuevas concepciones de la problemática
cotidiana del grupo).

Mezclamos conscientemente unos y otros para, de esta
manera, ofrecer una panorámica amplia de los problemas
tratados por la obra, así como de las respuestas concep-
tuales a los mismos elaboradas por Lauro Olmo.

El alcoholismo

El alcoholismo, como plaga social, llena la obra. Hemos podido encontrar 32 ocasiones en que el tema se
alude de una u otra manera. En ocasiones se trata de una
trivial invitación social, otras se presentan escenas en las
que el alcoholismo se cobra su presa en seres débiles

74

y marginados. Es, desde luego, una lacra social para Lauro Olmo y como tal se consideraba entre los obreros progresistas. Formaba, naturalmente, parte de los vicios sociales a extirpar por la izquierda progresista española de la época, por considerarse toda droga como un escape de la realidad social que imposibilitaba (o, al menos, debilitaba) la entidad moral de un militante de la libertad. En ello, evidentemente, se coincidía con otras fuerzas sociales (incluso reaccionarias) que criticaban su extensión social, haciendo poco por su erradicación definitiva, aun desde el poder. La cuestión es antigua en el teatro social. En su tratamiento, Olmo no muestra ninguna originalidad, como era de esperar.

La camisa como símbolo

En 24 ocasiones se toca el tema de *la camisa* como ropa (objeto de consumo) y como signo de *status* social. Representa un gran esfuerzo económico su adquisición y no pocas horas de búsqueda en el Rastro, empleadas por *Lola*. Este esfuerzo por «presentarse» bien de *Juan*, tiene mucho de travestismo social. El obrero adopta los signos de respeto de otra clase para mejor iniciar el diálogo. Es una muestra del deseo de compromiso y negociación, por parte de quienes propugnan su uso. En este sentido deben entenderse cuando se lean las ocho alusiones del texto referidas a *la camisa* como símbolo, no de un *status,* sino de una concepción determinada de la estrategia a seguir para salir del *impasse* económico y político que atravesaba la sociedad española. En este sentido doble debe entenderse, a nuestro parecer, el objeto que da nombre a este drama de Lauro Olmo. Como signo de un *status* implica un gesto reconciliatorio para iniciar el diálogo: adoptar la imagen del contrario [17].

---

[17] No sólo eso, sino también el aspecto de lidiador que subraya en Juan el pasodoble que suena mientras cae el telón del primer acto.

Como símbolo literario consigue ser compendio de una fórmula política presentada, como alternativa, por la oposición clandestina. Según ésta, sería necesario aceptar el entorno social español para afianzar las fuerzas obreras, al menos lo suficiente como para poder imponer el diálogo legal. Era la actitud del compromiso histórico desde una determinada ideología y encontraba así, en *La camisa,* un excelente soporte moral y estético.

Ciclos de la vida humana

También se recogen en la obra los distintos ciclos de la vida humana. Se les sitúa en el medio propio de los personajes, establecido por este grupo humano. La *infancia* (2), la *adolescencia* (3) y la *juventud* (2) son mencionadas en el texto poco abundantemente (siete veces). Efectivamente, la escasez de las alusiones se corresponde también con el poco peso de estos estados vitales en el desarrollo de la acción. Los niños y adolescentes (la juventud aparece como factor del recuerdo) son claramente marginales al proceso de toma de decisiones del grupo. Sus acciones se definen, no por sí mismas, sino en relación con la reacción provocada por ellas en el mundo de los adultos (enfado, preocupación, explotación, etc.), incluyendo en esto la «presentación» a la familia, en el caso de *Nacho* [18]. Los ancianos (siete veces) tienen una ventaja (provisional, mientras dura la familia extendida): el sistema les concede respeto por su experiencia. A través de ella consiguen impulsar los planes que parecen más ventajosos para el grupo. Aunque sus decisiones sean de importancia *(la abuela* y su dinero, por ejemplo), estos personajes nunca dan la sensación de ser el corazón de las *decisiones* del grupo. Éstas son tomadas siempre por los seres *maduros* (siete veces) en quienes el sistema

---

[18] Uno de los múltiples ejemplos reveladores del fenómeno es el castigo general a que se ven sometidos Agustinillo y Nacho.

personifica la responsabilidad y estabilidad de las instituciones.

El cine

El *cine* es mencionado o aludido en 13 ocasiones. En primer lugar, debemos recordar que el fenómeno no estaba todavía tan extendido y libre como hoy (quizá por ello era posible aún encontrar cierta autenticidad popular), aunque sí ya fuertemente introducido en la imaginación popular. De él saca ejemplos aquélla, y las ilusiones se visten con fotogramas alemanes y americanos. Los héroes empiezan a cabalgar por el oeste y nace la saga de los «cowboys». Esta apertura (tras los años de mayor cerrazón autárquica, poblados de filmes nacionales casi siempre dedicados a ensalzar figuras y entornos españoles) es también un signo de los años que pasan. El personaje de *La camisa* ya puede «soñar» con Alemania en conocimiento de causa (material y emocional). Sin embargo, no aparece como un elemento negativo de alienación. Introduce un factor lúdico en el grupo de personajes, lo que nos hace pensar que —aun siéndolo—, no se puede categorizar el cine en *La camisa* como algo absolutamente negativo, si exceptuamos cierta reticencia del autor ante la violencia desmesurada y gratuita.

La emigración

Si en 22 ocasiones se hace referencia a la emigración, nueve de ellas se refieren al hecho como una huida, y trece la describen como una, solución. En tres ocasiones se habla de emigrar como algo absolutamente negativo. Es curioso observar que la abundancia de las alusiones está muy mitigada por el hecho de que expresan opiniones encontradas (casi en un 50 por 100). Esto ha podido inducir a pensar que la obra trata primordialmente el problema de la emigración cuando, en realidad, lo trata como una de las perspectivas reales, en aquel momento, para los personajes de Lauro Olmo. Debemos, finalmente, señalar que la emigración prevista es siempre a Europa (coincidiendo con la coyuntura expansionista del continente) y, primordialmente, por razones económicas, aunque (una vez tomada la decisión) se expresa cierta curiosidad por la forma en que «los pueblos se las ventilan» fuera de España. La cuestión tiene su importancia porque, contrariamente a la imagen que puede presentar una visión catastrófica, la emigración trajo a miles de emigrantes (y a través de ellos a sus familias) de todo (bueno y malo), pero también cierta tolerancia y deseo de tranquilidad y dignidad. En la obra, Lauro Olmo (y contra la tesis de su protagonista, con la que, en general, se suele identificar el autor en el teatro social), presenta ya esta lectura y se vislumbra como algo positivo, que sirve de contrapeso a la tesis única y panfletaria de la tradición social en nuestro teatro. Con ello, además, se distancia de su objeto, regándolo así con el agua rara de la credibilidad.

El feminismo

En esta obra de Lauro Olmo se plantean algunos aspectos de lo que, en términos muy generales, calificaríamos como feminismo. Sin duda la obra refleja un estado preciso de las cosas en lo que a la mujer se refiere. Como ya hemos dicho, forman un núcleo de personajes con unas características bien precisas. Se podría decir que son las explotadas de los explotados. Es cierto que en la opción que encarna Juan, se les otorga una «autonomía» esperanzadora para el grupo (aunque abundan las ocasiones en que se alude a su poder de influjo sobre las decisiones de los hombres). Lola, desde luego, se muestra como un ejemplo incuestionable de auténtica afirmación individual, en un marco emocionalmente hostil (más por razón de abandonar un orden conocido que por temor al salto en el vacío), aunque predispuesto al cambio de actitudes tanto por su evolución interna *(Juan)*, como por el contacto del grupo con el exterior (emigración).

El fútbol

El fútbol como distracción popular enraizada está presente en *La camisa,* alimentando mitos populares y llenando de estrellas indiscutibles el universo limitado de los personajes. Olvidar el aspecto de desahogo necesario (a falta de otra cosa) que suponía (y supone) el fútbol entre las clases populares españolas, sería ignorar un hecho social que impregna la visión de la realidad de quienes habitan en la región humana de *La camisa.* Lauro Olmo acepta estas premisas y las incluye en su lectura del fenómeno deportivo espectacular. Pero también va más allá y afirma explícitamente el carácter alienador del espectáculo, que canaliza no pocas pasiones quizá, para el autor, más eficaces si aplicadas a otros ejercicios más conscientes de la ciudadanía. El hecho es que, en la obra, el signo del *fútbol* (como deporte y saludable desahogo del espectador) cobra un valor de símbolo alienante, hasta poder ser identificado como una alternativa de dimisión social ofrecida por el sistema al ciudadano, en la tradición de *Pan y toros.*

Los globos y el satélite

Dos imágenes utiliza Lauro Olmo para expresar cierta idea de ilusión inalcanzable: los *globos* y el *satélite.* En siete ocasiones se refiere a la venta de *globos* como un trabajo ejercido por el *Tío Maravillas.* Con él (nada más marginal ni deleznable) trata de sobrevivir y mantener a su esposa, hasta su muerte miserable, ocurrida durante la obra. El trabajo necesario del anciano, su venta de ilusiones a cambio de calderilla, tiene (como hemos visto) implicaciones sociopolíticas ejemplares: la dignidad de la vejez confortable no es un don del sistema a estos personajes de *La camisa*. En siete ocasiones se refiere también el autor a los globos que encarnan la ilusión, y que parecen acomodar tanto a pequeños como a mayores, produciendo un halo de inocencia infantil entre los obreros, no compartido por *Juan*. Parece como si las ilusiones transformaran a estos adultos en menores, dependientes del sistema todopoderoso. Sin embargo, las ilusiones estallan ante la presencia del satélite: una ilusión realizada no por la emoción nacionalista, sino por la tecnología, la organización social adecuada y la sistematización de un sistema coetáneo de libertades formales. El tema parece interesar a Lauro Olmo, pues lo trata en nueve ocasiones.

El honor y la honra

El tema del *honor* y la *honra* se trata en pocas ocasiones en la obra (cinco veces) pero su importancia como valor propio de los personajes que retrata *La camisa*, es evidente. También lo es que abunda en la tradición del teatro social (que también se encuentra en el sainete) de la honradez del humilde. Como hemos señalado antes, esta categoría mental se refleja, también, en la literatura propagandística y doctrinaria de la izquierda clandestina de la época.

La incultura de las clases populares

La evidente y bien documentada *incultura* de las clases populares que pueblan *La camisa*, evidencia la tradicional falta de energía aplicada a resolver el ideal educativo masivo en la sociedad española, recogida en la obra. Esta cuestión es una vieja reivindicación de la izquierda tradicional que, en España, se planteó (sin gran éxito, como puede apreciarse en el muy verosímil ambiente de *La ca-misa*) desde el siglo XIX, e inspiró encendidos textos y discursos así como algunos proyectos renovadores de importancia. De todos modos, la obra se convierte, también aquí, en documento que evidencia un estado de cosas poco satisfactorio en lo que a la educación pública se refiere. No debemos olvidar que las reformas de la enseñanza, que empezaron a ensanchar el campo de influencia de los programas educativos del estado, se llevarán a cabo de una forma masiva e imparable durante la época del desarrollo económico que sucede, casi inmediatamente, al estreno de *La camisa*. Si los deseos educadores de *Juan* (en lo que se refiere al niño, pero no a la hija) se deben entroncar en aquella tradición progresista a la que nos acabamos de referir (lo que implica una evidencia suplementaria de lo que este personaje representa y defiende), la *incultura* (prácticamente igual a la de los explotados) del *Señor Paco,* también tiene su tradicionalidad. Muestra la práctica indisolubilidad que existe entre el sector pequeño burgués comerciante y su clientela. También es una prueba de lo que Lauro Olmo opina de esta capa social de «adictos» al régimen franquista, tan recientemente integrados (según muestran con su educación y vida cotidiana) al creciente escalón de las clases medias. Esta categoría impregna toda la obra y aparece de una manera evidente formulada en ocho ocasiones.

La información pública

La cuestión de la *información pública* tendría que haber sido una de las más candentes y problemáticas de la obra, dado el contexto histórico de *La camisa*. Sin embargo, los medios de comunicación sólo se mencionan en cuatro ocasiones durante la obra. En dos de ellas se trata de la radio. Radio Nacional de España aparece en su aspecto más oficialista: el parte [19]. También se cita a la prensa aludiendo a *Pueblo,* el periódico de los sindicatos fascistas. Naturalmente, Lauro Olmo ignora este tema de la *información* ante la mordaza de la censura, pero —de una u otra forma— se respira en la obra el silencio y el temor en que tienen que vivir sus angustias económicas y morales los personajes. Más adelante, en *El cuarto poder,* Lauro Olmo encontrará este camino expresivo para su creación dramática. Ello significará la censura casi total de ese nuevo y genuino modo de hacer teatral, que le será negado al creador por el sistema. En ese sentido permítasenos destacar esta primera edición completa de *El cuarto poder* entre cuyas obras cortas debemos destacar *La noticia,* como ejemplo claro de la dialéctica mordaza/comunicación que estaba ya implícita en los diálogos, llenos de sobreentendidos, que Lauro Olmo transcribió en *La camisa.*

El machismo

Si en la obra aparecen rasgos y elementos que evidencian una actitud progresista del autor en el campo del feminismo, también aparece el fenómeno social (muy mitigado por el tratamiento del autor con respecto al modelo real) del *machismo* imperante en España entre las clases populares. Por una vez, la cuestión no es original y propia de estos sectores sociales reflejados en *La camisa,* sino que se presenta de una manera consistente en todo el espectro social español. Tanto los obreros como el *Señor Paco,* los niños e, incluso, las mujeres aceptan esta categoría mental que, en cierto sentido, marca todo el

---

[19] El «parte» es la información oficial en la terminología del Ejército. Se llamó así a los servicios informativos radiados durante la Guerra Civil y la fórmula continuó hasta casi la década de los 70.

sistema de *núcleos* de personajes presentado más arriba [20]. En diez ocasiones se plantea la cuestión de una manera evidente pero (como ocurría con el apartado anterior) su formulación palpita en todas las escenas de la obra, de una u otra forma. Cuando una mujer le dice a otra: «eso tú que toavía tienes las nalgas azotables», debemos pensar que la categoría a que nos referimos es más evidente y abundante que las fórmulas feministas esbozadas y defendidas, con un raro sentido del futuro, por Lauro Olmo en el contexto político de los años en que escribió *La camisa*.

El *nacionalismo*

Se ha insistido en el tema del *nacionalismo* que aparece en esta obra y sería conveniente aclarar algunas implicaciones del mismo. Naturalmente para Lauro Olmo y la izquierda antifranquista, el nacionalismo (no olvidemos a quienes se llamaron a sí mismos «nacionales» durante la Guerra Civil y toda la postguerra) es una categoría sospechosa, tanto por el contexto político español como a causa del creciente internacionalismo (socialista y capitalista). Ello no impide que Lauro Olmo reivindique cierto espíritu nacionalista (entroncado con nuestras tradiciones y valores positivos), que aparece en cuatro ocasiones durante la obra. Una de ellas, es la alusión a los hijos del *Tío Maravillas* a que ya nos hemos referido más arriba. Sin embargo, en el campo melodramático y tradicional del *patriotismo* (casi, en ocasiones, puro *patrioterismo*) las alusiones abundan más y se expresan, de una manera evidente, en seis ocasiones. Esta confusión buscada por Lauro Olmo, tiene una gran importancia porque

---

[20] Hemos querido evocar fielmente (no devotamente), en este apartado de nuestro estudio, la estructura real de *La camisa* y su correspondencia con la extensión de este problema en la sociedad reflejada en la obra, que determina tanto el sistema de valores aludido como su formulación estética y dramática.

aclara el conflicto moral de sus personajes, desgarrados entre los himnos del *patriotismo* oficial y el amor a su tierra, a su gente, a sus tradiciones.

El paro

El *paro* está presente, como tema explícito de la obra, en seis ocasiones. Podría explicarse su relativa infrecuencia por la censura posible de este delicado problema. A pesar de ello, es tema central de la obra porque está implícito en no pocos de los apartados que preceden. Desde su formulación subterránea se pueden explicar todos los núcleos de personajes y la correlación de los problemas que los aúna o separa. También explica la coyuntura sociopolítica de que arranca la obra y que Lauro Olmo formula ya en su anotación preliminar a *La camisa:* «La acción transcurre en Madrid, durante los meses de septiembre y octubre de 1960; un momento del llamado plan de estabilización.»

Las quinielas

Las *quinielas* (también los globos y el alcohol) se presentan en *La camisa* como una fórmula para escapar (el factor suerte es una rara ventana abierta por el sistema a los desheredados) de un círculo social cerrado y sin perspectivas. *Lolo,* el ganador de un premio importante, es una muestra viva de lo que aquí decimos. El *Señor Paco* lo aclara y reconoce cuando, al final de la obra, sanciona la alianza social con el «nuevo» *Lolo,* aclamándole con el título que le estaba reservado durante toda la obra: «Viva el señor Lolo» (y, más tarde), «Trátame de tú, Lolo. ¡Trátame de tú!»

La religión

La *religión* forma parte de los valores tradicionales de los personajes que nos presenta Lauro Olmo. En ella se mantienen y estructuran no pocas de las categorías mentales que estamos tratando, como es natural, en un campo de creencias que tratan de explicar y dar sentido a la totalidad de la existencia humana. También es verdad que en *La camisa* están no pocos de los aspectos deleznables del nacional-catolicismo español imperante en la época. La visitadora burlada y la constante alusión a imágenes y fórmulas religiosas, parecen indicar una separación indudable entre las estructuras religiosas oficiales y la religiosidad natural de nuestros personajes. En ello estaría la preocupación de la *abuela* por su entierro que, finalmente, está dispuesta a sacrificar en aras de la vida y el futuro de su familia. Ella es la más activa en este tema (cinco veces de las diez que ocupa explícitamente en la obra), como debería ser natural por su edad (no así el *Tío Maravillas,* ni la *señora Balbina*).

La sexualidad y el amor

En términos generales, podría afirmarse que la *sexualidad* está muy presente en *La camisa*. Naturalmente, el tema del *amor* se plantea en la obra de una manera muy peculiar, a causa del acecho a que se veía sometido todo lo relacionado con él desde el palco del censor. Como ya hemos señalado más arriba (al referirnos al lenguaje en estas dos obras-clave de Lauro Olmo), no debe olvidarse el empobrecimiento expresivo a que sometió la censura a ciertos creadores españoles. En el campo concreto del realismo social, el resultado de la omisión sistemática de todo aquello que pudiera dañar al pudor del sistema y de quienes con él se identificaban, produce el curioso resultado de privar al escritor (léase director, actor, etc.) de un campo enorme de expresión. Puede pensarse que la cuestión no es grave, pero la evidencia está ahí: nuestros autores realistas se agotaron en el empeño de construir un barco que flotara, sin preocuparse de la movilidad imprescindible a la eficacia del vehículo. Mientras el teatro de su tiempo investigaba los límites del lenguaje y las imágenes, nuestros autores se debatían en una sutil cárcel estilística que los condenaba a la rigidez estética cuando trataban «manifestaciones emocionales amorosas» [21].

Precisamente para intentar aclarar cómo aparece el tema en el contexto de *La camisa,* hemos separado los diversos fenómenos relacionados con la *sexualidad* y el *amor* que aparecen de una manera explícita en la obra en 53 ocasiones. El *amor* se plantea en sus tres fases relacionadas con la edad de los enamorados. En su versión de juventud es más abundante (26 ocasiones) y describe las relaciones de los adolescentes y los más jóvenes entre los adultos (*María, Ricardo, Sebas, Lolo y Luis*). Aun a pesar de no ser mucho más viejos que algunos de sus compañeros, *Juan* y *María* nos ofrecen una imagen bien estructurada del *amor maduro,* lleno de ternura, respeto y colaboración, aun a pesar de las tormentas, naturales en el marco de la obra. Nos revela el amor emocionante de la vejez en la relación del *Tío Maravillas* con su mujer, y los recuerdos de *la abuela* y *Balbina.* Justamente falta la pasión (que tacharía el funcionario censor) o sólo aparece negativamente en el binomio *sexo-explotación,* tan bien representado por el *Señor Paco* y sus juegos de viejo verde sin interés a causa de la endeblez implícita del personaje negativo, al que sólo se podían cargar tin-

---

[21] La presentación de estas dos obras de Lauro Olmo en una sola edición evidencia el marco de acierto del autor, dentro de la corriente más general del realismo (*La camisa*) y, también, su deseo expreso de buscar nuevas formas de expresión (*El cuarto poder*). El resultado ha sido muy relevante: la primera obra se estrena y publica en el momento de su ejecución y la segunda (más libre, menos precavida) no verá la luz hasta veinte años más tarde. Ello podría explicar, al menos parcialmente, el éxito continuado y actual de *La camisa.*

tas, sin poder expresar explícitamente la coherencia existente entre explotación sexual y social. Este tema se repite en catorce ocasiones, que hemos tipificado en las actividades de *Nacho, Agustinillo* (tres veces), la pubertad de *Lolita* (cuatro veces), las prácticas eróticas del *Señor Paco* en sus avances a *Lolita* (tres ocasiones), y las cuatro que se refieren a otras mujeres abordadas o deseadas por el tabernero.

El trabajo

El *trabajo* aparece caracterizado en la obra con la ambivalencia que se le considera en la sociedad española. Por una parte se arrastra (en siete ocasiones) la idea tradicional del trabajo como mal necesario, propio de quienes no pueden escapar a la maldición divina, que transmite el orden espiritual eclesiástico aceptado e impulsado por el sistema. También aparece el deseo del trabajo y su función social. El paro habitual destruye al individuo, parece decir Lauro Olmo, veinte años antes de que lo sigan confirmando las estadísticas más recientes. Los ideales de los trabajadores están en su derecho a un trabajo que los libere y, al mismo tiempo, los integre en el proceso social. Precisamente en este nivel se sitúa el nudo anecdótico de la obra.

En realidad, *La camisa* acaba siendo un repaso de las diversas actitudes de sus personajes ante el porvenir, es decir, con el presente. Se plantean la supervivencia y para ello necesitan trabajo. Unos pretenden buscarlo donde sea, otros quieren escapar del estigma y alguno pretende ejercer su derecho a la supervivencia empleando para ello cualquier tipo de negociación. También, en la obra, unos trabajan explotando y otros siendo explotados. Hay personajes con trabajos «honorables» y otros que realizan menesteres de menos visibilidad social y marcado carácter marginal.

En definitiva, podría decirse que Lauro Olmo presenta en *La camisa* el universo imaginario que le sirve de marco de una manera amplia y rica, ya que no sólo alude a los factores básicos de convivencia en su drama, sino que los matiza introduciéndolos en su discurso con una amplia gama de posibilidades expresivas. A este planteamiento tan plural, da coherencia y sentido la anécdota familiar y el marco (físico y humano) de su entorno social. En la conjunción de uno y otro factor, llevada a cabo por Lauro Olmo con indudable energía y sensibilidad, está, a nuestro entender, la clave de ejemplaridad ahistórica que impregna las escenas de *La camisa*.

Conclusiones

Como hemos venido diciendo en las páginas que preceden, en *La camisa* hemos encontrado una recreación imaginaria de un contexto sociopolítico bien determinado. En la obra aparecen los problemas más comunes del multitudinario proletariado madrileño en los años del Plan de Estabilización Económica, que sirvieron de nexo y preámbulo al desarrollo que sobrevino en la década de los 60. No trata el autor de reducir su testimonio a pura anécdota dramática, sino que elabora un lenguaje calcado de su entorno, acepta una técnica dramática precisa en la formulación de algunos aspectos de su dramaturgia y, finalmente, viste de la carne y hueso del teatro diversas opciones de futuro abiertas ante sus protagonistas (y parte de su público).

En ello está también la emoción «especial» que describe Olmo en los estrenos realizados en el extranjero, entre los emigrantes. Cada uno de ellos se reconoce (y no sólo en un aspecto parcial de su entidad), recuerda su lengua en su entorno y percibe (de nuevo ahí, sobre la escena) las opciones que se le ofrecían justo antes de poner el pie en el estribo del tren para salir de España.

Efectivamente, en el contexto de 1960, el sistema franquista está activando un plan que debía conducir a los españoles hasta el nivel económico de los países desarrollados. Evidentemente parecía ineludible que el cambio de modelo económico engendrara un proceso liberalizador importante en lo social y, también, cierta evolución política que otorgara a los mismos españoles ciertos derechos, más en consonancia con las democracias occidentales.

La camisa se sitúa en el umbral de todo ese proyecto que hoy ya es historia. Plantea una estructura significativa que comprende el conjunto de elementos cuya descripción y análisis precede. En ellos destaca, como factor aglutinante y explicativo, el contexto sociopolítico del franquismo (durante aquellos años precisos) y el orden económico generado por éste. Lauro Olmo parece mostrarnos en su obra el conjunto de problemas que definen el modo de convivencia propio de sus personajes. Son los explotados de la comunidad española. En su pasado han sido contrarios al régimen de Franco. Ven, con ansiedad, un pasado de privaciones y temen perder el tren del futuro. Están en desacuerdo (no radical, a causa de la censura y de las tesis más contemporaneizantes de la oposición clandestina) con el modelo que se les ha ofrecido, y buscan un nuevo orden de relación social y laboral. Unos pretenden encontrarlo en la emigración. Otros la califican de huida y pretenden transformar el sistema con razones y leves puñetazos. Todos, de una u otra forma, quieren, en definitiva, la misma cosa: acabar con un pasado inaceptable cuando aún no se perciben los paisajes idílicos del futuro. No hay duda que en el personaje de *Juan* está presente una fórmula política de negociación y frente amplio y democrático que impulsó el proceso de cambio, según eran las consignas del PCE; pero también queda claro que los otros seres vivos que pueblan *La camisa* tienen disidencias (menos protagonistas) que ofrecer y consiguen traspasar con sus voces el duro corredor de la tesis central, tradición del teatro social.

Todo ello se lleva adelante con temor (la memoria recuerda el pasado terrible de guerra y represión que censura lenguaje y emociones), en desacuerdo (la separación familiar o de clase está rompiendo la cohesión social), pero con la convicción (no de un futuro preciso aunque sí deseado diferente) de que el sentido de la historia es también ponerse a andar.

El cuarto poder

Al repasar las páginas de *La camisa,* resulta evidente que Lauro Olmo apostó por las ideas y posiciones de los movimientos que presionaron al sistema franquista, durante los años 60, para forzar el cambio político y la justicia social. En las obras cortas que componen *El cuarto poder* el autor es mucho más preciso. Desde el inicio del drama nos encontramos con *La noticia,* que se refiere al caso Grimau (según nos ha confirmado el mismo autor, quien también corrobora el primer posible título pensado para esta obrita: «El reto»).

También es verdad que tanto en el texto del *Cuarto poder* como en sus correcciones anotadas, se observa una mayor y más clara formulación de la postura política del autor que favorece a la oposición antifranquista en general y, en particular, al PCE, como ya habíamos descubierto también al hablar de *La camisa.* Es natural que así ocurra, por varias razones. En primer lugar se trataba de obras cortas, rápidas, de *teatro-agitación* que exigían un planteamiento más directo (a veces casi panfletario) propio del entremés, tan corto siempre en recursos y tiempo para cumplir su enorme cometido dramático. Por otra parte, Lauro Olmo —aun siguiendo fiel a esta tradición clásica— se acerca al estilo con el arma de su proyecto político. La ventaja de la combinación es doble. Puede investigar la fórmula heredada y encontrar en ella vehículo expresivo para su opinión de cambio. El resultado es, técnicamente, interesante porque libera al autor de los límites estrechos del realismo arnichesco y social. Puede escaparse y crear fórmulas expresivas, aunque siempre esté atento a los ritmos de su tradición que le marcan profundamente el estilo [1].

Sin embargo, la fórmula le permite burlar la censura por la brevedad y la astucia de los pequeños grupos independientes, que multiplican su actividad semiclandestina, desde mediados de la década en que Lauro Olmo inicia la redacción de las seis piezas cortas comprendidas en *El cuarto poder*.

Tampoco debería olvidarse, al considerar el segundo estilo de Lauro Olmo, el proceso de cambio. que está atravesando también la sociedad española. Si *La camisa* es la materialización de un sector social determinado, lo es en la década de los años 50, aunque hubiera sido escrita al iniciarse los 60. En cambio, *El cuarto poder* se escribe y se sitúa en la mentalidad de los españoles que se enfrentaban a la realidad del desarrollo (y el cambio de mentalidad subsiguiente) acaecido desde la década posterior. En ello está el nuevo lenguaje de martillo y farsa, los nuevos personajes guiñolescos (y su alternancia eficaz con el recuerdo técnico y estético de la década anterior) y la evidencia del compromiso ideológico. Todo va unido al tema central de la información controlada por el poder (no sólo político) concentrado, aunque ya mostrando signos de debilitamiento en los poderes fácticos que servían de base al sistema franquista. En este sentido sería conveniente señalar la rapidez con que Lauro Olmo reacciona al intuir el debilitamiento de la censura, que (como muestra esta primera edición de la obra) era más eficaz de lo que el autor pensaba.

---

[1] No olvidemos la fórmula acuñada del entremés, más atento a la narración de sucesos realistas (cómicos o satíricos) que a la intención política de propaganda explícita.

Debemos insistir en el hecho de que esta obra tiene el doble aspecto de precursora y didáctica. Es una obra precursora porque, iniciada en 1963, planteaba ya (en el nivel político) los problemas del cambio de dirección decidido por el sistema franquista que, materializado en 1969 [2],

---

[2] El cambio ministerial de octubre de 1969 significó un nuevo «golpe de timón» del general Franco. Como consecuencia del escándalo Matesa (entre otras circunstancias), sacó del gobierno tanto a los ministros relacionados con el mismo como a los responsables de la campaña de prensa (Fraga, Solís) que aireó el asunto con fines políticos bien concretos: la defenestración del Opus Dei.

El nuevo «equipo ministerial» aprestado en octubre (de 1969) fue seleccionado por Carrero bajo la inspiración de López Rodó, ministro del Plan de Desarrollo. Aunque incluía algún nombre destacado procedente del Movimiento —como Fernández Miranda y Licinio de la Fuente—, era, en su mayoría, un equipo de tecnócratas distinguidos. López Bravo, ministro de Industria en el anterior gobierno, pasó a Asuntos Exteriores. Gonzalo Fernández de la Mora, el teorizante del «crepúsculo de las ideologías», entró en sustitución de Silva (quien, sintiéndose aislado en la nueva situación, había dimitido poco después del «reajuste»). Este gobierno dejó, por lo tanto, arrumbado el tema de las «asociaciones políticas», tras un esfuerzo más o menos sincero de Fernández Miranda para lograr algo así como la «cuadratura del círculo» —consolidar la estolidez del «Movimiento-organización» con la «pluralidad de pareceres», lo que él llamó un «pluriformismo» (?). Los intentos aperturistas los llevó a cabo, de cara al exterior, el ministro López Bravo, mediante un dinamismo viajero de escasos resultados prácticos, y algún golpe de efecto, como el establecimiento de relaciones diplomáticas con la República Popular China.

En junio (de 1973) Franco dio un paso decisivo en el desarrollo de la Ley Orgánica: la separación de las dos presidencias —Estado y gobierno—, confiando la segunda al que ya venía dirigiendo toda la orientación política desde 1969: Carrero Blanco. Su mandato —que debía asegurar el «continuismo» cuando ya declinaban las fuerzas del «viejo patriarca»— iba a ser, en realidad, muy breve (Antonio Ubieto; Juan Reglá; José María Jover, y Carlos Seco, *Introducción a la Historia de España,* Barcelona, Teide, 1963, págs. 1026-1027).

empezó a producir pronto los primeros frutos sobre los que el autor ha podido reflexionar con una cierta perspectiva. De aquí su carácter didáctico. No es necesario seguir relatando la historia de esta obra, porque esto supondría insistir sobre ciertos aspectos del mecanismo de la censura que, en su edición anotada, encontraremos suficientemente aclarados. En definitiva, la historia de *El cuarto poder* es también la de un autor cuya evolución personal se hace día a día, al filo de la historia más reciente de España.

«EL CUARTO PODER»

Como ya ha señalado Francine Caron[3], *El cuarto poder* es «una carga violenta contra la Prensa». Es decir, un ataque a *cierto uso* de los medios de comunicación. Nos ha parecido importante destacar dos niveles de interpretación que podrían dar cuenta del hilo conductor que une el conjunto de seis piezas cortas que componen la obra. En el primero, Lauro Olmo analiza los mecanismos de la represión a partir de su efecto, el miedo. El segundo nivel, más aparente pero quizá menos significativo, comporta un análisis de otros mecanismos, los de la comunicación, que abarcan, como veremos más adelante, ciertos elementos explicativos que trascienden del ámbito de la prensa y que se refieren también a los medios de transmisión de la superestructura cultural. *El cuarto poder* se sitúa, además, en el momento coyuntural en que se produce el cambio de dirección del proceso económico. De aquí precisamente la importancia de esta obra, que sirve de gozne entre dos formas de vivir y, por consiguiente, entre dos formas de expresarse.

Evidentemente, los dos niveles de interpretación a los

---

[3] *Théatre en Espagne*, I. *Lauro Olmo,* Études Ibériques, VI. Travaux de la Faculté des Lettres et Sciences Humaines de l'Université de Rennes.

que nos hemos referido más arriba aparecerán en las seis piezas cortas que forman *El cuarto poder,* junto con otros niveles propios de esas obras y que, en cierto sentido, determinan la coherencia de cada pieza corta. Podría, pues, hablarse de una estructura global significativa, que (en el nivel ideológico) analiza la práctica represiva del sistema y su injerencia en el proceso de comunicación. Cada pieza corta modifica o ilustra de alguna manera dicha estructura global introduciendo para lograr su propia coherencia interna otros elementos o microestructuras.

Los temas que propone Lauro Olmo a la reflexión de su público coinciden muy extensamente con lo que estudiamos ya en *La camisa,* por lo que hemos preferido no estudiarlos específicamente, sino integrados en la formulación general de este acercamiento militante con que Lauro Olmo repasa los años del desarrollo económico español.

Aunque muy evidentes ya en la obra, quisiéramos destacar aquí los parámetros en que mueve el autor a sus personajes. A pesar de su insistencia en la autonomía de cada pieza corta, Lauro Olmo distribuye los que corresponden a cada miembro de la posible compañía que pudiera estrenarlo. Con ello nos apercibe de su interés por el conjunto de la obra que divide en personajes pertenecientes a las tres etapas del ciclo vital humano: niños/adolescentes, seres maduros y ancianos. De esta manera muestra también su intención de establecer, como central, el tema de la continuidad en la lucha por las libertades democráticas.

Por otra parte, su nueva práctica dramática le permite integrar personajes anacrónicos y de farsa, consiguiendo así manejar los hilos de la expresión simbólica: el «campesino» cervantino, como el «pelele» o el «hombre limpión» dejan de ser conceptos (como en la tradición realista) para convertirse en símbolos de lucha y conflicto. Por eso puede integrar —casi como personajes— la lluvia de telegramas y el fuego de la calle al terminar su obra.

Estos personajes innovadores alternan con otros muy semejantes a los que conocimos en *La camisa,* como la abuela del «conflicto», con su sabor de Señora Balbina. En esta alternancia está el hallazgo de Lauro Olmo, su ceñirse a la realidad que le dicta el mundo de la calle en que vive, y está, como pez en el agua.

En realidad, se podría decir que, en *El cuarto poder,* Lauro Olmo investiga otras atractivas experiencias de la tradición literaria española, volviendo al caudal común y vivo de los clásicos. En su evocación de Cervantes, Lauro Olmo hace lo que otros clásicos del realismo brechtiano están haciendo en otros países, por los mismos años y con el mismo propósito. El caso más paralelo es, sin duda, el de Edward Bond que se inicia con un drama *(Saved,* 1965) de construcción y mensaje cercanos a *La camisa* y se amplía en el interés con que reinventa temas y personajes de Shakespeare, como prueba su *Lear* (1971). De todos modos, la fidelidad al clásico (comprendida de distinta manera) entorpece el hallazgo técnico, al menos en este *nuevo retablo.*

Los límites de la comunicación: «La noticia»

Aunque, en varias ocasiones, el voceador está a punto de comunicar y airear la noticia (no olvidemos que se trata del caso Grimau y estamos en 1963), siempre calla a las presiones del temor personal y colectivo. De todos modos, es evidente que se está perdiendo el terror irracional impuesto por el sistema a la oposición radical y clandestina. Los diálogos de esta pieza lo evidencian, aunque nunca lo demuestran. En realidad, en ella, Lauro Olmo está construyendo su juego dramático en los límites de lo permitido por la censura y el temor. La cuestión tiene su importancia y, precisamente por ello nos hemos permitido insistir (aun señalando los estéticos) en los aspectos ideológicos que trató de comunicar el autor a sus imaginarios y pasados espectadores. En ese carácter descarnado de su teatro político de agitación está, a nuestro juicio, el gran salto operado en el autor tras la experiencia en el campo del teatro social expresada en *La camisa*.

Analiza aquí el proceso informativo partiendo de la negación de la noticia, que no nos es nunca comunicada. Lo menos importante es, precisamente, la materialización de la comunicación; lo que en definitiva es destacado en esta pieza es el efecto que produce en los personajes, ya que Olmo muestra el resultado positivo de un sistema de informaciones que mediatiza, incluso, la receptividad.

Presenta también el carácter irracional de la información transmitida que, a pesar de haber sido publicada —superación de la censura—, no puede ser comunicada. Lauro Olmo muestra cómo el mecanismo de una represión continuada condiciona, incluso, los reflejos lícitos del individuo. Efectivamente, hay que aceptar la existencia de dos censuras: la que el aparato estatal ejerce sobre el autor y la que el público receptor (consciente o inconscientemente) aplica, según un reflejo desarrollado por el ejercicio de la represión. El ataque al mecanismo de control social, manifestado en la censura, está, precisamente, en la decisión del autor, según la cual no nos comunicará la noticia.

En el nivel de la comunicación, *La noticia* significa también una descripción de las enormes contradicciones de la sociedad española. Así, Olmo destaca los elementos de la contradicción: 1) Comunicación (aspecto formal de la obra): materia (información periodística), título *(La noticia)* y personaje principal (voceador) y nombre contradictorio del periódico *(El Soplo,* por la escasa entidad de su credibilidad). 2) Incomunicación (aspecto real de la obra): materia (noticia que no se comunica) y personajes (no se conocen entre sí, tienen miedo y, como consecuencia, desconfían, poniendo así obstáculos a la comunicación).

La noticia ofrece, además, ciertos niveles propios de interpretación. Así, por ejemplo, nos parece encontrar en el *voceador* una posible transposición del escritor que trata de comunicar, y para conseguirlo, necesita darse a conocer para obtener confianza. Como resultado, encontramos un elemento básico en el mecanismo de comunicación: el conocimiento, como acto de recibir y asimilar los signos de la información. Evidentemente surge la gran frustración del escritor, consciente de traicionar su propia labor de comunicación por causa de *elementos exteriores* a su propia decisión. Esos *elementos exteriores,* como hemos visto más arriba, le serán impuestos por el aparato represivo o por los mecanismos de autorregulación desarrollados en el público por dicho aparato de represión.

El marco en que Lauro Olmo coloca *La noticia* es el de las libertades formales de una democracia occidental [4].

De hecho, asistimos en *La noticia* a una transposición de la sociedad española y sus mecanismos a través de la prensa. Olmo expone la estructura de comunicación

---

[4] Véanse, entre líneas, las alusiones:

—La otra tarde arranqué una lechuga fresquita, carnosa, y me la comí. ¡Cómo me supo!

y, más adelante:

—Créanme ustedes, hay momentos en que el odio no es posible, y hay que defender esos momentos con uñas y dientes.

Sin embargo, la realidad es muy otra:

VENDEDOR. ... ¡Compren *El Soplo,* con la escalofriante noticia de...!
(*Los dos hombres se lanzan hacia él tapándole la boca.*)
HOMBRE 2.º ¡Cállese!
HOMBRE 1.º ¿Quiere que nos...?

de masas que supone la prensa en la sociedad burguesa, pero desarticula el mecanismo al negarle precisamente su funcionalidad. Así, encontramos todos los elementos accesorios para el funcionamiento de la prensa (periódico, vendedor, voceador, comprador), pero se nos niega el elemento primordial de la comunicación: la noticia. En el nivel puramente económico, hay aquí una transposición de la estructura social española, adornada de todos los elementos propios de una democracia occidental, aunque (siempre en el terreno económico) negando elementos primordiales de esas estructuras económicas basadas en el liberalismo sin trabas. Resultaría así evidente que al negar el sistema esos elementos infraestructurales, los demás, incluso los propios de la superestructura ideológica, no podrían revelar sino las profundas contradicciones que, en esta época, descomponían la maltrecha y confusa uniformidad ideológica española.

Finalmente, *La noticia* nos describe también el miedo (efecto de la represión ejercida) como respuesta muda de aquellos que se sentían representados por la oposición izquierdista clandestina. Lauro Olmo logra, como en *La camisa,* un hallazgo importante al conseguir formular dramáticamente tanto la confusión como el temor (no ya el terror) de los disidentes de la paz franquista, que —lo vemos en este drama— cumplía, o estaba por cumplir los veinticinco años del joven aspirante cuya sorpresa pone fin a la obra.

«LA NIÑA Y EL PELELE» O LA TRANSMISIÓN DRAMÁTICA DEL MENSAJE CULTURAL DE LA OPOSICIÓN AL SISTEMA

Lauro Olmo quiere ser más evidente en la formulación de su postura ideológica. En realidad disfraza, apenas, con las fórmulas más triviales de la farsa, un alegato contra la arbitrariedad del sistema [5]. Recordemos cómo

---

[5] Véanse, por ejemplo, los distintos títulos en que dudó Lauro Olmo hasta decidirse por el actual según se aclara en la nota 37

en *La camisa* había conseguido crear la atmósfera de miedo e inseguridad (el poder está siempre presente, aunque sólo sea como referencia: el jefe, la policía, etc.) sin convocar ninguna de sus imágenes o acciones en las tablas del drama. El autor creyó que se podía confiar a las arduas imágenes del guiñol esta función que, además, se entrelaza con la doble historia (amor y política) de una pareja casi adolescente.

El nivel de interpretación propio de esta pieza consiste en la transmisión de la cultura como medio de contrarrestar el ejercicio impune de la represión. Sólo la instrucción marginal puede dar armas capaces de *liberar*. Esta liberación debe tomarse en el sentido de una toma de conciencia política defendida por el autor:

> PELELE. Todavía eres muy chica, pero si aprendes a leer lo entenderás.

El Pelele se nos presenta como un individuo joven, luchador, que parece tener una misión importante: la transmisión de sus conocimientos. Aparece claramente homologable con el Vendedor de *La noticia*. El Pelele es consciente del peligro que supone su decisión de iniciar a la Niña en su proceso de liberación. No aparece ya aquí el miedo dentro del esquema expuesto por Olmo en *La noticia*. El Pelele no tiene reflejos de miedo, aunque teme la posible eficacia represiva de los tres personajes guiñolescos. La Niña parece haber aprendido esta primera lección táctica que le separa (tanto a ella como al Pelele) de los personajes de *La noticia*. La abuela, sin embargo, sirve de elemento de referencia entre ambas piezas.

Lauro Olmo desmonta con toda perfección el mecanismo represivo ejercido por el trío representativo de

---

de nuestra edición de aquella obra. Más aún, consúltense las notas 71, 72 y 79 donde se ha sustituido la clara referencia política al dictador.

los tres poderes tradicionales. En primer lugar, nos muestra la oposición de estos personajes a un sistema educativo, no puramente tecnológico, en el que el individuo
pueda ejercer su segunda dimensión: intervenir en los
procesos sociales [6]. El interés del trío consiste en la aceptación de una educación de adaptación, que no ataque al
principio de cultura de clase:

EL PELELE.	La Niña
	que es aprendiz
	quiere aprender
	a leer.
LOS TRES.	¿A leer?
D. PUM-CRAK.	¿Se lo permite su cuna?
D. HUMO.	¿Tiene la niña fortuna?
D. SEVERO.	¿Sabe bailar,
	o cantar,
	las teticas enseñar,
	el culito menear
	o el ojo del ombliguito
	guiñar?
	Si es conejera su cuna.

El Pelele, sin embargo, pretende transmitir a la Niña
los conocimientos que le permitan afirmarse como individuo bidimensional (y no unidimensional según las estructuras de la sociedad tecnocrática). Por ello, el Pelele
responde a Don Humo, que le pregunta cuál es su primer
(principal) pecado. lo siguiente:

No querer ser
almidonado.

Lauro Olmo describe, a través de *La Niña* y *el Pelele,*
la alianza de los tres poderes para el ejercicio de la represión. En este sentido resulta extraordinariamente

---

[6] Véase esta afirmación en el concepto de unidimensionalidad
formulado por Marcuse y defendido por otros miembros de la
escuela de Frankfurt, como el mismo Goldmann.

representativa la ceremonia final del asesinato del Pelele. La terminación de la pieza es esperanzadora para la tesis de Lauro Olmo: el Pelele ha muerto, pero la Niña aprendió su lección. Observamos, finalmente, la coherencia formal de esta pieza, en que Lauro Olmo, para tratar el tema de la transmisión de conocimientos utiliza versos y coplillas fáciles de retener y canciones de niños. Hay aquí, en el nivel de la forma, ciertas características granguiñolescas como, por ejemplo, la falta de adecuación entre la metodología (casi una escuela de párvulos) de la exposición y el argumento intencional, que el autor pone en boca de los personajes.

«CONFLICTO A LA HORA DE LA SIESTA»: EL PASADO ESTÁ PRESENTE

En esta obra el lugar y el tiempo se hacen también concretos. Lo que se pierde en verismo, se gana en universalidad en esta obrita más deudora (precisamente) de la manera dramática más realista de Lauro Olmo. Esta pieza corta sirve de nexo entre una y otra fórmula teatral que el autor reúne, en el final de esta primera parte del *Cuarto poder* sirviendo de colofón este «conflicto» doméstico, acaecido durante la hora de la siesta, y que destruye descanso e intimidad en el ya de por sí «conflictivo» universo de los personajes. En él, Lauro Olmo analiza las contradicciones entre amor y convicción ideológica surgidas en dos generaciones. Los jóvenes no sólo han perdido combatividad o se han apartado de la lucha (como ocurría en *La camisa* ya) sino que, además, se han puesto a servir como palo del sistema... Sin embargo, lo que en la noticia era terror a la represión, que corrobora la muerte del Pelele en la segunda pieza, aquí se está, explícitamente, cambiando, según afirma la abuela: «el miedo se nos va pasando y no olvides que gente no asustá bien habla». Por las variaciones anotadas del texto podemos observar que Lauro Olmo también estaba dispuesto a decir su mensaje, con una voz que tuvo que revisar en las alusiones más explícitas y coincidentes con las formulaciones políticas de las publicaciones comunistas de la época.

En esta pieza Lauro Olmo hace también marcha atrás. No le interesa escribir una obra sobre la esperanza en la juventud bien formada y, por tanto, capaz de romper estructuras impuestas, sino presentarnos, en un lenguaje realista (próximo al de *La noticia,* pero mucho más violento), una formulación totalmente distinta.

Aquí la abuela será precisamente quien tiene conciencia de la estructura represiva coetánea, a partir de su toma de conciencia anterior (adquirida probablemente durante la Segunda República) y no mediatizada (como la abuela de *La Niña y el Pelele)* por la represión ejercida.

Con respecto a la participación de los personajes de esta pieza en el ámbito de la comunicación observamos que:

— la abuela lee (y critica),
— la hija plancha,
— el yerno duerme y, más tarde, cuando intenta leer, lo hace con dificultad.

El periódico sirve aquí de base para la argumentación de la abuela. Por tanto, hemos de considerar que Lauro Olmo no acepta como pretexto para la inacción la falta de objetividad en la comunicación o incluso la carencia total de comunicación. La prensa no es sino un elemento del sistema represivo global que no podría ser ejercido sobre un individuo educado *(La Niña y el Pelele)* o contra un hombre, no determinado por los automatismos espontáneos que en él ha ido desarrollando el ejercicio continuo de la sumisión *(La noticia).*

Partiendo de aquí, Olmo describe otra faceta de la realidad, la otra juventud, la que acepta todo para seguir comiendo, la que dice: «el hambre manda».

103

En esta pieza, esa otra juventud sale malparada: dormida, falta de vida, encerrada en sus propios problemas, anémica, robot, primaria, ciega, autómata...

En definitiva, Lauro Olmo muestra aquí dos caminos para escapar al miedo:

— La integración, cuya consecuencia principal será la deshumanización, ya que el hombre cogido en el sistema tecnocrático sólo puede *adaptarse* a los procesos que le son impuestos, convirtiéndose así en un ser unidimensional.

— La toma de conciencia que negará toda participación en el proceso de reificación emprendido por la sociedad llamada de consumo y que será la sociedad futura, preparada desde ahora por la tecnocracia en el poder.

A través del personaje de la abuela, Lauro Olmo niega aquí que nadie pueda levantarse contra un sistema que pretende gobernar basándose en el miedo.

«DE CÓMO EL HOMBRE LIMPIÓN TIRÓ DE LA MANTA» Y DESCUBRIÓ LA ACCIÓN VIOLENTA

Lauro Olmo se adentra en esta pieza corta en la práctica de la farsa simbólica de agitación social. Con ella introduce la segunda parte de su obra que se inicia así rompiendo el tono que introducía la anécdota realista anterior. La práctica se hizo general, tras su presentación en el *Théatre des Nations* de París, en 1968, por el *Teatro Campesino* de Valdés.

Obsérvese cómo, en su construcción, Lauro Olmo utiliza apenas el lenguaje coloquial de su manera realista. Las palabras escasean y abundan las acotaciones referidas a la acción. No olvidemos que si la paz era consigna del PCE, los textos dramáticos (también por aquellos años) estaban más atentos al movimiento rápido de actores bien entrenados, jóvenes y políticamente progresistas, que llenaban los escenarios del mundo con pantomimas de agitación, muy similares a la que nos ofrece aquí el autor de *La camisa.*

Parece evidente que Lauro Olmo habla en esta pieza de la Guerra Civil Española, pero como una estructura de ausencia que se manifiesta en el nivel de la comunicación (edición en blanco[7], moneda ilegible, falso ciego, e, incluso, en el nivel del recuerdo: «huesos pa'l can»).

Insiste en la coalición de poderes que hemos visto en *La Niña y el Pelele,* coalición que, en definitiva, aparece transpuesta de alguna manera en la siguiente calificación de los personajes:

VENDEDOR 2.°	Negocia con la guerra.
EXTRAÑA MUJER.	Negocia con su cuerpo.
VENDEDOR 1.°	Negocia con la prensa, que no dice nada.

Los tres personajes manifiestan un gran interés por aplastar el presente con el pasado. Sin embargo, no consiguen «colocar» sus productos, que parecen haber dejado de interesar al comprador y a los niños.

La ausencia sería la aportación principal de esta pieza a la estructura global de la obra.

El hombre limpión, personaje central de la pieza, abunda en este sentido: desnudo, no participa, parece mudo. Limpia constantemente algo que no sabemos y que más tarde resultará ser un arma. Ahora bien, precisamente ese instrumento, tan concienzudamente preparado durante toda la pieza, resultará ineficaz cuando el hombre limpión tire de la manta. Lauro Olmo, como ya hemos dicho más arriba, es muy consciente de los procesos políticos y sociales de la sociedad en que vive. Conoce bien las diferentes formas y el sentido de las luchas que jalonan los últimos treinta años de la Historia de España y parece negar la eficacia coyuntural de los antiguos métodos de oposición. En definitiva, nos muestra que lo

---

[7] A pesar de que se afirme constantemente el pasado en el insistente «*¡Remember!*».

importante no son esos diferentes métodos, sino la postura adoptada contra el sistema represivo (llevada hasta sus últimas consecuencias) que encontrará, llegado el momento, el arma adecuada para acabar con el sistema. En ello coincide con los análisis, ya aludidos, del PCE, así como en la constante presencia de la «gran huelga» como inminente amenaza multitudinaria.

En esta pieza, Lauro Olmo muestra un acercamiento nuevo al sistema represivo y su consecuencia, el miedo, que, además de ser efecto, puede también convertirse en causa. Así, el miedo de los oprimidos puede dejar de ser un elemento de disgregación para volverse principio de unidad contra las clases dirigentes. No aparece ya aquí ese miedo de los oprimidos, sino el de los opresores, que conocen y temen al hombre limpión, pero que no parecen poder oponerse a la realización de sus designios.

Puede resultar un tanto contradictorio este proyecto liberador que, contra la violencia, trata de contestar con otro tipo de violencia. Olmo no parece aceptar el sistema de oposición que se basa en la violencia para acabar con la violencia, y de esta forma ilustra perfectamente cierta visión del mundo de amplios sectores sociales españoles, que no parecían aceptar el destino que los conduciría de un sistema dictatorial a otro. De aquí, la coherencia de toda la obra que expresa la visión del mundo de esa multitud que comenzaba ya, a partir de los últimos cambios político-económicos, a buscar una posición cada vez más crítica con respecto a la clase dominante. Sin embargo, Lauro Olmo encuentra una salida: destruir el sistema represivo con la paz, libremente escrita en el periódico (verdadero sentido de la comunicación: una prensa que informa veraz y clarividentemente a la opinión pública), y, por tanto, arma invencible para el cambio. La contradicción evidente en la acción libertadora, conseguida con la paz como arma defensiva y eficaz contra la violencia, podría compararse con otra no menos evidente contradicción: el empleo de la paz como argu-

106

mento para apoyar un sistema nacido del ejercicio de la violencia y de la represión [8].

EL RETORNO DE UN CERVANTES EJEMPLAR: «NUEVO RETABLO DE LAS MARAVILLAS Y OLÉ»

En el *Nuevo retablo* el autor se acoge a la tradición literaria y ejemplar remodelando y actualizando el texto cervantino, que sube a las tablas subrayando el interés por la pieza corta, en el estilo del entremés, que nos viene ofreciendo aquí (también) Lauro Olmo. Por otra parte, encontramos también otro ejemplo suplementario de su interés por los temas que ya había planteado —de una manera técnica muy distinta— en *La camisa:* la emigración (de lo español real y tradicional, lo auténtico) y algunas de sus razones entonces implícitas y aquí totalmente evidentes en las afirmaciones de los personajes, así como en el desarrollo de la acción, muy afirmada por las variantes anotadas en nuestra edición de la obra.

En esta quinta pieza corta, Lauro Olmo utiliza ciertos elementos del Gran Guiñol especialmente adecuados para tratar el tema central que le preocupa. Juega con el realismo (campesino) y la frase (trío de personajes simbólicos) para mostrar la inadecuación del sistema que no puede resolver las inquietudes y problemas de los espectadores. Montiel aparece como el personaje central de la pieza. Se trata de un director de un periódico. Ejerce, pues, un cargo de carácter técnico y parece dominar a los tres personajes que en *La Niña y el Pelele* se mostraban todopoderosos y que en *De cómo el hombre limpión tiró de la manta,* comienzan a sufrir de cierta oposición que podría. eventualmente, plantearles problemas.

---

[8] Tan imprescindible aquí es la alusión a la propaganda que, por entonces, se hacía el sistema franquista por sus «25 años de Paz», como la relación existente entre la «paz» del periódico que triunfa sobre la violencia del sistema, según afirmaban los teóricos del PCE, también por aquellos años.

Aquí, y a pesar de la derrota sufrida en la pieza anterior y que tenemos que suponer no definitiva (ya que aquellos personajes vuelven a aparecer en esta plaza), el trío se nos presenta íntimamente ligado a un técnico que exige de los espectadores fe en las realizaciones futuras, que no pueden fallar dada la perfección del sistema del Retablo. Sin embargo, hay que notar el leve desplazamiento realizado en la estructura del sistema en favor de Montiel:

MUJER.	¿Vienen ya?
CURIOSO 3.º	Allí, a lo lejos, ¿no lo ve?
MUJER.	Son varios.
CURIOSO 2.º	¡Y qué extraña indumentaria!
CURIOSO 1.º	¿Cómicos?

Efectivamente, el desplazamiento no es, todavía, definitivo:

CURIOSO X.   ¿Cómo se atreve? ¡El primero es un juez!

Lauro Olmo analiza la relación Montiel-Trío disecando los elementos que la constituyen.

— Montiel, personaje principal, **entra aparatosamente** y pronuncia su discurso, que no es suyo sino de Cervantes (habla citando). El discurso es materialmente un elemento de despersonalización. Montiel no es un hombre, sino un sistema organizado de conocimientos empleados con un fin. Sin embargo, depende todavía (aunque ya Olmo nos deja prever que no ha de ser siempre así) del trío, al que, con cervantina ironía, pide licencia:

— «Señores, cuando vuestras peripatéticas y anchurosas presencias digan que todo está a punto, y no falta más que comenzar.» Todo está a punto, todo está preparado, previsto, diría: todo está planificado.

El sistema represivo en crisis busca una nueva elaboración de sus premisas para, puesto al día, continuar ejerciendo su poder.

En *Nuevo retablo de las maravillas y olé,* Montiel (es

decir, la nueva tecnocracia) aparece ya como un personaje temido y poderoso.

Como ya hemos señalado (en relación con *La camisa*),
Lauro Olmo introduce en esta pieza dos elementos carac-
terísticos de la nueva etapa económica: los turistas (que
no comprenden nada, pero asisten a la representación y
participan con su olé), y la emigración (los campesinos,
que Olmo trata con realismo y que son espectadores no-
participantes). Nos parece interesante destacar cómo
Lauro Olmo hace inclinarse ante los turistas al trío, que
también saludará, presentando armas, el nuevo hallazgo
de Montiel. La nueva tecnocracia, en su ejercicio del
poder sobre el sistema de transmisión de los conocimientos, parecía mostrar su desprecio total por la masa re-
ceptora de la información e, incluso, por el mismo sistema de comunicación de una manera muy española: el
desplante taurino.

«CEROS A LA IZQUIERDA»

En las piezas precedentes hemos visto cómo Lauro
Olmo analizaba el mecanismo de la represión, añadiendo
en cada una de ellas nuevos elementos que nos acerca-
ban a esta catarsis: *Ceros a la izquierda*. Vemos, en primer lugar, que Montiel se ha despersonalizado y se llama
aquí simplemente Director. El porvenir del *Nuevo retablo de las maravillas,* que parecía tan prometedor, no
aparece en esta pieza muy halagüeño. Efectivamente, el
Director cree haber conseguido su obra maestra: «la estupidez receptiva de un determinado y mayoritario tipo de
lector». En el nivel de comunicación, la estupidez receptiva, que parece de hecho conseguida en la pieza anterior,
resulta claramente inalcanzable en *Ceros a la izquierda*.
Sin embargo, Lauro Olmo lleva hasta el final su análisis:
el arma se volverá contra quienes intentaron utilizarla.
Ya nadie cree en el sistema previsto por los tecnócratas,

salvo... ellos mismos. La realidad ha perdido, en ellos, todo sentido.

> DIRECTOR. *(Cortando enérgico.)* ¡Está bien! ¿Dónde le enseñaron a contar? Ya sé, ya sé que para usted, dos y dos equivalen todavía a cuatro. Pero eso no es educar, eso no es más que incitar a las gentes a una visión materialista del devenir histórico. *(Altisonante.)* Dos y dos, Sánchez, equivalen a: ¡Viva la Patria! ¡Viva el Municipio! ¡Viva la Familia! *(Breve pausa.)*

Hay dos verdades, la verdad objetiva $(2 + 2 = 4)$ y la verdad oficial $(2 + 2 = $ Viva la Patria$)$. La utilización de los medios de comunicación como arma y mecanismo de control social inicia su crisis. Ya nadie cree en la importancia de las informaciones-madre; a pesar de ser minimizada su importancia (ceros a la izquierda), el número de ceros continúa aumentando a través de toda la pieza y se trata de «ceros a la izquierda, ¡y tan a la izquierda!». El peligro de la Hache (Huelga) aumenta. Parece que Olmo concede una importancia definitiva a la gran huelga que encontrábamos también en *Conflicto a la hora de la siesta* y cuya relación con la estrategia comunista ya hemos señalado.

El estudio, iniciado en la pieza anterior, de las relaciones entre el director y el personaje que habla por teléfono, que sería el elemento aglutinante del sentido oficial de la historia de España en los últimos treinta años («usted, en su sitio. La historia tiene sus exigencias») acaba de perfilarse aquí de una manera clara. La tecnocracia en el poder durante aquel periodo histórico, tiene que sufrir la presencia de dicho elemento político aglutinante, intentando neutralizar sus viejos automatismos por entonces ya inaceptables [9].

Su permanencia en el poder se mostraba, pues, como

---

[9] «—Las guerras, mi... Reconozca que se van haciendo imposibles, sobre todo en gran escala.»

un anacronismo necesario. El director tiene que explicarle todo y mantenerle cierta devoción, que no deshecha el enfrentamiento formal [10].

La tecnocracia que entonces regentaba el poder intentaba volar sola y crearse su propio y confortable lugar político, bajo la tutela de militares y clérigos (parece que intenta aclararnos Lauro Olmo) y afirmando cierto superficial nacionalismo, caricaturizado así por el autor:

> REDACTOR. Pues habrá que poner algún picatoste con chocolate, ¿eh?
> DIRECTOR. (Tajante.) ¡Ponga whisky para todos! ¡Y lárguese ya!
> REDACTOR. ¡Whisky! (Haciendo mutis.) ¡Usted sí que es un político, señor Director!

En *Ceros a la izquierda* Lauro Olmo analiza muchos mecanismos de la tecnocracia política en el poder durante aquellos años, como, por ejemplo, su tesis evolutiva:

> DIRECTOR. Sólo pienso en una palabra: evolución. No daremos tiempo a que se le anteponga la erre.

También el liberalismo tecnócrata es denunciado claramente por Lauro Olmo: cuando la manifestación comienza a ser peligrosa, el Director llama a la policía que aparecerá al día siguiente en el periódico («exalte el vigoroso patriotismo de las fuerzas del orden»).

La farsa va tocando a su fin. Nuevos métodos para atajar viejos problemas nunca solucionados. Lauro Olmo desmonta el mecanismo de la nueva represión que, basada en la planificación del engaño, tiene finalmente que recurrir a los viejos métodos. Nada ha cambiado bajo la luz del sol; tan sólo el miedo, que ya no está en aquel determinado y mayoritario tipo de lector, sino en la nueva élite. Dicho grupo dirigente expone, en *Ceros a la izquierda,* los mecanismos de su miedo:

---

[10] Recuérdese el tono digno de ciertas frases del Director: «—No, no; si no me enfado, ¡pero cada uno en su sitio!»

— no puede aceptar la verdad, la deforma y crea su propia falsificación,

— utiliza la represión policiaca,

— se aísla del resto de la sociedad, constituyendo una élite oscura y rectora.

Lauro Olmo acaba la obra con una visión esperanzada del futuro que se materializa en una lluvia fantasmal de telegramas, fórmula adecuada para simbolizar su confianza en el cambio posible de la sociedad española, hasta un sistema más avanzado de convivencia democrática.

A MODO DE CONCLUSIÓN

El cuarto poder, en su misma estructura formal, contiene no pocos elementos dramáticos propios del Gran Guiñol[11]. Así, por ejemplo, su composición en seis piezas cortas, unidas por nexos, pero que bien pueden ser representadas independientemente, dada su gran coherencia. Otro elemento gran-guiñolesco utilizado por Olmo es el realismo tradicional empleado en algunas piezas *(La noticia, Conflicto a la hora de la siesta)* y el realismo esperpéntico de las otras. En este sentido, el autor (como la nueva generación de autores españoles) utiliza el simbolismo (en situaciones y personajes) como elemento teatral. Hay ciertas fórmulas de un expresionismo muy característico del Gran Guiñol que también se encuentran en la deformación voluntaria de personajes y situaciones, así como en su inadecuación formal.

Lauro Olmo insiste en *El cuarto poder* sobre la función progresista del intelectual. Efectivamente, las relaciones de éste con la sociedad que lo rodea no pueden

---

[11] Véase *Le Théâtre, 1969-1972,* París, ed. Christian Bourgois, 1969. En especial el número de esta revista (1969-2) dedicado al *Grand Guignol,* donde se presenta y estudia esta técnica dramática de una manera amplia y detenida.

tener un carácter determinista, sino dialéctico, en opinión del autor.

¿Cuál será el itinerario futuro de Lauro Olmo? Con *El cuarto poder* el autor lleva a sus últimas consecuencias una manera de expresarse, una manera de hacer teatro. Según esto, Lauro Olmo ha franqueado, como la sociedad española, una etapa que no es posible desandar. En este sentido, el autor ha demostrado comprender el carácter progresivo de los procesos históricos y culturales. Así, Olmo encontrará su camino en los itinerarios de la nueva —que no joven— generación de autores españoles, a la que en cierta manera se ha unido ya con esta obra. Precisamente en ello está la importancia de *El cuarto poder,* según hemos venido señalando a lo largo de estas páginas. Si en *La camisa* Lauro Olmo consiguió dar vida a los conflictos sociales de su época (en la perspectiva política del decenio anterior), en *El cuarto poder* se acerca al desarrollo propuesto por los equipos dirigentes del sistema, a cuya cabeza se encontraban los llamados «tecnócratas» del Opus Dei. No debe olvidarse que la propuesta política del momento pasaba por las tesis del desarrollismo que integraría a España económicamente en Occidente, sin hacerlo también en el plano político [12]. Esta es una de las constantes que están, según hemos visto, en esta obra y que marcan el ritmo de farsa que la anima. Ello nos parece demostrar la constancia política del autor que sigue (como hemos señalado), en muchas ocasiones muy distintas de su vida y obra, los análisis y líneas teóricas de los textos y manifestaciones del PCE.

Quédese, pues, en nosotros, la imagen progresista de este autor y esperemos los mejores resultados de la gran experiencia del hombre de teatro que es Lauro Olmo.

---

[12] Véase nuestro *L'exil et la cérémonie,* págs. 56-59.

Nuestra edición

El proceso de creación de *La camisa* es completamente distinto al que condujo a Lauro Olmo a la terminación de *El cuarto poder*. Esta realidad se confirma también en los distintos textos que hemos utilizado como fuentes de las variantes que anotamos en una y otra obra. Mientras *La camisa* se escribe de un tirón, sin transición temporal importante, *El cuarto poder* se construye durante años a pesar de que cada obrita que contiene se escriba en un preciso periodo de tiempo. Por ello, también nuestro criterio ha sido distinto en una y otra edición. Mientras en *La camisa* reseñamos las ediciones sucesivas más importantes, y sus variantes más significativas, en *El cuarto poder* nos limitamos al manuscrito original y al texto definitivo de Lauro Olmo coincidente con las ediciones anteriores y parciales de la obra que aparecen como conjunto por primera vez en este trabajo.

Para *La camisa* hemos empleado una primera edición de la colección teatro de Escelicer (manuscrito A), el texto de la revista *Primer Acto* (B), la publicación de Arión (C) y la antología impresa por Taurus, donde se encuentran también algunas escenas de *El cuarto poder* (D). El texto definitivo actual lo hemos fijado nos-

114

otros, con el acuerdo posterior de Lauro Olmo, a partir de los anteriores.

Con respecto a las anotaciones de la segunda obra que editamos, hemos preferido atenernos al texto del manuscrito (A) de Lauro Olmo (el de *La camisa* ha desaparecido aunque hemos podido manejar un texto anterior en la primera edición, mecanografiado y ampliamente retocado por el autor) y al texto mimeografiado de la obra que Lauro Olmo utilizó para todas las ediciones posteriores de la misma y que respetamos también en ésta. Por otra parte, debemos señalar aquí que, en las notas correspondientes a la edición de esta obra, aparece entre paréntesis el texto del manuscrito A, cuando ha sido suprimido en B o rayado en aquél. De esta manera, hemos querido señalar las diferencias encontradas en dichos textos, a veces difícilmente visibles por lo intrincado de los cambios y los enormes textos alternativos que hemos debido mantener para hacer patente la complejidad de las correcciones elaboradas por el autor.

Durante años hemos recibido cartas de Lauro Olmo en las que cambiaba el orden y el nexo de las piezas cortas que componen *El cuarto poder*. Algo de esa elaboración hemos querido reflejar en las notas que incluyen los cambios sucesivos con respecto al manuscrito original.

Finalmente, hemos anotado vocablos y expresiones que nos parecían dudosas para quienes, por edad u origen nacional (no olvidemos la importancia cada vez mayor de los estudios hispánicos en todo el mundo), se acercaran a esta edición. Algunas palabras están ya bien documentadas en trabajos anteriores y otras son propias de la ya no tan reciente habla popular madrileña de *La camisa*.

Obras de Lauro Olmo

La camisa
  Primer Acto, núm. 32, págs. 14-37.
  Madrid, ed. Arión, Colección *El bululú,* 1963, 128 págs.
  El teatro español 1961-1962 (prólogo y crítica de F. C.
    Sáinz de Robles), Madrid, Aguilar, 1963, págs. 245-250.
  Madrid, Escelicer, 1967, 99 págs.
  Londres, Pergamon Press, 1968, 125 págs.
  Madrid, Taurus, 1970, págs. 113-174.
  Bulletin de la Comédie de Saint-Etienne, núm. 8, 1971.
  Madrid, Espasa-Calpe, Selecciones Austral, 2.ª ed., 1984.

La condecoración
  Estrenada pero no publicada.

*Cronicón del medioevo, o Historia de un pechicidio, o la
  venganza de don Lauro*
  Madrid, Escelicer, 1974, 86 págs.

El cuarto poder
  Consta de seis obras inéditas en su conjunto hasta esta
  edición.

«Ceros a la izquierda»
   Études Ibériques VI. Théâtre en Espagne I Lauro Olmo.
   Travaux de la faculté des lettres et Sciences Humaines
   de l'Université de Rennes, Rennes, 1971, 70 págs.

«El mercadillo utópico, o de cómo el hombre limpión tiró
de la manta»
   Yorick, núm. 29.
   Madrid, Taurus, 1970, págs. 233-245.
   Études Ibériques VI. Théâtre en Espagne I Lauro Olmo.
   Travaux de la faculté des lettres et Sciences Humaines
   de l'Université de Rennes, Rennes, 1971, 70 págs.

«La metamorfosis de un hombre vestido de gris»
   Norte, Revista Hispánica de Amsterdam, VII, 1966, páginas 75-83.

«La niña y el pelele»
   Cuadernos del Ruedo Ibérico, núm. 7.

«La noticia»
   Cuadernos del Ruedo Ibérico, núm. 5.
   Primer Acto.
   Sipario. Número dedicado al teatro español. Italia.
   Semanario *Sonntag* (ilustrado por José Renau), Berlín,
   28 de marzo de 1965.
   Cuadernos para el Diálogo, VI, tercer número extraordina-
   rio, 1966.
   Wellwarth, George E. y Benedict, Michael, *Modern Spanish
   Theatre,* Nueva York, E. P. Dutton and Co., 1969,
   págs. 319-327.
   Madrid, Taurus, 1970, págs. 227-232.
   París, Masson et Cie., 1973, págs. 35-39.
   «El teatro y su crítica». Reunión de Málaga. Málaga,
   Instituto de Cultura de la Diputación Provincial de
   Málaga, 1973.

«Nuevo retablo de las maravillas y olé»

Cuadernos para el Diálogo, núm. 49.
Madrid, Taurus, 1970, págs. 246-255.

El cuerpo
Madrid, Escelicer, 1966, 64 págs.
Teatro español 1965-1966 (prólogo de F. C. Sáinz de Robles), Madrid, Aguilar, 1967, págs. 335-340.
Volumen dedicado a Lauro Olmo, Madrid, Taurus, 1970, págs. 175-220.

English spoken
Primer Acto, núm. 102, 1968, págs. 44-73.
Madrid, Escelicer, 1969, 80 págs.
Teatro español 1968-1969 (con prólogo y crítica de F. C. Sáinz de Robles), Madrid, Aguilar, 1970, págs. 3-7.
Madrid, Espasa Calpe, Selecciones Austral, 2.ª ed., 1984.

José García
Cuadernos para el Diálogo, núm. 114.
Estreno, II, núm. 2, 1976, págs. 37-40.
Madrid, Espasa Calpe, Selecciones Austral, 2.ª ed., 1984.

Mare Nostrum, S. A.
Actualmente tras un proceso de recreación, se llama *Mare Vostrum, S. A.*

Mare Vostrum y *La señorita Elvira*
Vigo, ed. de Castro, 1982.

El milagro
Escrita en 1953. Estrenada pero inédita en letra impresa.

La pechuga de la sardina
Primer Acto, núm. 102, 1963, págs. 44-73.
Madrid, Escelicer, 1967, 95 págs.
Años difíciles: tres testimonios del teatro español contemporáneo, Barcelona, Bruguera, 1977.

El perchero
Escrita en 1953. Inédita.

Plaza menor
Inédita.

Pablo Iglesias
Edición bilingüe, traducción al gallego de Daniel Cortezón, Sada (Coruña), Edicios do Castro - Teatro, 1984.

TEATRO INFANTIL

(En colaboración con Pilar Enciso)

Asamblea general
Primer Acto, núm. 71, 1965.
Edición bilingüe (traducción al gallego de D. Cortezón), Madrid, Universidad Internacional Menéndez Pelayo, 1981.
Edición gallega (traducción de D. Cortezón), Vigo, ed. Xeráis, 1982.

El león engañado. El león enamorado. La maquinita que no quería pitar. El raterillo. Asamblea general
Madrid, Escelicer, 1969, 116 págs.

El raterillo
Primer Acto, núm. 71, 1965.

NARRACIÓN

Ayer: 27 de octubre
Barcelona, Destino, Colección Áncora y Delfín, 1958, 258 págs.

Doce cuentos y uno más
F. García Pavón, *Antología de cuentistas españoles contemporáneos,* Madrid, Gredos, 1966.
Barcelona, Rocas, 1956.

Cuno

«Literatura de juglaría», Madrid, 2 de noviembre de 1954, 53 págs.

Semanario *El Español,* mayo, 1956.

M. Baquero Goyanes, *Antología de cuentos contemporáneos,* Antologías Labor, 1964.

Don Cosme

Carlos de Arce, *Cuentistas contemporáneos,* Barcelona, Rumbos, 1958.

Don Poco

Revista de Occidente, núm. 49, 1969, págs. 70-75.

Antonio Beneyto, *Manifiesto español o una antología de narradores,* Barcelona, Marte, abril de 1973.

Golfos (Historia de una noche y el Nache)

Papeles de Son Armadans, núm. XIV, mayo de 1957.

Golfos de bien

Barcelona, Plaza y Janés, 1968, 194 págs.

Barcelona, Plaza y Janés, Libro de bolsillo, 1980.

El gran sapo

Barcelona, Garbo, 1964, 212 págs. Obtiene el Premio Elisenda de Montcada.

El gran sapo. Cuno

Madrid, Círculo de Amigos de la Historia, 1977, 244 págs.

«Historia de una noche»

F. García Pavón, *Antología de cuentistas españoles contemporáneos,* Madrid, Gredos, 1966.

«La increíble historia de cómo una hembra de gorrión, un pájaro carpintero, una mosca y una rana vencieron a un elefante»

Revista *El Urogallo,* núm. 18, 11 de diciembre de 1972.

«Kantichandra, el indú»

Andreas Klosch, *Erzundungen 21 Spanische Erzahler,* Berlín, Verlag Volk und Welt, 1969, 2.ª ed., 1973.
Papeles de Son Armadans, núm. LXXVI, julio, 1962.
A. Kjell Johansson, *Moderna Spanka novedller,* Estocolmo, Panacheserien Bonniers, 1964.

«Perito en gambas»

Revista *El Urogallo,* núm. 25, enero-febrero, 1974.
La calle, núm. 25, septiembre, 1978.

«La peseta del hermano mayor»

Agora, Cuadernos de poesía, núm. 7-8, mayo-junio, 1957 (renovada).

La peseta del hermano mayor

Barcelona, Rocas, 1958, 156 págs.

«El segundo terrón»

Revista del Mediodía, núm. 2, noviembre-diciembre, 1958.
Monteagudo, núm. 16, Murcia, 1956.

«Tinajilla»

F. García Pavón, *Antología de cuentistas españoles contemporáneos,* Madrid, Gredos, 1959.

POESÍA

Del aire

Madrid, Colección *Neblí,* 1954.

«Dos poemas de Lauro Olmo»

Poesía Española, núm. 19, 1953.

«In mente»
  Agora, Cuadernos de poesía, núm. 21, abril, 1953.

«Mujeres del barrio Pozas»
  Cuadernos para el Diálogo, núm. 81-82, junio-julio, 1970, pág. 42.

«Plenitud», «Destino», «Castidad»
  Agora, núm. 8, enero, 1952.

«Sucedió... (antes de que los pájaros se quedasen mudos)»
  Agora, núm. 30, 30 de junio de 1954.

Textos sobre teatro

«Algunas palabras más sobre Valle-Inclán»
  Cuadernos para el Diálogo, núm. 35-36, 1966, pág. 45.

«Antonio Buero Vallejo, el compañero»
  Agora, núm. 79-82, mayo-agosto, 1963.

«La bomba atómica y el vodevil»
  Informaciones, número extraordinario dedicado al teatro, Madrid, 25 de marzo de 1967.

«Escribe Lauro Olmo»
  Yorick, núm. 29, 1968, págs. 5-6.

«Extracto de la ponencia pronunciada por Lauro Olmo en el Congreso Nacional de Teatro Nuevo-Tarragona»
  Yorick, núm. 40, 1970, págs. 51-57.

«Al hilo de las tablas» (colaboración con Lauro Olmo)
  Informaciones, número extraordinario de teatro, Madrid, 9 de abril de 1966.

«Lauro Olmo» (texto intervención)
   Teatro español actual, Madrid, Fundación Juan March-Cátedra, 1977, págs. 83-92.

«Olmo, lui, a, pour écrire, vu, écouté, aimé ses personnages»
   Public, núm. 5, 1970, 11 págs.

«Teatro español, teatro popular»
   Primer Acto, núm. 41, 1963, págs. 20-21.

«Sobre un punto esencial»
   Primer Acto, núm. 70, 1965, págs. 10-11.

«Plaza pública: teatro popular»
   República de las letras, núm. 8, octubre, 1983.

«A vueltas con lo mismo»
   República de las letras, núm. 9, enero, 1984.

«Sobre *Pablo Iglesias*»
   Diario 16, 25 de febrero de 1984.

OTROS TRABAJOS

«Coloquios sobre el exilio de la guerra civil»
   Historia 16, núm. 19, noviembre, 1977.

«La democracia en un pueblo de Asturias»
   Pueblo, 20 de enero de 1979, 20 págs.

Isidro Parro: «Los anchos»
   Madrid, Rayuela, Colección Maniluvio, núm. 15, 1979, 116 págs.

Bibliografía

ARAGONÉS, Juan Emilio, *Teatro español de posguerra,* Madrid, Publicaciones españolas, Col. Temas españoles, número 520, 1971, págs. 75-77.

ARIZA, A. K. e I. F., *Introducción a «La camisa»,* Londres, Pergamon Press, 1968, págs. 1-24.

BENEDICT, Michael, y WELLWARTH, George, *Modern Spanish Theatre: An Anthology of Plays,* Nueva York, E. P. Dutton and Co., 1968, 416 págs.

BERENGUER, Ángel, *L'exil et la cérémonie,* París, Col. 10-18, 1977.

BLEIBERG, Germán, y MARÍAS, Julián, *Diccionario de la literatura española,* Madrid, Revista de Occidente, 1964, 573 págs.

CARON, Francine, *Études Ibériques VI. Théâtre en Espagne I Lauro Olmo.* Travaux de la Faculté des Lettres et Sciences Humaines de l'Université de Rennes, Rennes, 1971, 70 págs.

CORRALES EGEA, José, *La novela española actual, Cuadernos para el Diálogo,* junio, 1971.

DE NORA, Eugenio G., *La novela española contemporánea,* tomo II, Madrid, Gredos, 1962.

DÍAZ-PLAJA, Guillermo, *Historia general de las literaturas hispánicas,* tomo VI, Barcelona, Vergara, 1967, págigas 788-789.

García Lorenzo, Luciano, *El teatro español hoy* (Biblioteca Cultural RTVE), Planeta, 1975.

García Pavón, Francisco, *El teatro actual social en España 1895-1962,* Madrid, Taurus, 1962, págs. 181-185.

Guiliano, William, *Buero Vallejo, Sastre y el teatro de su tiempo,* Long Island City, ed. Las Américas, 1971, páginas 216-225.

Holt, Marion P., *The Contemporary Spanish Theatre (1949-1972),* Boston, Twayne Publishers, 1975.

Isasi Angulo y Amando, Carlos, *Diálogos del teatro español de la posguerra* (entrevista), Madrid, Ayuso, 1974, páginas 282-291.

Larraz, Emmanuel, *Teatro español contemporáneo,* París, Masson et Cie., 1973, págs. 31-39.

Medina Vicario, M. A., *El teatro español en el banquillo,* Valencia, Fernando Torres, 1976.

Molero Manglano, Luis, *Teatro español contemporáneo* (entrevista), Madrid, Editora Nacional, 1974, págs. 336-353.

Muñoz, Matilde, *Historia del teatro en España I: El drama y la comedia,* Madrid, Tesoro, Col. Jirafa, núm. 50, 1965, pág. 310.

O'Connor, P. W., *Plays of Protest from the Franco Era.* Modern Spanish Literatura Series in English (impreso en España), 1981.

Oliva, César, *De el «retablo de las maravillas» de Cervantes al de Lauro Olmo,* en Victorino Polo García, *Estudios literarios dedicados al profesor Mariano Baquero Goyanes,* Murcia, 1974, págs. 367-373.

— *Cuatro dramaturgos realistas en la escena de hoy,* Murcia, Departamento de Literatura de la Universidad de Murcia, 1979, 172 págs.

Río, Ángel del, *Historia de la Literatura Española,* Nueva York, Rineart and Winston, 1963, pág. 381.

Rodríguez Alcalde, L., *Teatro español contemporáneo, Epesa,* núm. 64, 1973.

Ruiz Ramón, Francisco, *Historia del teatro español. Siglo XX,* 2.ª ed., Madrid, Cátedra, 1975, págs. 494-500.

SALVAT, Ricard, *Teatre contemporani II,* Barcelona, Edicions 62, 1966, págs. 236-244.

ARTÍCULOS Y TEXTOS SOBRE LAURO OLMO

ALAZÁN, «Lauro Olmo, finalista del Premio Nadal», *La Estafeta Literaria,* 18 de enero de 1958.

ARAGONÉS, Juan Emilio, «Lauro Olmo y el teatro que necesitamos», *La Estafeta Literaria,* número especial de abril de 1962, pág. 17.

A. Y., «Todavía no ha tenido lugar la batalla del barrio Pozas», *Sábado Gráfico,* 19 de febrero de 1972.

BORREL, Jaime, «Lauro Olmo, antes de *La comedia*», *Primer Acto,* núm. 32, 1962, págs. 4-6.

BUSTAMANTE, Juby, «Lauro Olmo, en desacuerdo con los críticos», Madrid, 5 de octubre de 1968.

CARANDELL, J. M., «Lauro Olmo: ¡Viva la vida!», *Destino,* 15 de marzo de 1969, pág. 85.

— «Lauro Olmo, camisa, pechuga y condecoración», *Siglo XX,* 18 de diciembre de 1965.

CARON, Francine, «Depuis de *La chemise,* il poursuit son oeuvre tantot interdite», *Public,* 1970, pág. 12.

CORBALÁN, Pablo, «La corrala del Madrid castizo», de Arniches, *Informaciones,* 3 de octubre de 1978.

COSTA CLAVELL, Xavier, «Lauro Olmo y *Pablo Iglesias*», *La Voz de Galicia,* 15 de enero de 1984.

GALÁN, Diego, «Un desalojo en busca de autor», *Triunfo,* 19 de febrero de 1972, pág. 9.

GARCÍA LORENZO, Luciano, «¿Teatro menor?, ¿teatro breve?, sobre una obra inédita de Lauro Olmo», en *El teatro menor en España a partir del siglo XVI,* Madrid, CSIC, 1983.

GARCÍA PAVÓN, F., «Obra y semblanza de Lauro Olmo», *Estreno,* II, 1976, págs. 33-36.

GARCIASOL, Ramón de, «Abrazo para Lauro Olmo» (poema a Lauro con motivo de la cena de los ateneístas en homenaje a éste), *Informaciones,* suplemento de las Artes y las Letras, 8 de mayo de 1975.

127

GIULIANO, William, «Lauro Olmo and *La camisa*», *Revista de estudios hispánicos,* V, University of Alabama Press, 1971, págs. 39-54.

GONZÁLEZ VERGEL, Alberto, «Cinco notas para una realización escénica de *La camisa*», *Primer Acto,* núm. 32, 1962, págs. 9-11.

HERNÁNDEZ LEZ, Juan, «Lauro Olmo, en vertiginosa diáspora», *La Voz de Galicia,* 18 de marzo de 1982.

J. M. S., «Lauro Olmo en el Aula Miguel de Unamuno», *El Adelanto,* Salamanca, 10 de noviembre de 1971.

J. R. M. L., «Lauro Olmo, Premio Valle-Inclán de Teatro», *Ínsula,* XVII, núm. 185, 1962, pág. 4.

LABORDA, A., «Lauro Olmo y su comedia *El cuerpo*», *Informaciones,* 11 de mayo de 1966, pág. 13.

— «Lauro Olmo como símbolo», *Hoja del lunes* de Madrid, 15 de diciembre de 1975.

MARRA LÓPEZ, J., «Lauro Olmo, premio Valle-Inclán de Teatro», *Ínsula,* 1962, núm. 185.

MARTÍN, José, «Autores marginados por la administración y los empresarios», *Informaciones,* 22 de noviembre de 1976.

MUÑIZ, Carlos, «Lauro Olmo, un autor de mi generación», *Primer Acto,* núm. 32, 1962, págs. 6-9.

SÁIZ, Tina, «Lauro Olmo víctima de la necesidad del mito», *Yorick,* núm. 28, 1968, págs. 47-48.

YAGÜE, «El teatro ha encontrado al pueblo», *Juventud Obrera.*

Prólogo

Un día del mes de agosto de 1960, se presentó en mi casa un matrimonio obrero: un matrimonio amigo. Ella se llamaba —se llama— Lola. El nombre de él importa menos, pues al verdadero protagonista de *La camisa* lo encontraría, más adelante, en plena calle. Lola venía a despedirse: se iba a Alemania, a servir. Y no «al rey» precisamente, como dice la canción. Antes de que la emigración fuera más o menos controlada por el organismo sindical correspondiente, muchos de nuestros emigrantes —presas de ya ancestral desconfianza hacia toda clase de control— se iban a correr su aventura por las buenas. Hubo un modo de irse que alcanzó bastante aceptación entre las familias económicamente débiles. Primero se iba Lola —las incontables Lolas— y se colocaba de criada. La colocación en este quehacer era instantánea. (Balbina, uno de los personajes de *La camisa,* exclama: «Las criás españolas están muy solicitás. Tenemos cartel, Lola; como los toreros.») Una vez allí, le buscaba trabajo al marido y éste, sobre seguro y gracias a unos marcos ahorrados por ella, solicitaba su pasaporte alegando que se iba en plan turístico, y salía del país para sumarse a la aventura. El humilde hogar y los hijos —no pocos en muchos casos— quedaban, «provisionalmente», al semiamparo de algún familiar. El motivo predominante de la escapada era la penuria económica y el paro. Esta situación se repetía, y todavía el problema está en el ruedo, en muchísimos hogares españoles. (Ya

129

pasada la frontera, no hablemos aquí de las muchachas engañadas, prostituidas, etc.) Resumiendo: dramáticamente vivo, un gran tema se hallaba a la espera. Un tema que nos salía al encuentro en cada esquina. Un tema nacional: un tema popular. Sin embargo, faltaba un personaje: Juan.

A Juan creí encontrármelo en dos ocasiones. El primer encuentro se redujo a una brillate seudoverborrea patriotera que no se sostuvo en pie. El segundo encuentro fue de carne y hueso. Allí estaba Juan: tenso, ensimismado, con un decidido afán en la mirada. En cuanto a la camisa, muchas veces lavada y experta en antesalas, pertenecía al exiguo ropero del autor.

Ya el drama, trágicamente condicionado, estaba más o menos visto. Ahora venía el problema estructural, expresivo. Hay temas que no pueden traicionarse. O se toman o se dejan. Si uno se decide por lo primero, hay que ser honesto y volcarse. No recuerdo de quién es la frase que dice: «Donde hay dolor existe un terreno sagrado.» Y aquí había dolor y, dentro, una angustiosa llamada a la solidaridad. Y ¿qué otro modo para expresar todo esto podía aventajar al que viene del paso. del entremés, del sainete? Un problema del pueblo había que darlo de forma popular, sin concesiones. No se me ocultaba que yo, teatralmente hablando, era un novel. Pero contaba con un arma que podía dar juego. Mis cuentos, mi novela, demostraban que poseía intuición, poder de síntesis, sentido estructural. Con este poder —y no quiero decir que sea excepcional, ni que lo posea en gran medida— saqué adelante el tema. (En alguna ocasión di mi parecer de que «el cuento de hoy» depende más del poema y del teatro que de la novela. Puede decirse que es ésta la influida por aquéllos.)

Ya con *La camisa* escrita, cayó en mis manos la segunda convocatoria del premio Valle-Inclán. Concurrí y mi obra fue la elegida. Los ensayos de 1961 hubo que suspenderlos. Surgieron dificultades y no se autorizó el estreno. Pasaron unos cuantos meses y la noche del 8 de marzo de 1962 pudo alzarse el telón. Días antes del estreno no quedaba una entrada. Existía una gran expectación. Los que se quedaban en la calle no se resignaron y forzaron la entrada. Con espectadores en pie en los pasillos y otros sentados en las escaleras de acomodación, se inició la velada. Tanto yo como los de mi casa estábamos nerviosos. Sabíamos que el ambiente era un poco apasionado, peligroso. Que aquello podía desbarrar. Pero la humanidad del tema y su indudable honradez expositiva fueron abriéndose paso. La crudeza del léxico, limitada a lo preciso y sostenida por la realidad que se iba creando en el escenario, fue aceptada y la noche transcurrió emocionada y emocionante. Dentro de mi pequeña aventura individual, constituye una noche inolvidable. (Quizá sea conveniente decir aquí que no se regaló ni una entrada. No olvidemos que la función era de cámara y su montaje —una magistral faena de Alberto González Vergel— suponía un desembolso considerable.)

Luego, a esperar la crítica. Y ésta respondió casi unánimemente. Después de una breve, pero intensa lucha, se consiguió que *La camisa* pudiera pasar al campo profesional. Entonces aprendí que hay público de tarde, y público de noche, y de sábado y de viernes, etc. Aprendí cómo el espectador a solas puede ver la obra de un modo y llegar a aplaudirla, y cómo este mismo espectador, yendo acompañado, puede repudiarla y hasta llegar al pateo. Aprendí también cómo ciertos profesionales de la pluma saben nadar y guardar la ropa, y hasta cómo se podía reprimir y falsear el impacto íntimo. También descubrí al espectador emocionado, que no aplaude, pero que se queda sentado en su butaca al finalizar la función y luego, pausadamente y metido en sí, desaparece con todo el peso de la obra encima.

Como final, me voy a permitir decir lo siguiente: que creo que he cumplido si se acepta *La camisa* como un honrado intento más de poner en marcha un teatro escrito cara al pueblo.

LAURO OLMO

131

Tras esta ventana escribí «La camisa». Barrio de Pozas de Madrid.

La camisa[1]

[1] Tras el título de la obra aparecen generalmente los datos de los premios que ha recibido. En B se menciona el Premio Valle Inclán 1961 y se consignan los datos del estreno en Madrid por el grupo *Dido Pequeño Teatro* el día 8 de marzo de 1962 en el teatro Goya (aparecen nombres de actores, escenógrafo y director). En C se anotan los tres premios (el mencionado, el Premio Larra 1961-1962, y el Premio Nacional de Teatro 1963). Este último es el único que aparece mencionado en D. La dedicatoria «a Pilar, compañera de las horas difíciles», se encuentra siempre, menos en B.

PERSONAJES

ABUELA	CHAVAL
AGUSTINILLO	LOLITA
NACHO	SEÑORA BALBINA
SEÑOR PACO	LOLO
MUJER	LUIS
JUAN	SEBAS
MARÍA	RICARDO
TÍO MARAVILLAS	LOLA

La acción transcurre en Madrid, durante los meses de septiembre y octubre de 1960; un momento del llamado Plan de estabilización.

ACTO PRIMERO

*Al alzarse el telón se ve una calle que, después de ocu-
par horizontalmente todo el primer término, tuerce en
el extremo derecha y se pierde hacia el fondo. En segundo término, a la izquierda, y ocupando algo así como la
tercera parte del escenario, se ve una humilde habitación
de chabola. A la derecha, una puerta. Esta da a un solar.
Dicho solar, menos por delante, está cercado por una
valla. A la derecha del solar, la calle arriba citada. A la
derecha de la calle, o sea lateral derecha del escenario,
se ve «Casa Paco», la tasca. Al perderse la calle hacia el fondo va a dar contra la fachada de una casa
popular de dos pisos. Cada piso tiene un corredor. El
fondo de la calle corresponde con el portal de la casa.
Hacia la derecha e izquierda de ésta figura cruzar otra
calle. Las dos terceras partes del fondo, que es lo no
ocupado por la fachada de la casa, es cielo raso. Naturalmente, todo lo anterior corresponde a un barrio extremo de Madrid. Durante los tres actos se mantiene la
misma decoración* [2].

---

[2] Debe notarse que en B las acotaciones hasta este punto se
presentan dentro de un mismo bloque. Hemos preferido mantener
la separación entre acotaciones escénicas y acotaciones que hacen
referencia a la acción, en nuestra edición.

(En escena se ve a la ABUELA *tendiendo ropa en una cuerda que hay en el solar. Las prendas que tiende son: unos calzoncillos, un par de calcetines, un pañuelo y un pantalón. En el solar, sentados en el suelo, están* AGUSTINILLO *y* NACHO. *Durante la escena éste fuma. Luego, según la marcha de la acción, tira la colilla, la coge* AGUSTINILLO, *le da una chupada y la tira a su vez.)*

ABUELA. *(Tendiendo.)* ¿Qué pensará hacer este hombre sin camisa? ¡Qué tiempos éstos! ¡Tiempos de boquilla! ...

AGUSTINILLO. Abuela.

ABUELA. *(Sin hacer caso, sigue monologando.)* Hasta tres cuerdas de ropa llenaba yo. Y es que había brazo, tajo y ganas de arremeterle al mundo.

AGUSTINILLO. Abuela.

ABUELA. *(Igual.)* Sus malos ratos costaba, claro está. Pero los hombres se han hecho pa eso: pa los buenos y pa los malos ratos [3]. Y el que no sea hombre que estire la pata y no nos haga vivir jorobás.

AGUSTINILLO. *(Levantándose.)* Abuela.

ABUELA. *(Acabando de tender.)* ¡Abuela! ¡Abuela! ¿Qué quieres?

AGUSTINILLO. Sólo dos perrillas, abuela.

ABUELA. ¿Y de dónde quieres que las saque?

AGUSTINILLO. ¿Te lo digo?

---

[3] La utilización de «pa» por «para» registra el empleo no riguroso del habla castiza de Madrid en *La camisa*. En realidad, encontraremos durante toda la obra ciertas fórmulas del habla de Madrid, cuya transcripción no se mantiene, como ya hemos dicho, de una manera constante. Se podría decir que Lauro Olmo utiliza algunas de ellas (la señalada, la utilización de la terminación «ao» por «ado», el laísmo, etc.) para caracterizar a sus personajes como pertenecientes a las clases populares madrileñas. Sobre el habla de Madrid y su tradición popular hay trabajos importantes que se relacionan con la tradición del teatro de ambiente costumbrista, como *Arniches y el habla de Madrid* de Manuel Seco, Madrid, 1970, y *Arniches, un estudio de habla popular madrileña* de Francisco Trinidad, Madrid, 1969.

ABUELA.   ¡Condenao! ¡Ya has vuelto a espiarme!

AGUSTINILLO.   No se lo he dicho a nadie. Y si me das las dos perrillas...

ABUELA.   *(Furiosa.)* ¡Dos mordiscos en las entrañas te voy a dar yo a ti!

   (Hace que se va) [4].

AGUSTINILLO.   Escucha, abuela. Sólo nos faltan dos perrillas pa...

ABUELA.   *(Enfrentándose.)* ¿Pa qué?

AGUSTINILLO.   Pa comprar unos petardos.

ABUELA.   *(Indignada.)* ¿Petardos? ¿Es que no sabes que tu padre anda sin camisa? Mira, mamarracho *(Le señala, una por una, todas las prendas:)* calzoncillos, calcetines, pañuelo y pantalón; pero ¿y la camisa?, ¿dónde está la camisa? ¡Y tú, pensando en comprar petardos!... Reúne, reúne pa la camisa de tu padre, que pueda presentarse ante el capitoste ése [5]. ¡Y déjate de petardos!

   (Coge el cubo donde tenía la ropa y se mete en la chabola) [6].

AGUSTINILLO.   *(A* NACHO.*)* En un calcetín amarillo guarda su dinero. No da ná [7] a nadie. Dice que es pa su entierro.

NACHO.   ¡Vaya una vieja!

AGUSTINILLO.   ¿Y sabes dónde lo esconde?

NACHO.   Debajo un ladrillo, ¿no?

---

[4] Mantenemos la diferenciación de las acotaciones que se refieren a movimientos (separadas del texto) y las que anotan los estados de ánimo en que se expresan los actores, como hace A, siguiendo la norma general para esta edición señalada ya en la nota 2.

[5] 'Ese' sin acento en A, B y C.

[6] Véase nota 4.

[7] «Ná» (por «nada»): en B aparece «ná» acentuado. Mantenemos la grafía como la presenta Seco *(op. cit.,* pág. 437). Anotaremos aquí la utilización, que también aparece en la obra, de *nada* como palabra expletiva que inicia una frace: «na, que se me ha puesto delante y le he soltado tres frescas».

AGUSTINILLO.   No. Lo lleva dentro de ella, sujeto con imperdibles.

(Pausa.)

NACHO.   Oye, ¿sabes qué le he dicho al señor Paco?... Que o nos eleva el nivel de vida, o no hay bellas vistas. Se las he puesto a dos reales.
AGUSTINILLO.   ¿Y qué?
NACHO.   Na; le pareció caro. «¡Pero si no para de subir to, señor Paco!», le expliqué. Y el tío, ni caso.
AGUSTINILLO.   Es un explotador, ¿verdá?
NACHO.   ¡Da asco! En cuanto le ven a uno hecho un desgraciao... Oye, ¿es verdad[8] que tu padre no tie[9] camisa?
AGUSTINILLO.   Sí tiene, pero son de color. Y dice mi madre que pa ir a ver a no sé quién debe ir con camisa blanca y corbata. ¿Es de marica eso?
NACHO.   Yo no iría así.
AGUSTINILLO.   Ni yo. Y menos como dice la abuela, que quiere encasquetarle[10] también cuello duro.
NACHO.   Pues va a[11] parecer un tío forrao de millones. *(Mira hacia el fondo de la calle y descubre a una mujer con aspecto de «visitadora»)*[12].

---

[8] En B: 'verdá'.

[9] En B: 'tié'. Mantenemos la forma 'tie' sin acento según Seco, *op. cit.,* págs. 49 y 54.

[10] encasquetar: poner con insistencia un sombrero o una idea en una persona: María Moliner, en el *Diccionario de uso del español,* lo recoge en su segunda acepción como: «Meter en la cabeza.» «Enseñar o hacer aprender a alguien cierta cosa a fuerza de insistencia, o comunicarle ciertas ideas con mucha firmeza.» A pesar del evidente sentido de poner o vestir una prenda, parece necesario no olvidar el segundo sentido que proponemos, que indicaría tanto sorna como deseo de llevar el asunto hasta las últimas consecuencias.

[11] suprime 'a'.

[12] El manuscrito B (y, posiblemente, por razones de censura) suprime la descripción *«con aspecto de visitadora»* que aparece en todas las demás ediciones. Se denominaba así a una agrupación

AGUSTINILLO.   Nacho, ¿tú crees que...?
NACHO.   (Cortando.) ¡Calla! ¡Cállate! (Corre hacia la
valla y mira por una de sus rendijas. Se vuelve hacia
AGUSTINILLO y le dice) [13]. Avisa al señor Paco. ¡Rápido!

(Queda escondido detrás de la valla.)

AGUSTINILLO.   (Corre hacia la tasca y, desde la puerta,
exclama.) ¡Preparao, señor Paco!

(Vuelve al lado de NACHO [14]. La mujer se acerca,
llena, atractiva. Viste traje de vuelo. El SEÑOR PACO
se asoma y la ve. Muy emocionado, exclama.)

SEÑOR PACO.   ¡Os doy un duro!
     (Se oculta otra vez) [15].
NACHO.   (A AGUSTINILLO.) ¡Túmbate [16], deprisa!
AGUSTINILLO.   (Tirándose al suelo y retorciéndose.) ¡Ay,
mamá, mamaíta! ¡Socorro, ay, que me muero!
MUJER.   (Corriendo a auxiliarle.) ¿Qué te pasa, chico?
¿Qué tienes?

(La MUJER se agacha y trata de levantarle. Entonces se le acerca rápidamente NACHO y le levanta las
faldas. El SEÑOR PACO observa sin perder detalle.
Los dos golfillos ante la indignación de la MUJER,
salen corriendo, uno por el lateral izquierdo y el
otro por el fondo de la calle.)

---

de mujeres, con carácter religioso y vocación social, que «visita-
ban» (para ayudarles) a los pobres.
[13] A y B colocan aquí un punto. Lo mismo ocurrirá en adelante
siempre que la acotación, entre paréntesis en el texto, termine
en un verbo ('dice', 'exclama', etc.), que introduce la frase siguiente y la pone en boca del mismo personaje.
[14] Esta primera frase de la acotación aparece en B y C unida
al párrafo de Agustinillo que precede.
[15] B y C unen la acotación a la frase anterior del Señor Paco.
[16] B y C puntúan con punto y coma.

MUJER. *(Alisándose las faldas, furiosa.)* ¡Sinvergüen-zas! ¡Golfos!

SEÑOR PACO. *(Que ha salido decidido de la tasca.)* ¡Granujas! ¡Ya os pillaré, ya!

MUJER. *(Al SEÑOR PACO.)* ¿Pero usted se ha fijado?

SEÑOR PACO. Sin querer, señorita: involuntariamente. Y permítame decirle, con to respeto, que no lo lamento.

MUJER. ¡Usted [17] es un descarado [18]!

SEÑOR PACO. Y usté no está hecha: ¡Usté está esculpida!

MUJER. *(Muy digna y muy ofendida, sale por el [19] fondo derecha, exclamando.)* ¡Gentuza!

SEÑOR PACO. *(Siguiéndola un poco.)* ¡Qué gachí!

(Por el lateral izquierdo reaparece NACHO y, pícaro, llega hasta el tabernero y le dice.)

NACHO. Qué, señor Paco, ¿satisfecho?

SEÑOR PACO. ¡Qué más quisiera yo, chaval! *(Repeluzno.)* ¡Ayyy!

AGUSTINILLO. *(Entra corriendo por el lateral izquierdo y le dice a NACHO.)* ¿Te ha dao el duro?

SEÑOR PACO. ¡Calma, chico! ¡Cálmate!

NACHO. *(Amenazador.)* ¡Usté dijo un duro!

SEÑOR PACO. *(Igual.)* ¡Oye! No te me pongas chulillo, ¿eh? ¡A ver si te arreo [20] un sopapo! *(Cambiando el tono.)* Os doblo el realito y abrir cuenta corriente, ¿hace? [21].

NACHO. *(Amenazador.)* ¡Usté dijo un duro! ¡Veinte reales, señor Paco!

SEÑOR PACO. *(Sacándose dos reales y dándoselos a*

---

[17] 'Usté' por 'usted' en B y C.
[18] 'descarao' por 'descarado' también en B y C.
[19] B y C olvidan el artículo.
[20] 'arrear': «asestar un golpe» (María Moliner).
[21] Estas dos últimas intervenciones de Nacho y el Señor Paco desaparecen en B.

AGUSTINILLO.) Toma, tú que eres sensato, ¡dos reali-
tos! Y largo, ¡fuera de aquí!

(Les da la espalda y se dirige al interior de la tasca.)

NACHO. *(Amenazador.)* ¡Señor Paco!
SEÑOR PACO. *(Cerca de la puerta.)* ¡Olvídame, pipiolo [22]!
NACHO. *(Enérgico.)* ¡Señor Paco! *(El tabernero se da
la vuelta y queda en la puerta de la tasca, cara al golfillo. Este, de repente, se arranca y va a incrustar su
cabeza en el vientre del tabernero, haciéndole caer
hacia dentro. Al mismo tiempo, exclama.)* ¡Tío sucio!
AGUSTINILLO. *(Agarrando a* NACHO.) ¡Vamos, Nacho!
¡Deprisa!

*(Juntos desaparecen corriendo por el fondo de la
calle.)*

SEÑOR PACO. *(Saliendo de la tasca y persiguiéndolos
hasta el fondo.)* ¡Hijo de puta! ¡Te voy a patear las
tripas! ¡Ya te agarraré, ya! ¡De a metro vas a criar
las malvas! [23].

(Por el fondo de la calle aparece JUAN. *Mira hacia
el lado por donde han desaparecido su hijo y* NA-
CHO. *Dirigiéndose al* SEÑOR PACO, *le pregunta.)*

JUAN. ¿Le ha hecho algo el Agustinillo?
SEÑOR PACO. No, no es a tu chaval al que estrangu-
laría de buena gana. *(Juntos avanzan.)* El Nacho ese
es un golfo. Te está maleando al crío.
JUAN. Tos [24] andamos maleaos [25], señor Paco.

---

[22] 'pipiolo': «el estudiante de primer año en las universidades,
institutos y academias militares» (Pastor y Molina, *Vocabulario
de madrileñismos (primera serie). Revue Hispanique,* vol. XVIII,
1908, pág. 66).
[23] 'malvas': «Estar criando malvas (fig. e inf.) = Estar muerto
y enterrado» (Moliner, pág. 320).
[24] B sustituye aquí, al contrario de lo que le es habitual, 'tos'
'todos'.
[25] 'maleado': estropeado, echado a perder. Se aplica a personas.

(Se quedan parados. Del último piso de la casa de los corredores sale una voz que, irritada, exclama:)

Voz de María. ¡Borracho! ¡Indecente! ¿Y a esta hora te presentas a dormir? ¡Y mira la chaqueta cómo la traes! [26]. ¡Y el pantalón? ¿Pero te has visto el pantalón? ¡Se acabó, ea! ¡Que te lo zurza tu madre! ¡No te aguanto más! *(Se oye un portazo. Voz alejada.)* ¡Borracho! ¡Asqueroso!

Señor Paco. ¡Qué tía!

Juan. ¡Pobre mujer!

Señor Paco. *(Palmeándole la espalda.)* To se arreglará, muchacho. No hay mal que cien años dure.

Juan. *(Serio.)* No diga tonterías. Un verano más a la espalda y ahí *(Señala la chabola.),* señor Paco, ¡ahí metíos! Y por si fuera poco *(Le muestra sus brazos.)* éstos en el aire, sin un puñetero ladrillo que agarrar.

Señor Paco. ¿Quieres un vasito? Anda, te invito.

Juan. Ahora no, gracias.

Señor Paco. ¿Temes que la Lola se te ponga como esa prójima [27] de ahí arriba?

Juan. *(Duro.)* ¡Esa prójima de ahí arriba no tardará ni un cuarto de hora en volver a su puesto! Y usted lo sabe. ¡Así que cállese!

Señor Paco. No lo he dicho en mal plan, muchacho.

(Juan se dirige hacia la entrada de la chabola. El tabernero se le queda mirando. Luego, con un gesto de circunstancias [28], se mete en la tasca. Juan entra en la chabola.)

---

[26] B cambia así: «y mira la chaqueta cómo la trae!». Este cambio indica que no se dirige a él sino, en términos generales, a un oyente hipotético. Esta fórmula es muy corriente en el español coloquial referida a niños, para dar énfasis coloquial con un ente hipotético, a la gravedad del acto cuya reprimenda se lleva a cabo.

[27] 'prójima': fam. «mujer de poca estimación pública o de dudosa conducta» (D. R. A. E., pág. 1071). (También ver Trinidad, *op. cit.,* pág. 106.)

[28] B: «con un gesto de circunstancia».

ABUELA.   ¿Qué?

JUAN.   De vacío, abuela. ¿Y su hija?

ABUELA.   Se ha ido con la niña a por unos tomates.

JUAN.   *(Sentándose en una banqueta que arrima a la mesa.)* Mañana iré al Rastro [29] a echar un vistazo. Su hija tie razón en lo de la camisa. Hay que aparentar un poco, si no...

ABUELA.   ¡Natural, hijo! Al Anselmo siempre lo llevaba yo hecho un señor. Y porque era un poco vago, si no, nunca le hubiera faltao un tajo donde desperezar los músculos. Pero, en fin, él tiraba por lo cómodo: ¡nació portero y murió conserje! ¡Ahora, eso sí: siempre con cuello duro! Todavía guardo uno. Con él se casó conmigo. ¡Estirao y apuesto que iba el condenao!

JUAN.   ¿Ha venío [30] el Sebas por aquí?

ABUELA.   No, no ha venío nadie. El que se va es el Manolo, el de la Luisa. Le ha escrito su primo desde Ginebra; le dice que allí hay tajo pa él. Se está yendo mucha gente, ¿sabes? Pa Alemania los más. La que ha mandao una carta entusiasmá es la Reme. Esa se ha ido a servir a Londres y dice que el pan anda tirao. Pue [31] ser... Oye, ¿por qué no embarcas a la Lola? ¡A puñaos esperan esos países criás pa servir! Primero, ella, y, una vez instalá, arrancas tú con los chicos. *(Yendo hacia JUAN.)* Pero ¿qué te pasa, Juan? ¿Estás llorando?

JUAN.   No es na, abuela.

ABUELA.   Hijo.

JUAN.   Déjeme, abuela. ¡Déjeme! Esto pasa de vez en cuando [32].

ABUELA.   Escucha...

---

[29] El Rastro aparece con minúscula en B.

[30] En B encontramos «ha venido».

[31] También en B, se acentúa 'pué' (por puede). Véase Seco *(op. cit.,* págs. 49 y 54).

[32] B y D dicen: «esto pasa de cuando en cuando».

JUAN. (*Dando un puñetazo sobre la mesa y levantándose repentinamente.*) ¡Déjeme en paz!

(*De la tasca sale el* SEÑOR PACO *con una mesa y la coloca a la puerta.*)

SEÑOR PACO. (*Hacia dentro.*) Tráete una banqueta, chaval!

ABUELA. (*Pelando patatas.*) ¡Si yo tuviera unos años menos!... Pero ¿dónde va una a mi edá?

(*Por el fondo de la calle entra el* TÍO MARAVILLAS *con un manojo de globos de colores* [33]. *Al verle, el tabernero exclama*) [34].

SEÑOR PACO. ¡Dichosos los ojos, Maravillas! ¡Tres días sin verte! Pero, ¿tanto te dura ahora la merluza [35]?

TÍO MARAVILLAS. Hay que estirarla, amigo. ¿Sabe a cómo está hoy el kilo? ¡A ciento diez pesetitas, imagínese!

SEÑOR PACO. Por eso tú las prefieres de a siete el litro, ¿eh? (*Coge la banqueta que le alarga el chaval de la tasca. Dirigiéndose a éste.*) Sácale un tintorro al tío Maravillas. Invita la casa.

TÍO MARAVILLAS. Usté [36] siempre da gratis el anzuelo, granuja.

SEÑOR PACO. ¿Qué? ¿Te sientas un ratejo?

TÍO MARAVILLAS. No, que se me escapa la clientela. ¡Es la hora de los globitos! Y a propósito, ¿ha visto usté el satélite? [37].

---

[33] En B se encuentra: «con un atijo de globos de colores».

[34] Seguimos aquí la puntuación, más correcta, de C y D.

[35] 'merluza': «borrachera» (Seco, *op. cit.*, pág. 425; Trinidad, *op. cit.*, pág. 103).

[36] 'Usted' en B.

[37] Ocurre como en la nota anterior, y se continúa en la frase «¿Pero usted lee la prensa?» del Tío Maravillas. No señalaremos más esta característica de B.

144

Señor Paco. ¿Cuál? ¿El americano o el ruso?

Tío Maravillas. ¿Pero usté lee la prensa? El ruso ya ha hincao el morro. El de los garbeos [38] ahora es el de la Coca-Cola: el «Eco I». *(Sale el chaval con el vaso pedido.)* Trae acá, chaval. ¿Qué periódico hojea usté?

(Bebe un trago.)

Señor Paco. «Pueblo» [39].

Tío Maravillas. ¿Tié el de anoche?

Señor Paco. *(Al chaval.)* Sácate el «Pueblo» de anoche.

(El chico entra en la tasca.)

Tío Maravillas. Además del peso de las botas del Di Stéfano [40], viene el horario y también las direcciones del balón; ¡digo del «Eco»! ¡Con tanto fútbol se hace uno un lío! *(El chaval sale con el periódico. El* Tío Maravillas *lo coge. Lo hojea. Al fin, lee.)* Escuche: «Horas y direcciones pa ver hoy el satélite «Eco I» desde Madrid: 8,19 de la noche, norte de la ciudad, 58 grados NE *(Pronuncia «ne».);* 10,24 de la noche, norte de la ciudad, 67 grados SE *(Pronuncia*

---

[38] 'Darse un garbeo', significa darse un paseo. Su origen está en garbo y el *D. R. A. E.* anota la tendencia semántica que acaba en 'paseo' al definir 'garbear' como «afectar garbo o bizarría en lo que se dice o se hace».

[39] El periódico *Pueblo,* de los sindicatos verticales franquistas, era una publicación en la que se defendían las ideas «sindicalistas» del Movimiento Nacional. Su principal director, Emilio Romero, es un periodista típico de aquel periodo (que hizo a su imagen y semejanza). Muchos periodistas de esta especie renegaron leve o radicalmente sus principios con el advenimiento de la *transición política.* Señalo esto, porque aclara por qué el Señor Paco, tendero sin escrúpulos que se está haciendo con el «movimiento» franquista, lee esta publicación.

[40] Di Stefano: delantero centro del equipo de fútbol del Real Madrid, era un jugador argentino, nacionalizado español que, al

«se».). Hay que vehrlo, señor Paco. *(Dejando el periódico sobre la mesa.)* Aunque sólo sea pa contárselo a
los nietos.

Señor Paco.   Pero, oye: ¿tú entiendes eso de los grados y lo del se y del ne que pone ahí? [41].

Tío Maravillas.   Yo no me dejo complicar la vida.
Alzo la cabeza, ¡y miro! ¿Sabe usté qué he pensao?

Señor Paco.   Tú dirás.

Tío Maravillas.   Que el día que llenen el firmamento
de satélites y los pinten de colores me inmortalizan.
Algún nieto suyo leerá en los papeles: «El Tío Mara-
villas, ¡un español!, precursor de lo interplanetario.»
¡Eh! ¿Qué tal suena? *(Brindando.)* Va por mi país:
¡El reino de la fantasía!

(En la chabola, la Abuela *ha sacado de la cómoda
un cuello duro y trata de colocárselo a* Juan.)

Abuela.   Irás con aspecto de señor y te harán más caso.

Tío Maravillas.   *(Despidiéndose.)* Hasta más ver, señor Paco.

Abuela.   Enderézate un poco.

Tío Maravillas.   *(Iniciando la salida.)* ¡Globitos!

Abuela.   Yo creo una cosa: que en este país, cuando
todos llevemos cuello duro... [42].

Tío Maravillas.   ¡Globitos de colores! *(Saliendo.)*
¡Compren globitos!

principio de los años 60 se convirtió en el ídolo nacional de
este deporte. Otros extranjeros acudieron a España y aquí se afin-
caron introduciendo el concepto de «fútbol espectáculo», que tan
apasionadas discusiones despertó y despierta. Este tipo de fútbol
(algo similar ocurrió con los toros en la Restauración y la postguerra) se convirtió en un sistema de desviación de las frustra-
ciones nacionales sabiamente apoyado por el sistema franquista.
De aquí la alusión de Lauro Olmo y su resonancia crítica.

[41] Obsérvese el nivel cultural del Señor Paco, que indica su
origen social tan cercano a los que ahora explota.

[42] B: «Yo creo una cosa: en este país...»

(Por el fondo de la calle entra LOLITA. *En una bolsa de papel trae tomates. Al pasar por delante del tabernero, éste, melifluo, la saluda.)*

SEÑOR PACO.   Hola, nena.
LOLITA.   Buenos días, señor Paco.

(A LOLITA, *azorada, se le cae la bolsa de los tomates y éstos se desparraman por el suelo. Al agacharse a cogerlos enseña las piernas. El tabernero se las mira. Luego va hacia ella y, ayudándola a recoger los tomates, le dice.)*

SEÑOR PACO.   Eres muy guapa, Lolita. *(Pausa.)* ¿Cuántos años tienes?
LOLITA.   Catorce cumpliré en enero.

(Se levanta con los tomates ya recogidos, menos uno, que le quita al tabernero de las manos. Rápida, se mete en la chabola.)

SEÑOR PACO.   ¡Eres muy guapa!

(Se va hacia la mesa, coge el periódico y se sienta.)

LOLITA.   Hola, padre. Los tomates, abuela.

(Deja la bolsa encima de la mesa.)

ABUELA.   *(Coge un cántaro de barro que hay al lado del fogón y echa agua en el cacharro en el que tiene las patatas ya peladas.)* ¿Y tu madre?
LOLITA.   Se ha ido al Rastro a ver si encuentra...
ABUELA.   Ya, ya...

(La señora BALBINA *acaba de salir al primer corredor a tender la ropa que trae en un barreño.)*

BALBINA.   Buena está la mañana, ¿eh, señor Paco?

ABUELA. Espera, nena.

SEÑOR PACO. De turista caro, Balbina.

ABUELA. Te has olvidao del orinal. Sácalo, anda.

BALBINA. ¡Caro y con machacantes [43] USA! (LOLITA *saca el orinal de debajo de la cama y con él sale al solar. En un rincón lo vuelca.*) Lolita, ¿está tu madre ahí?

LOLITA. No, señora Balbina. Ha ido al Rastro. ¿Quiere algo pa ella?

BALBINA. Cuando vuelva, dila que me llame. Tengo que hablarle.

LOLITA. Descuide, yo se lo diré.

(BALBINA *se mete dentro de la casa.* LOLITA *va a meterse en la chabola, pero la voz del tabernero la para.*)

SEÑOR PACO. Un día te va a pillar el guardia.

LOLITA. No sería a mí sola, señor Paco. Somos muchos los que...

SEÑOR PACO. Si fueras... hija mía, vivirías en un piso nuevecito.

ABUELA. (*Desde dentro de la chabola.*) ¡Nena!

SEÑOR PACO. Con cuarto de baño y grifos, muchos grifos por los que saliera el agua.

ABUELA. (*Asomándose a la puerta.*) ¿Qué haces aquí de cháchara? Anda, coge el cántaro y vete a por agua.

SEÑOR PACO. Hola, abuela.

ABUELA. (*Se mete, sin hacer caso del tabernero.* LOLITA *la sigue, deja el orinal debajo de la cama y coge el cántaro. Mientras realiza esto, la* ABUELA *exclama.*) Ese tío me estomaga. ¡No le des palique! (*A* JUAN, *que acaba de destapar la olla que hay sobre el fogón.*) Otra vez patatas viudas.

JUAN. Valen, abuela. Usté las borda.

---

[43] 'machacante': «duro, cinco pesetas» (Seco, *op. cit.*, pág. 414).

(Lolita *acaba de salir con el cántaro, dirigiéndose hacia el lateral derecho. Antes de que salga, el tabernero recalca.*)

Señor Paco.   ¡Con muchos grifos, Lolita!

Abuela.   La práctica, hijo. Los que ya se me atragantan son los tomates con sal. Con aceite aún los paso, pero tal y como los da la tierra...

Juan.   Son sanos. Y algo alivian este modo de ir tirando.

Abuela.   Oye, Juan: la niña, de recadera, podría traer unas perras a casa.

Juan.   No está en la ley que a su edá trabajen.

Abuela.   ¡La ley! ¡La ley! De menos años que ella andan llevando recaos. A la de la Felisa la dan siete pesetas. ¡Y buenas son, hijo! Ya sé que los del Sindicato [44] no dejan trabajar hasta los catorce y que el jornalillo es de diez; pero to eso al frutero, o al pastelero, o al que sea, le tie sin cuidao. Y, si no, el Agustinillo podría...

Juan.   (*Levantándose, iracundo.*) ¡El Agustinillo, al colegio! Dentro de unos días empezarán de nuevo las clases y él volverá a ir. ¡Mañana, tarde y noche, si es preciso! Y si se muere de hambre, ¡que se muera! ¡Pero que se muera con un libro en las manos! ¡Mecagüen...! [45].

(*Sale. Llega hasta la parte de valla que está más cerca de las candilejas y pega en ella un puñetazo. No se ha dado cuenta, por ensimismamiento, de que el tabernero le está observando.*)

---

[44] En B encontramos el «Sindicato» con mayúscula. Mantenemos la forma porque, se refiere así al sindicato único, oficial del sistema. La minúscula podría inducir a error y fue, probablemente inspirada por la censura. La abuela hace también alusión al Fuero del Trabajo, que prohibía emplear a menores de catorce años, aunque la ley no fuera respetada siempre.

[45] Eufemismo que trata de evitar, con una transcripción fonética muy popular, la expresión malsonante: «me cago en...».

Señor Paco. ¿Hay tormenta, muchacho?
Juan. *(Entrando en la tasca.)* ¡Sí, hay tormenta!
Señor Paco. *(Entrando también.)* Chaval, sirve lo que te pidan. Lo primero, a cuenta de la casa.

(Por el fondo de la calle asoman la cabeza Agusti-nillo y Nacho. Este le dice al otro.)

Nacho. Hala, vete y da el queo [46].
Agustinillo. ¿Por qué no vas tú?
Nacho. *(Empujándole.)* ¡No seas gili [47]!

(Agustinillo avanza, rápido y de puntillas, hasta la tasca. Y mira con cuidado hacia dentro. Se vuel-ve hacia Nacho y, soltando un leve silbido golfesco, exclama.)

Agustinillo. ¡Vía libre!

(Se juntan en el solar y sacan los petardos para esconderlos.)

Nacho. ¿Tú cuántos?
Agustinillo. Sólo dos.
Nacho. Y tres míos, cinco. Con cinco petardos...

(Por el lateral derecha acaba de entrar Lolita, car-gada con el cántaro. Se dirige hacia Nacho, cortán-dole la frase.)

Lolita. *(Ilusionada.)* ¡Nacho!
Nacho. *(La mira; sin hacerle caso, vuelve al diálogo con Agustinillo, no sin antes exclamar, despectivo.)* ¡Ahora aparece ésta!

---

[46] «Dar el queo»: mirar, cerciorarse de que no hay peligro.
[47] Se trata de 'gilí'; este gitanismo significa «tonto», «loco» (ver Seco, *op. cit.*, págs. 132-133).

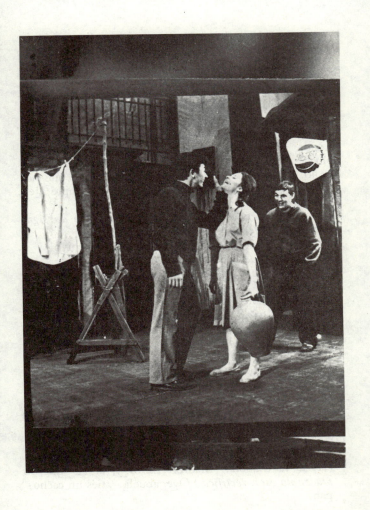

LOLITA. *(Sorprendida.)* Nacho, pero ¿qué te pasa?

NACHO. *(Girando, como en un tic nervioso, la cabeza hacia ella.)* Na. *(Hacia* AGUSTINILLO.) ¡Vaya un rostro que le echa!

LOLITA. *(Dejando el cántaro en el suelo.)* No te entiendo.

NACHO. *(Duro.)* ¡Ayer me diste plantón!

LOLITA. Fui con mi madre a lavar.

NACHO. ¡Pues se avisa, que uno no es un poste!

LOLITA. *(Pícara.)* ¿Nos veremos esta tarde?

NACHO. *(Cediendo un poco.)* ¿A que te digo que no?

LOLITA. *(Pícara y con intención.)* Donde siempre, ¿eh, Nacho?

NACHO. *(Cediendo y pasando a la sonrisa, le da significativamente con el codo.)* ¡Está bien!

AGUSTINILLO. ¡Una perrilla ca'uno, o me chivo!

NACHO. *(Amenazándole.)* ¡A que te doy!

LOLITA. No le hagas caso, no dirá nada [48].

AGUSTINILLO. Muy segura estás tú. Lo dicho: ¡por dos perillas me vendo!

LOLITA. ¿Y si le digo a la abuela que anoche, aprovechando que estaba dormida, casi la desprendiste el calcetín?

AGUSTINILLO. *(Amenazador.)* ¿Que yo...?

LOLITA. ¡Sí, tú!

AGUSTINILLO. ¡Tú deliras, muchacha!

LOLITA. *(Intencionada.)* ¿Se lo digo?

AGUSTINILLO. *(Sigue amenazador.)* ¿Así que os vais a ver donde siempre?

LOLITA. *(Igual.)* Sí, ¿qué pasa?

AGUSTINILLO. *(Cediendo.)* ¡Me parece fetén [49], chicos! *(Hacia la chabola.)* Madre. *(Entra y, al ver que su madre no está, rectifica.)* Oye, abuela: ¿tiés un cacho [50] pan?

---

[48] C dice: «... no dirá na».

[49] 'fetén': «verdadero», «de verdad» (Seco, *op. cit.*, pág. 372). Lauro Olmo lo usa aquí como «muy bien».

[50] 'cacho': «pedazo» (Seco, *op. cit.*, pág. 310). Nótese el efecto

ABUELA.   Ni un cacho piedra, hijo. Aguántate un poco. Pronto comeremos algo.

(AGUSTINILLO *sale de nuevo al solar y ve a* NACHO *y a* LOLITA *«haciendo manitas». Pícaro, les dice.*)

AGUSTINILLO.   Aprovechar. ¡La vida es corta!

(LOLITA *coge el cántaro y entra en la chabola.*)

NACHO.   *(A* AGUSTINILLO.*)* ¡No seas gamberro!
ABUELA.   *(A* LOLITA.) Échame un poco en la palangana.
NACHO.   Con cinco petardos no hay na que hacer. *(Sale* BALBINA *y reanuda el tendido de la ropa.)* Si conseguimos tres más, el susto va a ser de bigote [51].
AGUSTINILLO.   Bueno, a esconderlos.
NACHO.   ¡Nos vamos a mondar, verás!

(*El* SEÑOR PACO *se asoma a la puerta de la tasca.*)

SEÑOR PACO.   *(Comentando en alto hacia* BALBINA.*)* Desde luego, los veraneantes no saben lo que se han perdío. Llevamos unos días que ni hechos de encargo.

(*Al oír al tabernero, los dos golfillos se esconden detrás de la valla.*)

BALBINA.   Como que el norte se ha trasladado al parque sindical [52]. ¡En mi vida he visto tanta carne amontoná!

---

sintáctico de esta palabra que introduce el uso de preposición partitiva *(de)*.
[51] 'de bigote': «de categoría», «de importancia» (Seco, *op. cit.*, página 300).
[52] Lauro Olmo hace alusión a la costumbre de veranear en el norte que suscitaba imágenes de multitudes inundando las playas cantábricas. Esa imagen la traslada a la piscina del Parque Sindical de Educación y Descanso donde se refrescaban (aún lo hacen) los madrileños que se quedan en la capital por razones de trabajo, escasez o elección.

Señor Paco. Si la Luisa no estuviera tan gorda, estoy seguro que dormíamos con manta. (Nacho *le tapa la boca a* Agustinillo*, que apenas puede contener la risa.*) ¡Pero la condená tie un volumen que...!

Balbina. No se queje. ¡Calorcito natural p'al invierno!

Agustinillo. *(No puede contenerse más y rompe a reír.)* ¡Ay, qué tío!

Balbina. *(Señalando a* Agustinillo.) ¡Que se nos monda ese chico! ¡Vaya una risa que le ha entrao!

Señor Paco. *(Descubriendo a* Nacho.) ¡Ah, mamón, ahora me las vas a pagar! [53].

(Nacho*, desafiante, se prepara para el regate.*)

Nacho. ¡El mamón lo será usté! [54].

(Sale el chaval de la tasca a contemplar la escena.)

Señor Paco. ¡Te voy a partir la boca!

(Nacho *le regatea, cae al suelo y el* Señor Paco *intenta pisarle.* Nacho*, agilísimo, se levanta y huye por el fondo izquierda.* Balbina *ríe con ganas.* Agustinillo *exclama)* [55].

Agustinillo. ¡Corre, Nacho!

Señor Paco. *(Que ha salido corriendo detrás de* Nacho*, regresa.)* ¡A ese mal nacío me lo cargo el día menos pensao! *(A* Agustinillo.) ¡Y a ti...!

(Le coge de un brazo.)

Agustinillo. Pero, ¿qué le he hecho yo? [56]. ¡Si yo no le he hecho na!

---

[53] B: «¡Ah, ahora me las vas a pagar!»

[54] Naturalmente, B suprime también esta intervención de Nacho.

[55] B dice: («Nacho le regatea y sale corriendo por el fondo izquierda. La Balbina ríe con ganas. Agustinillo exclama:)»

[56] En B se lee: «pero, ¿qué le he hecho yo?».

SEÑOR PACO.   ¡Pero las vas a pagar por el otro!

AGUSTINILLO.   *(Soltándose.)* ¡Amos [57], venga! *(Sale corriendo por el mismo sitio que* NACHO.*)* ¡Nacho, espérame!

BALBINA.   *(Intensificando la risa.)* ¡Le sobran a usté grasas!

SEÑOR PACO.   ¡La madre que los parió! *(Al chico de la tasca, muy furioso.)* Y tú, ¿qué coño haces aquí? ¡Hala pa dentro, desgraciao!

(Diciendo lo anterior, le pega un cachetazo, y no llega a pegarle una patada porque el chico ha entrado corriendo en la tasca, donde entra él también.)

BALBINA.   ¡No te digo! ¡Como pa hacerle magistrao, vamos!

(MARÍA, la del segundo corredor, sale a éste con una palangana y ropa lavada en ella. Son dos prendas: un pantalón y una chaqueta. Las tiende. Al mismo tiempo, agria la voz, va exclamando.)

MARÍA.   ¡A la próxima te degüello o me cuelgo yo de esta cuerda! ¡Maldita sea la hora en que me casé contigo! ¡En las esquinas me debía haber plantao!

BALBINA.   ¡Calla, criatura! ¿Qué estás diciendo?

MARÍA.   Pero ¿es esto vida? [58]. ¡Borracho el padre! ¡Borracho el hermano! ¡Y por si una no estuviera bastante asqueá, le cae encima este pellejo de tío que no tie reaños pa exigir lo que haga de él un hombre! *(Metiéndose.)* ¡Que lo degüello o me cuelgo, jurao!

---

[57] Pérdida de consonante inicial sonora (a menudo ocurre también con 'd'): «amos» por «vamos» (Seco, *op. cit.*, págs. 51-52).
[58] B: «¿Pero es esto vida?»

BALBINA.   ¡Jurao! ¡Jurao! [59]. Aquí, como en las Salesas [60]: ¡to dios [61] jura!

(*Entra. En la chabola, la* ABUELA, *quitándose la
bata, se dispone a lavarse.*)

LOLITA.   Tarda madre. Debe estar revolviendo to el
Rastro.
ABUELA.   (*Comenzando a lavarse.*) Cuando se va a los
sitios con poco dinero, nunca sabe una la hora del
regreso.
LOLITA.   ¿Encontrará la camisa?
ABUELA.   Hoy to está muy caro, pero algo encontrará.
¡Qué remedio!

(*Por el fondo de la calle aparecen* SEBAS, LOLO *y*
LUIS. *Vienen comentando.*)

LOLO.   Menudo andova [62] es el gachó [63] ese. ¡Se las
sabe toas [64]!
LUIS.   Es un cara [65].
SEBAS.   (*Hacia la chabola.*) ¡Juan!
LUIS.   A mí, con tipos así, no me gusta alternar.
SEBAS.   (*Caminando hacia la chabola.*) Ir pidiendo una
ronda. ¡Juanillo!
LOLO.   (*Metiéndose en la tasca y hablando encima de
las palabras de* SEBAS.) ¡Hay que buscarse un buen
padrino, Luis: si no, vamos daos!
SEBAS.   (*Desde la puerta de la chabola.*) ¡Oye, Juan!

---

[59] Las dos exclamaciones han sido suprimidas en B.
[60] El Palacio de las Salesas de Madrid alberga los tribunales
de Justicia, ante los cuales se exige jurar veracidad en el testimonio, como es natural.
[61] 'to dios': («todo Dios»); «todo el mundo» (Seco, *op. cit.,*
página 355).
[62] 'andova': «hombre», «tío».
[63] 'gachó': «hombre» (Seco, *op. cit.,* pág. 378).
[64] «Todas» en B y C.
[65] 'cara': inf. «caradura» (Moliner, *op. cit.,* pág. 512): cínico,
desvergonzado.

156

LOLITA.   No está.

ABUELA.   *(Secándose con naturalidad.)* ¡Ah! ¿Eres tú, Sebas?

SEBAS.   Yo soy, abuela. ¿Por dónde anda el Juan? [66].

JUAN.   *(Apareciendo en la puerta de la tasca.)* ¡Sebas, aquí estoy!

SEBAS.   Hasta más ver, abuela. Adiós, Lolita.

ABUELA.   *(En voz alta.)* ¿Qué hay de ese viaje?

SEBAS.   *(A mitad de camino entre la chabola y la tasca.)* Con los trapos en la maleta estoy. *(A JUAN.)* Oye, tenemos que hablar. *(Hacia adentro de la tasca.)* Lolo, salíos p'acá [67] que hay más aire, y traeros unos asientos. ¡Me las piro [68], Juanillo! *(Sacando un pasaporte y tirándolo sobre la mesa.)* Mira, el pasaporte. ¡Dentro de un año regreso con un «Volvaguen» [69] de esos!

LUIS.   *(Que sale de la tasca con dos banquetas.)* Este cree en los perros y en las longanizas.

SEBAS.   *(Sentándose.)* ¡Qué perros ni qué leches [70]! Si el jornal en marcos lo traduces en rubias y tiras éstas en un bautizo, ¡escalabras a tos los chaveas del barrio!

(Se sienta. El SEÑOR PACO *acaba de salir con una frasquilla de tinto, que deja encima de la mesa.)*

---

[66] También en B y C se dice: «¿Por dónde anda el Juan?»

[67] En B, se lee «pacá». El apóstrofe, que ya se ha utilizado antes en el texto, se convierte en un rastro gráfico del apócope de 'para', reducida aquí a su mínima expresión (p') a causa del adverbio 'acá' cuya 'a' inicial hace desaparecer la vocal gemela en que termina 'pa'. «P'acá»: «Para acá» (Seco, *op. cit.*, págs. 48-49).

[68] 'pirarse': «Me las piro», «Darse el piro» es un gitanismo que ya encontró Seco en Arniches (*op. cit.*, págs. 112, 134, 208, 265, 468) como verbo (pirarse, pirárselas) y significa «irse», «marcharse». La sustantivización del verbo, es una variante que indica lo mismo, como también, en este caso, «me las piro».

[69] *Volkswagen* con fonética española. Este parlamento de SEBAS está dividido en dos intervenciones en B.

[70] El vocablo 'leche' tiene múltiples usos en la lengua coloquial. Puede significar «bofetada»: dar una leche. En plural, y en el uso del texto, significa «tonterías», «estupideces».

157

SEÑOR PACO. *(Dirigiéndose a* SEBAS.) En vino se te van a ir a ti los marcos. Unas docenas de chatos, y te quedas sin el sueño de las cuatro ruedas. Y verás cuando te reglamenten las idas al retrete, y no puedas liar el cigarrito durante la faena, y...

SEBAS. ¿Y qué? ¡El que paga exige!

LOLO. *(Que acaba de salir con una banqueta sobre la cual apoya un pie, al mismo tiempo que se palmea la frente.)* Tenemos caletre [71] de esclavos. Nos hemos acostumbrado a medirlo to por lo que cae en el cazo. Pero, ¿y el ver cómo se vive por ahí fuera? ¿El observar cómo los demás pueblos se las ventilan? [72]. ¿El llevar la pupila atenta? ¿Qué? ¿Eso no es ná?

SEBAS. *(A* LOLO, *mientras llena los vasos)* [73]. Lolo, lo primero un peso suficiente en la cartera, un pequeño bulto, ¿sabes? No es necesario que sea muy gordo. Lo gordo le hace pupa al corazón.

SEÑOR PACO. *(Con guasa.)* Pero tú, ¿dónde llevas el corazón?

SEBAS. A la siniestra, amigo; como tos éstos.

SEÑOR PACO. Pues cuando llegues a tu cuchitril, échale un vistazo a la americana, y verás que el bolsillo del bulto va a la diestra, chalao, que no sabes por dónde te andas. ¿A que llevas la cartera en el bolsillo del culo?

LUIS. ¡A tal jornal, tal...!

SEBAS. *(Cortando, y al tabernero.)* ¡La llevo donde...! Menos guasa, señor Paco!

SEÑOR PACO. *(Yendo hacia la tasca.)* ¡Anda, que cómo tenéis los nervios! De un tiempo a esta parte no aguantáis un pelo.

LUIS. *(Al* SEÑOR PACO, *que se mete en la tasca.)* Si nos

---

[71] 'caletre': (del lat. *character)* talento, buen juicio y, por extensión, cabeza, cerebro.

[72] 'se las ventilan': se las arreglan, tratan y resuelven sus asuntos entre sí.

[73] En B Lauro Olmo se permite un casticismo propio de sus personajes en la acotación diciendo: «(Al LOLO...)»

fuera como a usté, que cuando sube el vino sube también el agua...

(Risas.)

LOLO. *(Riéndose y dándole un codazo a* LUIS.) ¡Bien tirao, macho!

SEBAS. *(A* JUAN.) Juanillo, pero ¿qué te pasa?

LOLO. Le ha dao por lo triste.

SEBAS. *(Dándole una palmada a* JUAN *en la espalda.)* ¡Ánimo, Juan!

LUIS. *(A* SEBAS.) ¿Sabes lo que creo que vale un «güevo» [74] en Alemania? Lavar la ropa. Te veo como en la «mili»: restregando el puño.

SEBAS. *(A* JUAN.) Mira: yo cruzo pasao mañana la frontera. En cuanto llegue, echo un vistazo y, rápido, te escribo. Si lo que te cuento es bueno, agarras la maleta. *(A los otros.)* Lo mismo os digo a vosotros.

LOLO. Yo no espero ni la carta. Quiero dar un garbeo por el mundo antes de que empiece a arrugarme. A lo mejor tengo suertecilla. ¡Quién sabe!

LUIS. *(Señalando a* JUAN.) A éste y a mí nos complican la cosa la mujer y los críos. La cuestión vivienda creo que es un hueso. Hay sitios en que duermen como el ganao.

SEBAS. ¡Como que se están yendo por miles! Imagínate el problema.

LUIS. Sin la mujer se hace un poco cuesta arriba darse el piro. *(A* JUAN.) ¿Verdá, tú?

SEBAS. ¡Qué tíos! Dejarlas descansar un poco. Luego las cogeréis con más ganas.

LUIS. No es sólo eso, hombre.

LOLO. *(Pícaro.)* Además, las alemanitas... *(A* SEBAS, *dándole con el codo.)* ¿Eh, chato?

SEBAS. ¡Ya salió el Lolo! No piensas más que en...

---

[74] B dice: «un huevo». Lauro Olmo recoge aquí un vulgarismo muy corriente que, como todo el mundo sabe, significa «mucho».

(Le da a su vez con el codo.)

LOLO. *(Cortando.)* Que en comer, Sebas. ¡Que en comer! Y si luego...
SEBAS. *(Con intención.)* ¿Y si luego?
LOLO. *(Muy pícaro.)* ¡Luego, lueguito! *(Risas. LOLO
exclama, levantándose.)* ¡Toguego! ¡Soy toguego [75]!

*(Risas. Tararea unos compases del pasodoble «El
Gato Montés» y los baila, marcándolos mucho.
A esta escena se le dará mucho aire, mucha viveza
desgarrada entre risas. Corta BALBINA, asomándose
y exclamando) [76].*

BALBINA. ¡No escandalicéis, leñe!
LOLO. ¿Está usté mala?
BALBINA. Yo no [77]. ¡La vida!
SEBAS. ¡Bien tirao, señora Balbina! ¡Bien tirao!

(Risas.)

LUIS. Vaya un golpe.
LOLO. ¿Un golpe? *(Yendo hacia LUIS y dándole un
puñetazo en el estómago.)* ¡Un directo al hígado,
macho!
JUAN. *(Violento.)* ¿Queréis callaros?
LOLO. ¡Anda éste! *(A los demás.)* Pero ¿qué le pasa?
LUIS. ¡No seas chalao, Juan!
SEBAS. *(Dándole con la mano en el hombro.)* ¡Ánimo,
hombre!
JUAN. ¿Ánimo? La última marmota [78] que ha llegao

---

75 'Torero' aparece aquí con fonética francesa para enfatizar su
uso en el extranjero. Nótese el uso del francés, como lengua más
conocida es hablada en España en la época. El inglés aparecerá
más tarde y con el mismo uso, al final de los 60 y hasta hoy.
76 C y D colocan aquí dos puntos. Seguimos la puntuación de A
y B en nuestro texto.
77 Suprimimos la coma del manuscrito D.
78 'marmota': «criada», «sirvienta».

del pueblo te suelta que si Londres, que si Ginebra, que si... Vamos, ¡que te voltea el mapa como un enterao! *(Levantándose.)* Y no hablemos de los demás desheredaos: tos quieren largarse en busca de un estupendo futuro de lavaplatos o de lo que sea. *(Cambiando de tono.)* ¿Sabéis dónde está ahora mi mujer? En el Rastro. Anda buscando una camisa blanca. *(Camina un poco sin apartarse mucho de la mesa.* BALBINA *ya no está en su corredor.* LOLO *se ha sentado)* [79]. Una camisa que, si le piden más de tres duros, no podrá comprar. Suponiendo que la traiga, mañana mismo me la pondré y, limpio de arriba abajo *(Señala la ropa tendida en la cuerda del solar.)*, ¡ahí está mi traje de luces!, iré a ver al patrón y le diré que se invente un tajo pa mí, que aguante el chaparrón conmigo, que no quiero, ¡que yo no quiero irme! *(Pausa.)* ¿Os acordáis de mi primo Antonio?

VOZ DE RICARDO. ¡María, por tu madre! ¡Dame los pantalones!

(Voz balbuciente, de borracho.)

JUAN. Se fue a Ciudad Trujillo y...
VOZ DE MARÍA. ¡Te he dicho que están secándose! ¡Y no me toques!

(Arriba se intensifica la bronca.)

VOZ DE RICARDO. ¡Quiero mis panta...lones, leñe!
VOZ DE MARÍA. ¡Suéltame o te pego un sartenazo!

(Abajo ríen.)

VOZ DE RICARDO. ¡Chatita, no me seas mala!
VOZ DE MARÍA. Oye, ¡el traje de los domingos, ni lo mires! ¡Y no me sobes! ¡Apártate, que apestas!

---

[79] En B: «El LOLO se ha sentado.»

Voz de Ricardo.   *(Casi en grito.)* ¡Quiero mis panta...!

(Se oye un fuerte golpe y todo queda en silencio.)

Lolo.   ¡Que no me caso, ea! ¡Que a mí no me sarte-
nea [80] ninguna gachí!

Sebas.   Tú y yo picaremos, como todos.

Voz de María.   ¡Ricardo!... ¡Ricardo, vida mía!

Sebas.   Y si no nos dan con la sartén será en perjuicio
de las cacerolas.

María.   *(Saliendo al corredor y exclamando hacia abajo.)*
¡Señora Balbina! ¡Señora Balbina!

Luis.   Ni cacerolas, ni sartenes. Un buen jornalito y
na [81]: los nervios nuevos.

María.   ¡Señora Balbina! ¿Me oye usted [82]?

Balbina.   *(Saliendo a su corredor.)* Pero ¿qué le has
vuelto a hacer al Ricardo?

María.   ¡Suba, suba de prisa!

Balbina.   *(Metiéndose.)* ¡Tú enviudas antes de tiempo!

(María se mete también.)

Juan.   ¡Todas están histéricas! ¡Maldita sea!

Sebas.   *(A Juan.)* Te vas a dar el garbeo en balde.

Voz de María.   ¡Ricardo! ¡Ricardiño! ¡El traje de
los domingos y Valdepeñitas! [83]. ¡Valdepeñitas embotellao!... ¡Ay, señora Balbina!

Lolo.   *(Dándole con el codo a Luis.)* ¡Huy [84], Valdepeñitas! ¡Ja, ja!

Sebas.   No hay más salida que la que nos ha buscado
el sindicato: viajecito a Alemania.

---

[80] 'sartenear': pegar con la sartén, dominar.
[81] En B y C: 'Ná.'
[82] En C: 'usté'.
[83] Se refiere al vino de Valdepeñas, embotellado en origen, de
mejor calidad que el vino común «peleón».
[84] En B y C: 'Uy.'

MARÍA.   ¡Que lo he matao! ¡Que lo he matao! [85].
VOZ DE BALBINA.   ¡Cálmate, hija! ¡Cálmate!...
SEBAS.   *(A Juan.)* Tú espera mi carta.
VOZ DE BALBINA.   No es na [86]. Tráeme agua y un cacho esparatrapo.
SEBAS.   *(A Juan.)* ¡Y a ver si cambias! ¡Qué tío!
VOZ DE·BALBINA.   ¿Tiés alcohol? [87].
SEBAS.   Se ha acostumbrao a verlo to [88] negro. Ni que al arco iris se le hubiera muerto el padre.
JUAN.   No estás aclarao, Sebas. Tú frente es de vía estrecha.
SEBAS.   Pero con vagonetas circulando.
JUAN.   Y tú ni enterarte.
LOLO.   Estamos secos. *(Voceando.)* ¡Eh, señor Paco! ¡Otra frasquilla de morapio!
SEBAS.   Mira, Juan, quiero a la Maruja. Hace diez años que nos hubiéramos casao; pero ¿con qué...? Estoy cerca de los cuarenta, y ella... ¡Con canas! Cuando nos garbeamos juntos y pasa por nuestro lao algún guayabo [89] de los de hoy, se me empieza a ir la vista. Y esto, yendo por lo hondo, no me gusta, y menos la mirá de resignación que, a veces, le enturbia los ojos a la Maruja. Además, últimamente nos hemos descuidao y está...
LOLO.   *(Intencionadamente.)* ¡Tururú!
SEBAS.   *(Continuando.)* ... preñá [90]. Y si me doy el piro de aquí es por arreglar las cosas. A bastantes hemos desgraciao ya en el barrio y no quiero que la Maruja sea un caso más. ¿Está claro?
JUAN.   Somos unos tipos tristes, Sebas.

---

[85] Esta intervención de María aparece mutilada, por errata de imprenta, en B.

[86] Mantenemos la forma sin acento que aparece sólo en D.

[87] En B: «¿Tienes alcohol?»

[88] En B: «tó».

[89] El uso en nuestro texto del «árbol mirtáceo americano» (Moliner) significa mujer hermosa y atractiva.

[90] Mantenemos la fórmula gráfica que continúa la frase anterior de Sebas y que sólo aparece en D.

Lolo. ¡Pues alejemos la tristeza; no es sana! *(Levantándose y voceando hacia la tasca.)* ¡Chaval! ¡A ver esas cortezas de gorrino, que hay gazuza [91]! *(A Luis.)* ¡Échate un cante, tú! ¡No dejes que estos dos agoreros [92] nos estropicien la velá!

Tío Maravillas. *(Pregón. Voz dentro.)* ¡Globitos de colores!

Lolo. *(A Luis.)* Escucha. *(Canta.)*
    Que del fraile me voy a la fraulein [93].

Tío Maravillas. *(Voz dentro.)* ¡Pal nene! ¡Pa la nena!

Lolo.
    Que a Alemania, muchachos, me voy.

Tío Maravillas. *(Voz dentro.)* ¡Pal filósofo también!

Lolo.
    Y en el barrio me dejo to el hambre,
    la gazuza que pasando estoy [94].

(Hace palmas. Sale el chaval de la tasca con un plato lleno de cortezas de gorrino.) ¡Olé! ¡Olé! ¡Vivan las cortezas de gorrino! Y que nadie se arrasque, que no va con segundas. ¡Hala, darle al diente y olvidar la vigilia! [95].

(Coge las cortezas de gorrino y las deja sobre la mesa. El chaval se mete de nuevo en la tasca. Por el fondo entra el Tío Maravillas con su manojo de globos) [96].

---

[91] 'gazuza': «hambre» (Seco, *op. cit.*, pág. 384).

[92] Únicamente B presenta 'groseros' por 'agoreros'.

[93] Lauro Olmo señala en su canción algunas causas de la emigración. Aquí utiliza la similitud entre «fraile» y «fraulein» para indicar el deseo de sacudirse la moral religiosa estricta, imperante durante esta época, llamada también de «nacional-catolicismo».

[94] Las intervenciones de Lolo tienen forma de canción y por ello aparecen centradas en el texto. El manuscrito D las reproduce en bastardilla no los otros tres. Seguimos aquí esa versión.

[95] Formas de infinitivo por imperativo. 'Olvidar' es sorprendente.

[96] En B: «atijo de globos».

Tío Maravillas. *(Pregonando.)* ¡Globitos! ¡Fabricaos con materia prima nacional!

Lolo. ¡Hola, tío Maravillas!

Tío Maravillas. A los buenos días, señores.

Lolo. *(Hacia dentro.)* Chaval: otra banqueta pal tío Maravillas [97].

Sebas. *(Levantándose.)* Siéntese un ratejo con nosotros. ¿Haces? [98].

Tío Maravillas. *(Sentándose.)* Se agradece.

Luis. Qué, ¿cómo va el negocio?

Tío Maravillas. De globo caído, hijo. Los papás y las mamás han cerrao el calcetín y no hay tomate [99] que me salve.

Lolo. *(Se levanta y se acerca al* Tío Maravillas.*)* Ahogue penas, amigo. Y ahora mismo le merco a usté cuatro globitos p'al [100] cónclave éste, que está mustio. Venga, atícese el lingotazo y a despachar, que ha entrao en la tienda un tío forrao de ilusiones.

(Sebas *coge la banqueta que trae el chaval y se sienta nuevamente* [101]. *El chaval vuelve a la tasca.)*

Tío Maravillas. *(A* Lolo.*)* Unos cuantos clientes como tú y me doy al capitalismo, chato. Ahí va: el primer globito.

Lolo. *(Lo coge y se lo da a* Luis.*)* A la solapa, Luis.

Luis. Mis chaveas se van a alegrar.

(Se lo coloca en el ojal de la solapa.)

Tío Maravillas. *(Dándole el segundo globo a* Lolo.*)* Sol de España, sol de España en gotas.

---

[97] En B: «Tío Maravillas.»

[98] '¿Hace?': «¿De acuerdo?»

[99] 'tomate': roto en un calcetín, por donde podrían escaparse monedas...

[100] En B: 'pal'.

[101] En B: «*El* Sebas *coge la banqueta...*»

Lolo. *(Dándole el segundo globo a* Sebas.) Ahí va. Tié el mismo tamaño que tu cabeza. *(Cogiendo el tercer globo y ofreciéndoselo a* Juan) [102]. Toma, Juanillo.

Juan. *(Molesto.)* ¡No estoy pa globos!

Tío Maravillas. Cógelo, amigo. Es un trocito de infancia.

(Por la puerta de la casa de los corredores hace su aparición Ricardo. *Avanza hacia la mesa, estirado y vestido de domingo. Un buen trozo de esparadrapo le cruza una de las sienes. [Este personaje no tiene nada que ver con el «chuleta» de sainete costumbrista.]* Lolo, *al verlo, va a su encuentro con el globo que no ha querido* Juan. *Se lo coloca en la solapa y, al mismo tiempo, exclama.)*

Lolo. ¡Oh, Ricardito! ¡Espejo y flor de maridos mártires! En nombre de los sujetos al yugo del histerismo, te condecoro con... con... *(A los de la mesa.)* ¡Echarme un cable, que me he atascao!

Tío Maravillas. *(Solemne.)* ¡Con el gran globo de la ilusión!

Lolo. *(Yendo hacia la mesa.)* ¡Mucho [103], cartucho! Ampliad el corro [104].

*(*María *se asoma al segundo corredor.)*

María. Ricardo, no bebas. ¡No te me emborraches otra vez!

Ricardo. ¡No te preocupes, que sólo me queda una sien!

---

[102] En B: «... *y ofreciéndoselo al* Juan.»

[103] 'mucho': «Sí» usado exclamativamente como aprobación entusiasta (Seco, *op. cit.,* pág. 435). Expresa admiración por el resultado de una acción que se afirma y amplía con la aliteración, por analogía de sonidos, que crea la yuxtaposición de 'cartucho'.

[104] En B: «Ampliar el corro.»

MARÍA. Dentro de un ratito puedes venir a comer.

SEBAS. ¿A comer? *(Mirándose el reloj.)* ¡Pero si son...! [105]. *(Levantándose.)* Salgo arreando. Le prometí a la vieja...

LOLO. ¿Te las das? Aguarda un poco y te acompaño.

SEBAS. Ni hablar, Lolo. Le he...

LOLO. Bueno, bueno; me voy contigo. *(Voceando hacia la tasca.)* ¡Señor Paco! ¡A ver qué se le debe! *(Al* TÍO MARAVILLAS.*)* ¿Qué son los cuatro globos? Y deme el mío, ande.

(Lo coge y se lo pone.)

SEBAS. *(A* LOLO*)* [106]. Si tú pagas los globos, yo pago la frasquilla. *(Al tabernero, que sale de la tasca.)* Cóbrese, señor Paco.

TÍO MARAVILLAS. *(A* LOLO.*)* Pa ti, cuatro rubias.

(Coge un duro y devuelve una peseta.)

RICARDO. ¿Es que huelo mal?

SEBAS. Oye, no; es que me tengo que ir. Date cuenta que me largo pasao mañana.

(Se guarda la vuelta que le da el SEÑOR PACO.*)*

RICARDO. *(Sentándose.)* ¡Aire! ¡Aire! [107].

SEBAS. ¡Todavía nos veremos, chalao!

LOLO. *(Uniéndose a* SEBAS*)* [108]. Hasta lueguito, amigos.

SEBAS. Adiós, Juan.

LUIS. *(Bebiéndose lo que queda en su vaso.)* Me voy con vosotros.

RICARDO. Na: ¡la desbandá!

---

[105] En D: «Pero, ¡si son...!»
[106] En B: «*Al* LOLO.»
[107] 'aire': interjección: «fuera» (Seco, *op. cit.,* pág. 276).
[108] En B: «*Uniéndose al* SEBAS.»

Lolo. (*Acercándose, guasón, a* Ricardo.) Hasta más
ver, Ricardito. ¡Valdepeñitas embotellao! ¡Vida mía!

(*Le abraza por detrás y sale corriendo hacia el fondo
de la calle ante la indignada reacción de* Ricardo,
*que, agarrando amenazador su banqueta, se ha pues-
to en pie* [109]. Sebas *y* Luis, *riéndose también, se
unen a él y desaparecen por el fondo. Por encima
de ellos destacan los tres globos. El tabernero recoge los vasos que sobran y los mete. Mientras realiza
esto,* Juan, Tío Maravillas *y* Ricardo *no han
cesado de dialogar.*)

Tío Maravillas. (*A* Ricardo.) ¿Quién te ha acci-
dentao? ¿Sigue la luna de miel?
Juan. (*A* Ricardo.) ¿Cómo va lo tuyo?
Ricardo. Sin apaño ya. El maestro ha tirao las llaves
del taller a la «rue» por si pasa algún jabato [110] que
las coja. ¡La ruina, Juan!
Juan. (*Mordiente.*) ¡Mecagüen...!
Ricardo. Por quien más lo siento es por la María,
está desatá y no hay santo que la soporte. De noche,
cuando logra dormirse, le brinca el cuerpo; le pega
sacudidas eléctricas. Y eso me pasa a mí a veces. Na:
que tenemos los nervios cabreaos. Así te explicas que
la columna de sucesos... (*Se corta y señala al* Tío
Maravillas.) Mira el gachó éste: se ha dormío [111]
como un niño.

(*Alarga el brazo como para despertarle.* Juan *se lo
impide.*)

---

[109] En B, la acotación empieza: «*Sale corriendo...*» Podría tra-
tarse de un olvido tipográfico, pero nos parece más plausible la
hipótesis de una rectificación del autor a este manuscrito B, que
tantas alteraciones viene sufriendo en el texto definitivo. Debe se-
ñalarse el 'leísmo'.
[110] Esta palabra, que denomina al cachorro de jabalí, tiene también el empleo metafórico de valiente, hoy más común en el uso
de la lengua que el original denominativo.
[111] En C: 'dormido'.

JUAN. Déjalo, no lo despiertes. Se pasa las noches en vela. Está de guarda ahí abajo, en unas obras al lao del Manzanares.

RICARDO. Es un tipo raro, ¿no?

JUAN. Tos [112] somos un poco raros aquí. Éste tuvo un tiempo bueno: mujer, hijos. ¿Te acuerdas del Pacorro, el del pecé [113].

RICARDO. ¿El que palmó [114] en la montaña?

JUAN. El mismo. Era hijo de éste. También tuvo una hija, la Pili, que se casó con José el falangista. Andan por América. Su mujer está tullía [115]; tié no sé qué de la columna. No gana pa medicamentos.

(Por el fondo de la calle aparece LOLA, la mujer de JUAN. Viene con un paquete pequeño.)

LOLA. Juan, cuando quieras comemos.

JUAN. *(Levantándose.)* Ya.

LOLA. *(A RICARDO.)* Pero, chico, ¿qué te ha pasao?

RICARDO. Exceso de cariño, Lolilla.

LOLA. ¡Pobre María! ¿Qué le has hecho? ¡No tenéis desperdicio! ¡Sigue así, condenao, sigue así y verás qué gusto te va a dar cuando la veas en Ciempozuelos! [116]. *(A JUAN.)* Hala, vamos pa dentro. *(Otra vez a RICARDO.)* Y tú, ¿qué? ¡Ahí hasta que llenes el pellejo [117]?

RICARDO. Y tú con la escopeta cargá, como siempre. *(Quitándose el globo del ojal de la solapa y dándoselo.)*

---

[112] En B: 'Todos.'

[113] 'pece', por PCE (Partido Comunista de España). Nótese el valor definitorio, de calidad humana y honradez, que caracteriza al tal Pacorro en esta conversación, a media voz, entre Juan y Ricardo.

[114] 'palmar': «morir» (Seco, *op. cit.*, pág. 447).

[115] En B: 'tullida'.

[116] Lauro Olmo se refiere al lugar donde se encuentra el manicomio de Madrid. La frase es un eufemismo popular que se refiere a la locura.

[117] 'pellejo': (llenar el pellejo), hartarse de vino.

Toma: un regalo pal Agustinillo. ¡Y me voy también, aguafiestas!

(*Se levanta.*)

LOLA. (*Señalando al* TÍO MARAVILLAS.) Y ése, por no perder la costumbre, con su sueño a cuestas. (*Siguiendo a* JUAN, *que acaba de entrar en la chabola.*) ¡Perra vida!

(*El* TÍO MARAVILLAS, *con su manojo de globos* [118], *queda definitivamente dormido sobre la mesa.* RICARDO *entra en la casa de los corredores.*)

LOLA. (*Entrando en la chabola.*) Ya estoy de vuelta, madre. (*A* LOLITA.) ¿Y el Agustinillo? ¡Hala! ¡Arrea a buscarle! (LOLITA *sale y se va hacia el fondo de la calle.* LOLA *deja el globo sujeto encima de la mesa, que está puesta para comer. La punta de cordón del globo queda sujeta por un vaso, de modo que el globo quede en el aire*) [119]. ¡Vengo asqueá! (*Desenvuelve el paquete y muestra una camisa blanca sin cuello y faltándole un trozo de la parte trasera del faldón.*) ¡Esta miseria, catorce pesetas!

LOLITA. (*Perdiéndose por el fondo izquierda.*) ¡Agustinillo!

ABUELA. ¡Qué tiempos!

LOLA. (*A* JUAN.) Anda, ven acá, voy a probártela. (JUAN *se quita la camisa de color que lleva y se prueba la que ha traído* LOLA.) He pensao en el cuello que tiene usté en el armario. (*La* ABUELA *va a por el cuello.*) Y esto de atrás (*Señala el trozo que falta*), como no se ve, con cualquier trapo se completa. (*La* ABUELA *trae el cuello duro.* LOLA *lo coge. A* JUAN.) Siéntate. (JUAN *se sienta.*) ¡Ponte tieso!

---

[118] En B: «*atijo de globos*».
[119] En B: «*La punta del cordón del gobo quedará...*»

(Empieza a oírse un pasodoble. JUAN *se «atiesa», adquiriendo una postura rígida.* LOLA *le coloca el cuello duro y, acompañada por la* ABUELA, *se apartan un poco para contemplarle. Entonces el globo se suelta y sube, lento. Los tres miran cómo se pierde en el espacio mientras cae el*

TELÓN) [120].

---

[120] En B: «... *mientras cae el telón»*.

ACTO SEGUNDO

El mismo decorado. Al levantarse el telón, anochece.

(En escena, sola y planchando la arreglada camisa de JUAN, *está* LOLA. *Las planchas son de hierro. Planchas de fogón. Este se ve encendido. La habitación de la chabola está iluminada por la bombilla. La calle está en semipenumbra, como esperando que se encienda el farol. Este es de los adosados a la pared. Fuera se oyen voces.)*

LUIS.   ¡Échala, Lolo! ¡Centra!

(LOLO, *que ha entrado en escena por el fondo izquierda detrás de un balón de papel, le da una patada a éste y lo lanza hacia el sitio por donde ha entrado al mismo tiempo que exclama.)* [121]

LOLO.   ¡Ahí te va! ¡Ponlo en órbita! *(Pausa.)* ¡Vaya chut! *(A* LUIS, *que aparece en plan deportista por el mismo lateral.)* ¡Gol, macho [122]. *(Le da un abrazo y*

---

[121] En A hay un solo punto, en los demás, dos.

[122] 'macho': palabra afectuosa entre amigos; «Grito de entusiasmo con que se anima a los futbolistas» (Carandell, *Vivir en Madrid,* Barcelona, 1967, pág. 167).

avanzan juntos hacia el centro.) Debías hacer como las gachís del cine: asegurarte las piernas. ¡Ese derechazo no lo mejora el «Di».

LUIS.   Menos guasa, Lolo.

LOLO.   ¿Fuiste al Bernabéu el domingo? Chico, ¡hicieron un gol el «Di» y el Gento...! Se estaba acabando el partido y el marcador a cero. De pronto el Gento echa un vistazo a la presidencia y ve que don Santi le hace una seña con un pañuelo blanco. Así oye [123].

(Saca un pañuelo no muy blanco e imita la seña.)

LUIS.   ¿No dices que con un pañuelo blanco?

LOLO.   ¡Escucha o pito el final del encuentro! Como te decía: señita de don Santi. El Gento la guipa, agarra el balón, coge la vespa y se embala por el verde. Sortea a cinco o seis desgraciaos del equipo víctima y, ya cerca de los palos, se saca la bandeja de plata y le sirve el esférico al «Di». Lo demás te lo imaginas, ¿no?

LUIS.   ¡De maravilla, macho!

LOLO.   Mientras tanto, el portero, como las vacas suizas: llenándose las ubres de verde.

LUIS.   ¡Es mucho «Di» el «Di»! Yo le haría concejal.

(RICARDO *sale de la tasca tambaleante, muy bebido.)*

LOLO.   *(Refiriéndose a* RICARDO.) Oye, ¿no hueles a pescao?

LUIS.   A pescao del caro, tú.

(Risas.)

---

[123] «Di» es Di Stefano. Gento es el célebre extremo del Real Madrid (que se consideraba tan veloz como para ser comparado con una motocicleta Vespa, incluso en el texto de Olmo), y «Don Santi» era la fórmula familiar y popular con que los aficionados conocían a Santiago Bernabéu, presidente del mismo club durante muchos años, que dio su nombre al célebre estadio de la capital de España.

LOLO. *(Dándole un cachetito a* RICARDO.*)* ¡A ver un tapón pa éste, que se le sale el mosto! [124].

(Se mete en la tasca.)

LUIS. *(Metiéndose también en la tasca.)* ¡Vaya toña!

*(*MARÍA *sale al corredor.)*

MARÍA. *(A* RICARDO.*)* Pero ¿otra vez así? ¡Sube, sube ahora mismo! *(*RICARDO *se mete nuevamente en la tasca.* MARÍA, *entrando en su casa)* [125]. ¡Mal rayo te parta! [126].

(Por el fondo de la calle, y cogidos de la mano, aparecen LOLITA *y* NACHO. *Éste viene explicando)* [127].

NACHO. ¡Que te digo que está tirao, Lolita! ¿Pero, no te das cuenta que el marido de mi tía es profesor del Instituto Laboral? Me hago especialista tornero y salgo por la puerta grande. *(Enlazándola.)* A los seis meses envío desde Alemania un tren especial pa que te recoja. Y allí nos casamos.

LOLITA. ¿Hay curas en Alemania?

NACHO. ¡Alguno habrá, chatilla! Ya estoy deseando que me des el «ja».

LOLITA. ¿El «ja»?

NACHO. El «sí», tonta. «Ja» es «sí» en alemán. *(Solemne.)* ¡Lolita Martínez!, ¿quié usté a Nacho Fernández por compañerito de toa la existencia? [128].

LOLITA. *(Solemne también.)* ¡«Ja»!

(Se echan a reír los dos.)

---

[124] En B: «... un tapón para éste...».
[125] En B y C: «... entrando en su casa:».
[126] «Maldición popular de gran violencia» (Moliner).
[127] En B y C: «Este viene explicando:»
[128] En A, C y D: «... ¿quiere usté?...».

175

Nacho. Con los primeros cuartos que te envíe te vas
a Galerías Preciados y te equipas. Cuando tú aparez-
cas por allá a los alemanotes tie que caérseles la baba
en la cerveza. ¡Que ninguna fraulien pueda compararse con la señora gachí del especialista tornero!

(Ríen.)

Lolita. Y lo del Instituto ese, ¿crees que vas a conseguirlo? ¿Tú sabes de cuentas? ¿Sumar, restar y to
eso?
Nacho. *(Cogiéndole la nariz.)* Domino todos los dedos,
chatilla.
Lolita. Oye, en el «Albarrán» echan una película ale-
mana. Quiero que me lleves. *(Soñadora.)* ¡Se verán
casas! Me gustaría tener una en un valle muy verde
y al lao de un río claro: que se vieran las piedras
blancas del fondo. *(Ilusionada.)* ¡Debe ser muy bonito
vivir bien!
Nacho. Cuando hablas de estas cosas se te arruga la
naricilla ¡y me dan ganas de darte un bocao!

(Intenta besarla.)

Lolita. *(Defendiéndose.)* ¡Va a salir mi madre, Nacho!
Nacho. ¡Que me voy a Alemania, chatilla! ¿No quieres despedirte?
Lolita. ¡Estate quieto!

(Nuevamente sale Ricardo *de la tasca.)*

Nacho. *(Insistiendo.)* ¡Dame el morrito [129]!
Lolita. *(Forcejeando.)* ¡Nos están viendo!
Nacho. *(Descubre a* Ricardo *y señalándole, exclama.)*

---

[129] 'morrito': boca, labios, «bésame».

¡Andá [130], si es el inclinao! *(Acercándose a él y dándole, guasón, un cachetito en el cuello.)* ¡De artesanía es la cogorza, jodío!

RICARDO. *(Intentando «sacudirle».)* ¿A que te arreo una chufa?

NACHO. Serán dos. ¿O no me guipas duplicao?

(LOLITA *ha descolgado de la cuerda la ropa tendida en el primer acto. Con ella en las manos, aprovecha un descuido de* NACHO *y le da un precipitado beso. Luego, muy rápida, se mete en la chabola.* NACHO *da una zapateta en el aire, y con un grito de júbilo, «¡Yuipiii!», sale corriendo por el fondo de la calle.* RICARDO, *tambaleante, grita a su vez de la misma forma que* NACHO, *y, acto seguido, intenta dar otra zapateta y pierde el equilibrio, yendo de lado a caer dentro de la tasca. Se oyen risas. En la chabola)* [131].

LOLA. ¿Está seca?

LOLITA. *(Que ha dejado la ropa encima de la cama.)* Está buena pa la plancha.

LOLA. Mira a ver cuántos arenques hay. ¿De dónde vienes?

LOLITA. *(Abriendo una pequeña alacena, saca un plato con sardinas arenques.)* He estao con Rosita [132] Hay doce arenques, madre.

(Deja el plato donde estaba y cierra la alacena.)

LOLA. No me gusta que salgas con Nacho. Tú no estás pa novios toavía.

---

[130] Aparece sin acento en Seco (pág. 231) como interjección para «la admiración y el estímulo dirigido a otra persona». Olmo acentúa el carácter oral y sorpresivo con el acento escrito que sentencia el carácter agudo de su uso oral.

[131] En B y C hay dos puntos.

[132] En B: «He estado con Rosita.»

LOLITA. Pero, madre, ¡si no...!

LOLA. ¡Lo dicho! Anda *(Echándole unos calcetines.),* zúrcele los calcetines a tu padre.

(Termina de planchar la camisa y la deja sobre una silla. Se dispone a planchar los pantalones.)

LOLITA. *(Se sienta. Ha cogido una caja de costura. Enhebra una aguja, disponiéndose a zurcir los calcetines.)* Nacho quiere irse a Alemania, a trabajar y ganar mucho dinero [133].

LOLA. Tos [134] queremos irnos a alguna parte. Tos menos el estúpido de tu padre, que no sé qué espera. «Juan, hay que tomar una decisión. No podemos seguir así.» «Espera, Lola, espera.» Y siempre igual: espera, espera.

(Va al fogón y cambia la plancha. Regresa.)

LOLITA. ¿Hablaste con la señora Balbina?

LOLA. ¿A qué viene eso?

LOLITA. Preguntó por ti. Se me ha olvidao decírtelo.

LOLA. *(Después de una breve pausa.)* Ni con Nacho ni con ningún muerto de hambre del barrio, ¿me oyes?

LOLITA. *(Tímidamente.)* Nacho es bueno.

LOLA. Y tu padre, ¿qué? ¿Es un ogro? Tos [135] son lo que tú quieras: buenos, generosos, trabajadores. Y ¿qué?... [136]. Mira, hija, cuando me casé con tu padre vinimos a vivir «provisionalmente» a esta chabola. En ella naciste tú y el Agustinillo. Y seguimos aguantando. Era «provisionalmente». ¿Tú sabes lo que es ver llorar a un hombre? Yo he visto llorar a tu padre, ¡lágrimas como puños, hija! Y a solas, cuando creía que nadie le veía. Pero pronto le renacía

---

133 Mantenemos la coma de B.
134 En B: «Tós.»
135 En B: «Tós.»
136 En B: «¿y qué?».

178

el ánimo, porque la cosa era «provisionalmente». Las goteras, los días sin carbón, los remiendos, el contener el aliento cuando suenan en la puerta los golpes del cobrador de la luz, o del de los plazos, o las papeletas del Monte [137] que cumplen, to, to [138] era «provisionalmente». Y hasta vuestras enfermedades —tú estuviste a punto de dejarnos, hija— llegaron a parecernos lo mismo. Y estoy harta: harta de sufrir, harta de amar, harta de vivir «provisionalmente». *(Pausa.)* El tres de agosto de mil novecientos cuarenta y cuatro nos casamos tu padre y yo. Estamos en septiembre del sesenta. Han pasao dieciséis años. Demasiaos, hija. Y los mejores. En ellos se ha quedao toa nuestra juventud. ¡No, no salgas con Nacho!

LOLITA.   ¿Qué culpa tie [139] padre o Nacho?

LOLA.   Nadie dice que... ¡No es eso, hija! ¡No es eso! Es el fracaso, es el ver al hombre que quieres... *(Señalando la camisa.)* Mira esa camisa. ¡Contémplala! Es la historia de tu casa.

(De la tasca salen LOLO *y* LUIS.)

LOLO.   *(Explicando.)* El Eusebio, el de la pescadería, ¿sabes cuántos?... ¡Doce! No le ha tocao na, claro [140], pero... ¿te imaginas un boleto con dos aciertos más? Ni Alemania ni na [141]. ¡En los Madriles afincao pa toa la vida...! *(Caminando hacia el fondo.)* Nueve es a lo más que he llegao yo.

LUIS.   *(Con suficiencia.)* Once [142].

LOLO.   ¿Quién, tú?

LUIS.   Como lo oyes: ¡once!

LOLO.   Oye. *(Se paran.)* ¿Nos asociamos?

---

[137] Se refiere Lola a las papeletas de empeño del Monte de Piedad, que daban fe de la propiedad del objeto empeñado.
[138] En B: «... tó, tó era...».
[139] En B: «tié».
[140] En B: «No le ha tocao ná...»
[141] En B: «Ni Alemania ni ná...»
[142] En B: «Luis.—Pues yo, once.»

LUIS. Y mi mujer, diez.

LOLO. ¿Y tú piensas irte? ¡Quédate aquí, chalao! ¡Tu destino está en las quinielas! [143]. ¡Once y diez! Pero ¿tú te has dao cuenta?

LUIS. Eso es lo normal, hombre.

LOLO. ¿Lo normal? ¿No irás a decirme que to el país está a punto de que le toquen las quinielas?

LUIS. Con esa ilusión vive.

LOLO. Entonces yo soy un puñetero desgraciao: ¡un nueve! (*Caminando hacia el fondo izquierda, por el que salen.*) Claro que conozco a un tío que debe tener la ilusión a punto de palmar: ¡es un tres! [144].

LOLA. Nos han fallao demasiadas cosas. Mira, nena (*Deja de planchar.*), tu padre no va a conseguir na [145]; el momento es muy malo. Lo de la camisa es nuestro último intento. Y también fallará. No hay más que ir a la estación del Norte o a la de Atocha pa darse cuenta. ¿Cuántos de los que se van no se habrán puesto su mejor ropa, su mejor camisa antes de decidirse? ¿Cuántas antesalas pa na? ¡No sabes con qué dolor, hija, quiero que tu padre pase por lo mismo! Y si algún día decide también marcharse, que nunca, ante sí mismo, o ante los demás, pueda reprocharse o acusarse de... Pero no se irá; a tu padre le tira [146] demasiao la tierra. Me iré yo. Seis meses, un año; hasta que él salga de las chapuzas y vuelva a encontrar algo fijo. Tú le cuidarás, y también al Agustinillo. (*Reanuda el planchado, no sin antes cambiar la plancha por la del fogón.*) La abuela te echará una mano.

(*Pausa.*)

---

[143] Las Quinielas constituyen un sistema muy popular de apuestas mutuas benéficas, que se realizan cada semana durante la temporada de fútbol.

[144] En esta intervención de Lolo, el autor introduce las dos exclamaciones con mayúscula tras los dos puntos en B.

[145] En B: «... no va a conseguir nada».

[146] 'tirar': «atraer» (Seco, *op. cit.*, pág. 518).

LOLITA.   Si se va Nacho, madre, yo...

LOLA.   ¡Tú eres tonta! *(Acaba de planchar el pantalón y lo deja al lado de la camisa. Coge los calzoncillos y sigue planchando.* LOLITA *termina de zurcir un calcetín y lo echa encima de la cama* [147]. *Sigue zurciendo el otro. El diálogo no ha cesado.)* En cuanto se vea con unas perras en el bolsillo se olvidará de ti. Y aspirará a la hija del barbero, o a alguna como la Merche, la de la ferretería. Además, es un crío. Tie tiempo por delante pa juguetear con unas cuantas como tú y luego olvidarlas.

LOLITA.   *(Dolida.)* Madre...

LOLA.   *(Cortando, enérgica.)* ¡Ea, que eres muy niña! ¡Que no quiero que salgas ni con él ni con nadie! *(Pausa.)* Aprenderás corte y confección, y cuando te sientas alguien, entonces... ¡No quiero más víctimas en mi familia! Hay que aspirar, hija, a una casa con ventanas amplias, donde el sol y el aire se encuentren a gusto, donde el agua corra, donde cada cual tenga su cama pa poder darle un repaso al día vivido. Y una mesa, con dos o tres sillas de más pa la convivencia. Una casa que no te aprisione, que no te reduzca el cerebro. ¡Un hogar, nena! *(Pausa.)* Ayer, cuando estuvimos lavando en casa del señor Sánchez, ¿te fijaste? To lo que he dicho y más había allí. ¿Y la habitación de los niños? Existe, hija; to eso existe. Y el señor Sánchez no era ningún privilegiao. ¡Era un cualquiera! *(Por la puerta de la casa de los corredores sale ahora la* SEÑORA BALBINA. *Avanza hacia la chabola.)* Montarás un taller. Empezarás con una o dos aprendizas, y entre todos lograremos que el Agustinillo...

(Entra la SEÑORA BALBINA.*)*

BALBINA.   Arreglao, Lola.

LOLA.   ¿Ha escrito ya?

---

[147] En esta ocasión, en B, Lauro Olmo dice Lolilla.

(Deja la plancha.)

BALBINA. A la María. Se ha colocao en un bar, en la cocina. *(Risueña.)* Cuenta que al ver la despensa se echó a llorar. ¡La pobre desgraciá! Bueno, al grano. *(Se sienta.)* ¿Has hablao con el Juan? *(Cortándose y señalando a* LOLITA.) Oye, y ésa, ¿qué?

LOLA. No se preocupe, está enterá.

BALBINA. ¿Qué te ha dicho el Juan?

LOLA. Toavía [148] no sabe na. No es momento aún pa decírselo. Pero a mí no me para ya nadie. ¡A la fuerza ahorcan!

BALBINA. Ties que arreglarte el pasaporte. Con to [149] y el billete te andará la cosa alrededor de las mil quinientas. ¿Las tienes?

LOLA. *(Se ríe un poco, nerviosamente.)* No, no las tengo. *(Extraña.)* Mi madre, el calcetín amarillo, sus ahorros pa la muerte... *(Vuelve a reír igual. Ligera pausa.)* Hablaré con ella. De todos modos, no creo que tenga tanto. Venderé el armario, no sé. ¡Si pudiera irme embalá y a porte debido!

(Ríe de nuevo, nerviosamente.)

BALBINA. No te rías así, mujer. Ya veremos el modo de arreglarlo. Irás a casa de un español casao con una de allá.

LOLA. *(Con gesto de preocupación.)* ¿De un español?

BALBINA. De uno que lleva muchos años en el extranjero. No te preocupes, ése ya está aireao. No vais a regatear. Y menuda ventaja es el que entres con el idioma de la casa.

LOLA. Estoy muy desengañá. Preferiría servir en otro sitio más acostumbrao a... no sé, más hecho al dinero, más hecho a considerar que el que trabaja...

---

[148] En B: «Todavía...»
[149] En B: «tó».

182

(Termina de planchar el calzoncillo y lo mete en el armario. Retira la plancha de la mesa. Luego, cogiendo la camisa, la guarda también. Saca una percha y cuelga el pantalón, que también mete en el armario. Hace lo mismo con la manta de planchar, etc. Todo vuelve a su sitio. Durante este trajín, el diálogo no ha cesado.)

BALBINA.   Pero mujer, tú vete ahí, y si ves que no te conviene, te largas. Por esos países las criás españolas están muy solicitás. *(Por el lateral izquierdo entra la* ABUELA.*)* Tenemos cartel, Lola. ¡Como los toreros!

ABUELA.   *(Entrando.)* Hola, Balbina.

BALBINA.   Hola, abuela. *(Riéndose.)* Qué, ¿de la cita?

ABUELA.   *(A* LOLITA.*)* Déjame el sitio, nena. *(*LOLITA *se sienta en otra silla. La* ABUELA, *que viene fatigada, lo hace en el asiento que le acaba de dejar* LOLITA.*)* *(A* BALBINA.*)* Pa citas estoy yo. El último mocito que me echó una mirá fetén es hoy un carcamal [150]. *(Dándole un cachete en el muslo.)* Eso tú, que toavía ties las nalgas azotables [151].

BALBINA.   *(Indicando a* LOLITA.*)* ¡Abuela! ¡La niña!

(El tono grave de la exclamación es cómico.)

ABUELA.   No he dicho na [152] del otro mundo. Además, ésa ya sabe más que tú y que yo. El cine las está estropeando.

LOLA.   Señora Balbina, explíquele a mi madre...

ABUELA.   *(Cortando.)* ¿Que te vas? Es muy pequeña la casa y el barrio. Aquí to se sabe.

LOLA.   Madre, no se lo había dicho antes por...

ABUELA.   Sí, por no alargarme el disgusto. Soy muy vieja, ¿eh? [153]. ¡Vete, hija! ¡Vete! ¡No sé cómo no te has decidío antes!

---

[150] 'carcamal': «persona decrépita» (Seco, *op. cit.,* pág. 317).
[151] En B: «Eso tú, que todavía tiés...»
[152] En B: «ná».
[153] En B: «¿Soy muy vieja, eh?»

BALBINA. *(Intencionadamente.)* ¡Y yo que creí que era más caro el viaje! ¿Sabe qué cuesta, abuela? ¡Mil quinientas, na [154] más! *(La abuela le da la espalda al oír la cantidad.)* Pero, lo increíble es que en esa cantidá van incluíos [155] los gastos del pasaporte. ¡Y hasta se pue tomar unos huevos con jamón en el coche restorán, si se le antojan! ¡Un viaje tirao! Mi hermana, Sebastiana, ¡que en gloria esté la pobre!, tenía sus ahorrillos metíos [156] en un calcetín. «¡Pa la caja de pino!», decía [157]. Vino la guerra y un obús la dejó definitivamente arrugá [158] al final de Usera. ¿Y sabe qué pasó con el calcetín, abuela? Pues si usté no lo sabe, yo támpoco. ¡Anda y que no da sorpresas la vida! Y no digamos ahora, con to [159] ese lío de la atómica, la hache y demás pildoritas. ¡Ni absolución, ni responso, ni caja de pino, ni na [160]! ¡Volatizaos! ¡Polvitos al éter! *(Exclamando, definitiva.)* ¡Como pa ahorrar, vamos! *(Se levanta.)* Bueno, hasta luego. Cuidao, niña: ¡no vayas a zurcir también el calcetín por donde se mete el pie! *(Poniendo una mano sobre el hombro de la* ABUELA.*)* No será necesario, ¿verdá? *(*BALBINA *le hace señas a* LOLA, *indicándole que insista. Se va exclamando.)* ¡En el extranjero te vas a forrar, Lola! ¡Qué suerte la de usté, abuela, que tie toavía [161] una hija joven!

(Repite las señas a LOLA, *y se va, calle adelante, hasta entrar en su casa.)*

ABUELA. *(Se desabrocha la pechera. Luego se saca el*

---

[154] En B: «ná».
[155] En B: «incluidos».
[156] En B: «metidos».
[157] Mantenemos la cita entre comillas como aparece en D.
[158] 'arrugada': la mató. La frase completa sería: «Llegó la guerra y un obús la mató, al final de la calle Usera.»
[159] En B: «tó».
[160] En B: «ná».
[161] En B: «todavía».

calcetín amarillo. Todo calmosamente. Vuelca el con-
tenido del calcetín sobre la mesa. LOLA, *en silencio,*
la contempla. Igual LOLITA. *Durante un instante las*
tres miran el montoncito de billetes y alguna moneda.
Al fin, la ABUELA *exclama.)* ¡Mil trescientas catorce
con una moneda de dos reales!

LOLA. *(Muy emocionada.)* Gracias, madre. Gracias,
mamá.

(Dentro de la tasca se oye la voz de RICARDO.)

VOZ DE RICARDO. *(Borracho.)*
    Que del fraile me voy a la fraulien,
    que a Alemania, muchachos, me voy,
    y en el barrio me dejo to [162] *el hambre,*
    la gazuza que pasando estoy [163].

(A continuación del primer verso de la canción, en
la casa de los corredores se enciende la luz de la
vivienda de MARÍA. *Sale ésta al corredor y palpa*
la chaqueta y el pantalón tendidos en la cuerda. Los
descuelga. Con ellos en la mano, se queda mirando
hacia la tasca. Acabada la canción, MARÍA *exclama.)*

MARÍA. ¡Un día me quedo sin él! Algo se me escapará
de las manos. Pero, ¿qué he hecho yo? [164]. ¿Qué he
hecho yo?

(Esta última exclamación la dice metiéndose [165]. *En*
la chabola, la ABUELA *se ha quedado ensimismada.*
LOLA *ha recogido el dinero y lo ha vuelto a meter*
en el calcetín. LOLITA *ha terminado de zurcir el*

---

[162] En B: «tó».
[163] Solamente en D la canción aparece en itálica.
[164] En B: «¿Pero qué he hecho yo?»
[165] B y C cortan aquí, inexplicablemente, la acotación que con-
tinúan, tras nuevo paréntesis y punto y aparte, como en nuestro
texto.

segundo calcetín, y, cogiendo el otro de encima de
la cama, mete los dos en el armario.)

LOLA. ¿Cuántos arenques dijiste?

LOLITA. Doce.

LOLA. *(Pensativa.)* Doce... Sal y dale una voz al Agustinillo. Y mira si tu padre está en la tasca. Dile que
vamos a cenar.

LOLITA. *(Sale. Ya fuera, se va hacia el fondo y vocea.)*
¡Agustinillo, a cenar! ¡Agustinillo! *(El* SEÑOR PACO,
atraído por las voces, sale a la puerta de la tasca.
LOLITA *se dirige a él.)* ¿Está mi padre ahí? [166].

SEÑOR PACO. No está, preciosa.

LOLITA. ¿Por dónde andará?

SEÑOR PACO. ¿Quieres que vayamos a buscarlo? Pue
que esté en la tasca del Rubio, y no vas a bajar tú
solita por ese descampao.

LOLITA. Sé andar sola, señor Paco.

SEÑOR PACO. Oye, preciosa. *(Acercándose a ella.)* Tu
papá está desesperao, ¿no te has dao cuenta? El que
está parao no come. Tú podías ayudarle.

LOLITA. *(Separándose un poco.)* ¿Cómo, señor Paco?

SEÑOR PACO. *(Acercándose nuevamente y poniéndole*
una mano en el hombro.) No te asustes, pequeña. Escúchame.

LOLITA. *(Quitándosela de un manotazo.)* ¡No me toque!

SEÑOR PACO. Pero, hijita, ¿qué mal hay en ello? Si
puedo ser tu abuelo. Verás: yo necesito una muchacha
pa que ayude a mi señora. ¿No quieres ganar veinte
duros al mes? Y desayuno, comida y cena. Y si quieres, merienda también. Hasta camita, preciosa. To [167]
un cuarto pa ti. ¡Cien pesetonas al mes, piénsalo! Y un
durete te caería de vez en cuando pa que fueras al
cine. ¿Eh? ¿Qué me dices?

---

[166] En B: «¿Está mi padre?»
[167] En B: «tó».

LOLITA.   ¡Que se lo diré a mi padre!

SEÑOR PACO.   Tu madre es una criá, niña. Nadie te ha
hecho de menos. Y dile a tu padre lo que quieras. Lo
único que ha pasao aquí es que te han ofrecío una
colocación. (LOLITA *se va hacia el fondo y vocea hacia el lateral izquierda.*)

LOLITA.   ¡Agustinillo! [168]. (*Desapareciendo.*) ¡A cenar!

SEÑOR PACO.   Toavía [169] tienen pa cenar.

(*Metiéndose en la tasca.*)

LOLITA.   (*Voz dentro.*) ¡Venga! (*Reaparece y ve a su
padre entrar por el lateral derecho. En tono más bajo
le dice.*) Padre, podemos cenar ya.

JUAN.   (*Avanzando hacia la chabola.*) Está bien.

LOLITA.   Padre.

JUAN.   Dime.

LOLITA.   (*Mirando hacia la tasca.*) ¿Sabes que...?

JUAN.   ¿Qué?

LOLITA.   Pues... Na [170], padre; una tontería.

(*Entran en la chabola.*)

AGUSTINILLO.   (*Aparece corriendo por el fondo y entra
también.*) ¡Aquí estoy! (*La mesa está preparada para
cenar.* AGUSTINILLO, *al ver las sardinas y los trozos
de tomate en los platos, irónicamente y frotándose las
manos, exclama:*) ¡Hombre! ¡Pollo otra vez! ¡Hoy
me toca a mí el muslo! (*A su hermana.*) Lolita, ¡te
lo cambio por la pechuga! ¿Hace?

(*Se sienta.*)

LOLITA.   (*Sentándose a su vez.*) No, que te va a dar un
empacho.

---

[168] En B y C: «¡Agustinillooo!»
[169] En B: «Todavía.»
[170] En B: «Ná.»

AGUSTINILLO. *(Intencionadamente.)* Un día tenemos que cenar sardinas arenques, ¡como los desgraciaos!
JUAN. *(Sentándose.)* ¡Cállate!
AGUSTINILLO. ¿A cuántas tocamos hoy, madre?
LOLA. *(Sentándose.)* Los hombres, a tres.
ABUELA. Come las que quieras, yo estoy desganá.

(Todos, menos la ABUELA, comienzan a comer. Un aparato de radio deja oír la sintonía de Radio Nacional. A continuación suenan las diez de la noche. Se oye la voz del primer locutor) [171].

VOZ DEL PRIMER LOCUTOR. Acaban de oír ustedes las diez de la noche en el reloj del Palacio de Comunicaciones de Madrid.
VOZ DEL SEGUNDO LOCUTOR. Quinto diario hablado de Radio Nacional de España.
VOZ DEL PRIMER LOCUTOR. Índice informativo: La O. E. C. E. califica de espectacular la recuperación de reservas de oro y divisas en España.
VOZ DEL SEGUNDO LOCUTOR. Kruschef provoca consultas urgentes en Occidente.
VOZ DEL PRIMER LOCUTOR. El ministro y presidente del Consejo de Economía Nacional, don Pedro Gual Villalbí, pronunciará el pregón de las fiestas de la Merced.
VOZ DEL SEGUNDO LOCUTOR. Creciente infiltración comunista en el Perú.
VOZ DEL PRIMER LOCUTOR. Nueva York. Estallan dos bombas en Manhattan.

(Se apagan las voces de los locutores y sale al corredor la SEÑORA BALBINA llamando a MARÍA.)

---

[171] Los dos programas nacionales informativos (también llamados «partes» en recuerdo de su inicio en la zona franquista durante la guerra civil), se retransmitían a las 14,30 y a las 22 horas. Eran precedidos por una sintonía que se hizo famosísima gracias al carácter nacional de su audiencia. Las voces que siguen en el texto reproducen exactamente el esquema que siempre se repetía.

BALBINA. *(Hacia arriba.)* ¡María! *(Para sí.)* ¡Está bueno el mundo!

MARÍA. *(Asomándose.)* ¿Me llama usté, señora Balbina?

BALBINA. Sí, hija. Préstame un poquito de sal, anda. Una miaja na [172] más. ¿Subo?

MARÍA. Ahora mismo se la bajo.

BALBINA. Gracias, hija. No puedo ya con las escaleras. Oye, ¿a qué hora pasa el satélite?

MARÍA. No tardará. ¿Aún no lo ha visto usté? Parece una estrella y atraviesa to [173] el cielo de Madrid.

BALBINA. *(Irónica.)* Y ¿a dónde conduce? [174]. ¿A Belén? ¡Le estoy cogiendo hincha a los sabios!

(Se mete. MARÍA *se mete también. En la chabola)* [175].

LOLA. Coma usté algo, madre.

AGUSTINILLO. *(Solícito, alargándole un bocadillo que ha hecho con pan y un arenque)* [176]. Toma, abuela, un bocadillo de arenque, ¡sabrosón como él solo!

JUAN. *(A la* ABUELA, *que rechaza el bocadillo.)* ¿Le pasa a usté algo?

LOLITA. Abuelita, ¿por qué...?

JUAN. *(Cortando.)* ¡Dejarla en paz!

---

[172] En B: «ná».

[173] En B y C: 'todo'.

[174] En B: «¿Y a dónde conduce?»

[175] Mantenemos en nuestra edición el sistema empleado por el autor para esta acotación en B, C y D.

[176] En B: «... una arenque». Es interesante anotar esta variante del texto B que, como en otras ocasiones, introduce formas del habla dialectal popular. En este caso, se evidencia el género inseguro de este sustantivo, tan generalizado entre las clases populares de la época. La intención del autor es claramente social, pues escénicamente la precisión resulta poco evidente. Anotamos algunas de las abundantes variantes ortográficas que aparecen en los cuatro textos (y especialmente en B) que, en ocasiones, manifiestan o acarrean otros cambios, sintácticos, morfológicos o léxicos.

189

(*La* ABUELA *se levanta y, calmosamente, se dirige hacia la cama.* LOLA *intenta ir a su lado.* JUAN *la detiene.*)

JUAN. Déjala. Conozco ese estao. Un poco de soledá pa rumiarlo es lo que le vendría bien ahora.

LOLA. (*Pausa.*) Juan. Si te falla el patrón, ¿qué? Contando al Sebas, ¿cuántos se han ido ya del barrio? Te asusta el número, ¿eh?

JUAN. Trabajaban en talleres, en fábricas pequeñas.

LOLA. Y en grandes. Piensa en la del Sebas.

JUAN. ¡Pienso en mi patrón! (*Cambiando el tono.*) Me oirá. Mi deber es que me oiga y el suyo es escucharme [177].

LOLA. Palabras. Palabrería. Lo más que lograrás es un cachetito amistoso. Y no esperes que la mano que te lo dé caiga en la cuenta de que pega en hueso. En hueso descarnao. Las manos gordezuelas, Juan, tienen atascá la sensibilidá [178].

JUAN. ¿A qué viene eso ahora?

LOLA. ¡A que estoy harta de to [179] esto! ¡A que mis hijos están en edá [180] de crecer! ¡A que... ¡Yo qué sé a qué!

JUAN. Me oirá, Lola. (*A* LOLITA *y* AGUSTINILLO.) Tie [181] que oírme. Sí. Sí. Mi hoja de servicios es buena. He demostrao que sé trabajar. Me oirá, sí que me oirá. Le hablaré de vosotros. De lo que pienso hacer de ti, Agustinillo...

LOLA. (*Cortando, violenta.*) ¡A mis hijos ni se los nombres! ¡Y métete esto en la cabeza! ¡Háblale de ti! ¡Del obrero Juan! ¡Del albañil! Lo demás es mendigar.

AGUSTINILLO. (*Pausa.*) Ese arenque es tuyo [182], padre.

---

[177] En B: «Mi deber es que me oiga, y el suyo escucharme.»
[178] En B: «sensibilidad».
[179] En B: «tó».
[180] En B: «edad».
[181] En B: «tié».
[182] En B: «Esa arenque es tuya.»

JUAN.   Cómetelo tú [183].

AGUSTINILLO.   (*Alargándole un trozo de tomate.*) Te
lo cambio por este trozo de tomate [184].

(JUAN *lo coge.*)

LOLITA.   (*Protestando.*) ¡Qué fresco! ¡Ese trozo de
tomate es mío!

JUAN.   (*Alargándoselo.*) Tómalo, hija.

LOLA.   (*Enérgica.*) ¡Niña!

LOLITA.   ¡Pero madre! (*Señala a su hermano.*) ¡Si se
los está comiendo tos [185] él! ¡Y cinco arenques lleva!

AGUSTINILLO.   ¡Chivata!

LOLITA.   Toma, padre; te lo doy.

JUAN.   (*Sin cogerlo y empujándolo con la mano hacia su
hija, se levanta.*) En eso ties [186] razón, Lola. Na [187]
de hablarle de los hijos. ¡El trabajo es el trabajo!
¿Qué tal me ha quedao la camisa?

LOLITA.   (*Levantándose.*) ¡Vas a ir hecho un novio!

(*Va a por la camisa.*)

LOLA.   To lo ties [188] a punto.

LOLITA.   (*Mostrándole la camisa.*) ¡Mírala, padre!

AGUSTINILLO.   (*Levantándose.*) ¿Te vas a poner corbata?

LOLITA.   ¡Claro que sí! (*A su padre.*) Ties [189] que aparentar que eres rico, ¿verdad?

(*Lleva la camisa adonde estaba.*)

---

183 En B: «Cómetela tú», naturalmente.
184 En B: «Te la cambio por este trozo de tomate.»
185 En B: «tós».
186 En B: «tiés».
187 En B: «Ná.»
188 En B: «Tiés.»
189 En B: «Tiés.»

AGUSTINILLO.   Yo me vestiría de «cua-buay».

LOLA.   *(Extrañada.)* ¿De qué?

AGUSTINILLO.   ¡De «cua-buay»!

LOLITA.   ¿No sabéis lo que es un «cua-buay»? Un norteamericano encima de un caballo con dos pistolas y
lazo.

AGUSTINILLO.   ¡O de gánster, padre! *(Hace que empuña una metralleta y, rapidísimo, imita los disparos.)*
¡Taca-taca-taca-taca-taca! O de...

LOLA.   *(Cortando.)* Pero ¿qué tonterías son ésas? [190].
(A LOLITA.) No te olvides luego de limpiarle los
zapatos a tu padre.

(Se dispone a fregar lo poco que han ensuciado.
LOLITA *recoge y limpia la mesa.)*

AGUSTINILLO.   *(A su padre.)* ¿Sabes una cosa? Nacho
va a decirle a su tío que lo meta en un instituto laboral. Quiere aprender mucho. Y ¿sabes pa qué? [191]. Pa
irse a Munich. Munich es una ciudad de Alemania.
Creo que allí los hijos de pobre viven como los hijos
de rico, y los hijos de rico, como don Epifanio «el
nóminas».

*(*JUAN *se sienta.)*

LOLITA.   Padre, ¿tú has visto *Sissi, emperatriz?* [192]. Es
una película formidable; sin penas. Deberíamos irnos
los cuatro: tos [193] a vivir a Alemania.

AGUSTINILLO.   En Suiza también se vive bien. Y en
Australia. ¡Y en Texas, padre! *(Rápido, hace que empuña dos pistolas. Al mismo tiempo exclama.)* ¡Arriba las manos! ¡Que tos [194] los señores gordos suelten

---

[190] En B: «¿Pero qué tonterías son esas?» ·
[191] En B: «¿Y sabes pa qué?»
[192] El subrayado es nuestro. Nota del editor.
[193] En B: «todos».
[194] En B: «todos».

la pasta! *(Con desplante, le da a su padre un cachete en el hombro, y confianzudo, le dice.)* ¡Formidable! ¿Eh, macho?

JUAN. *(Levantándose amenazador.)* ¿Quieres que te arree una guantá, mamarracho? [195].

LOLA. ¡Quieren irse! ¡Tos [196] queremos irnos! ¡A vivir!

JUAN. *(Duro, seco.)* Pues de esta casa no se mueve nadie.

LOLA. No me tires de la lengua que la armamos, ¿eh?

JUAN. ¡Un céntimo! ¡Un solo céntimo que consiga yo traer a mi casa y no hay huida pa nadie! ¡Que quede bien claro!

LOLA. ¡Fanfarrón!

JUAN. ¿Qué dices?

LOLA. *(Enfrentándose con* JUAN.*)* Esto: ¡que no permitiré que hagas de mis hijos dos mártires más!

JUAN. Han nacío aquí, Lola. Su hambre es de aquí. Y es aquí donde tienen que luchar pa saciarla. No debemos permitir que tu hambre, que nuestra hambre se convierta en un trasto inútil.

LOLA. Otra de tus frases.

JUAN. Sí, otra de mis frases. Pero que va a cumplir treinta y nueve años. ¡Fíjate si lleva hambre dentro!

(Pausa.)

LOLA. Yo trabajo tanto o más que tú.

JUAN. Lo sé.

LOLA. Esto da derechos. ¿También lo sabes?

JUAN. También lo sé.

---

[195] Además de su primera acepción («Figura defectuosa y ridícula, o adorno mal hecho o mal pintado»), el *D. R. A. E.* señala ya el segundo uso que emplea aquí Lauro Olmo: «Hombre informal, no merecedor de respeto.» De donde sale la extensión a un niño, por su debilidad.

[196] En B: «todos».

LOLA.   Pues escucha: mañana te plantas [197] la camisa y
te vas a ver al patrón. Y si el patrón falla...

JUAN.   Si el patrón falla, ¿qué?

LOLA.   Seguiré lavando, fregando, haciendo lo que sea,
pero aquí, ¡no! [198].

JUAN.   (*Extraño y seguro.*) ¡El patrón no fallará!

(*Por el fondo derecha sale el* TÍO MARAVILLAS *con
un manojo de globos.*)

TÍO MARAVILLAS.   (*Pregonando.*) ¡Pal nene! ¡Pa la
nena! ¡Pal filósofo también! ¡Globitos! ¡Globitos
de colores!

(*Se tambalea un poco y, por la voz también, se le
nota que está bebido. A lo lejos se oyen voces que
se acercan cantando.*)

VOCES.

No *me marcho por las chicas,
que las chicas, guapas son,
guapas son...*

(*Por el fondo, sigue escuchándose la canción.* RI-
CARDO *sale de la tasca borracho.*)

RICARDO.   (*Al* TÍO MARAVILLAS.) Oye, Maravillas.
dame dos globitos pa la María, anda. Y que tengan
muchos colorines, que no quiero que se me cabree
otra vez. Anda, sé bueno.

(*Por el fondo izquierda entran* SEBAS, LOLO *y*
LUIS, *cantando.*)

---

[197] 'plantar': «Asentar o colocar una cosa en el lugar en que
debe estar para usar de ella» (*D. R. A. E.,* pág. 1035).
[198] En B: «¡pero aquí, no! ».

Los tres.
> Me marcho porque en el barrio
> ya no queda un pelucón [199].

Lolo.   (*Al* Tío Maravillas.) Pero ¿aún no ha echao el cierre? [200].

Tío Maravillas.   Le falta grasa.

Lolo.   Échele salivilla, que a lo mejor es comprensivo.

Sebas.   (*Empujándolos hacia la tasca, donde entran.*) Tos [201] pa dentro, que va de despedida. (*A* Lolo, *que va a entrar en la tasca*) [202]. Lolo, ¿está ahí el Juan?

Lolo.   No está, Sebas.

> (*Entran todos en la tasca menos* Sebas. *Este se dirige hacia la chabola cantando.*)

Sebas.
> Me marcho porque en el barrio
> ya no queda un pelucón.

(*Entrando en la chabola.*) A las buenas tardes [203]. Anda, Juanillo, ven a echarte un vaso y a desearme buen viaje.

Lola.   ¡Qué suerte la tuya!

Sebas.   Al alcance de cualquier desgraciao, Lola. (*A la* Abuela.) ¿Está usté mala, abuela?

Abuela.   (*Desde la cama.*) Estoy que no me encuentro.

Sebas.   ¿Ha mirao usté debajo la cama? (*A* Juan.) Hala, Juan.

> (Juan *se levanta.*)

Lola.   (*A* Sebas.) A ver si le animas y le quitas de la cabeza la heroicidad.

---

199 'pelucón': peseta.
200 En B: «¿Pero aún no ha echao el cierre?»
201 En B: «tós».
202 En B: «*Al* Lolo...»
203 En B: «A las buenas noches.»

Sebas.   Descuida, te lo voy a secuestrar con la primera
carta que le escriba. Abuela, ¿le hace una copilla de
anís a mi salú? Eso la entonará. Y otra pa ti, Lola.
Que venga el chaval y os las trae.

Lola.   *(A* Sebas, *señalando a* Juan)[204]. Más vale que
se las beba ése, que hace siglos que no sonríe.

Sebas.   *(Con intención.)* A éste le voy a dar cerveza
pa que se vaya acostumbrando.

Juan.   *(Exasperado.)* ¡A mí me vais a dar leches![205].
¡No me jorobéis más!

(Sale.)

Sebas.   Agustinillo, tráete el barreño, que os lo voy a
llenar de anís. (Agustinillo *sale detrás de* Sebas *y
se dirige hacia la tasca, en la que entra*[206]. Sebas *le
dice a* Juan)[207]. No te pases de la raya, hombre.

Juan.   *(Enfrentándose con* Sebas)[208]. ¿Te quieres meter en la sesera que la mayoría no os vais: que huís?
¡Es la espantá! Y lo que a muchos no os aguanto
es que os larguéis maldiciendo la tierra que os parió.
¿Qué culpa tie[209] la tierra? ¡Mecagüen...!

(Secundando las últimas exclamaciones de Juan, *de
la tasca salen ruidos de ambientación.* Sebas, *con
un gesto de circunstancias, entra en ella seguido, un
poco lentamente, por* Juan[210]. *Ya dentro,* Sebas
exclama.)

Sebas.   ¡Vino pa tos!

---

[204] En B: «*Al* Sebas...»
[205] 'leches': «Ni hablar del asunto» (Carandell, *op. cit.,* página 167).
[206] En B: «Agustinillo *sale detrás del* Sebas...»
[207] En B: «*El* Sebas *le dice a Juan.*»
[208] En B: «*Enfrentándose con el* Sebas.»
[209] En B: «tié».
[210] En B: «*El* Sebas...»

ABUELA. Nena, extiende la cama. (*A* LOLA.) Está duro el Juan, hija.

LOLA. (*Acabando de fregar en el barreño.*) Ya se ablandará. (*Coge el barreño y sale al solar a tirar el agua. Entrando.*) Pocos son los que se van por gusto.

(LOLITA, *que ya ha dejado completamente libre la mesa, se pone a desarmar ésta, que es un mueble-cama. Previamente, apartando las banquetas, ha hecho sitio. Dentro del mueble-cama está el colchón, sábanas y una manta.* AGUSTINILLO *sale de la tasca con dos copas de anís. Al llegar al centro se para y después de mirar a un lado y a otro, sorbe un poco de cada copa* [211]. *Relamiéndose, exclama.*)

AGUSTINILLO. ¡Está de buten! [212]. (*Entra en la chabola.*) ¿Me dejáis echar un chupito?

ABUELA. (*Que se ha levantado de la cama, le quita las copas a* AGUSTINILLO) [213]. Trae p'acá [214], condenao. Échame el aliento, anda: ¡que vienen mediás!

(*Se bebe de un trago una de las copas.*)

AGUSTINILLO. (*A* LOLITA.) ¿Te has fijao? La abuela bebe como «Richard Vidmar», ¡qué tía!

LOLA. (*Coge la copa que le alarga la* ABUELA. *Bebe un poco y se la ofrece a* LOLITA.) Toma, prueba un poquito.

AGUSTINILLO. ¿Y yo a dieta?

LOLITA. (*Bebiendo.*) ¡Qué rico!

LOLA. (*Cogiendo la copa que le devuelve* LOLITA.) ¿De verdá que no lo has probao?

AGUSTINILLO. ¡Sólo del de la abuela!

---

[211] Mantenemos la puntuación de C y D.

[212] 'buten': (de buten) «'muy bien', adv., o 'muy bueno', adj.» (Seco, *op. cit.,* pág. 308).

[213] En B: «... *al* AGUSTINILLO».

[214] En B: 'pacá'.

LOLA.   Estás tú bueno. (*Bebe lo que queda en la copa y se la da vacía a su hijo.*) Anda, devuélvelas.

AGUSTINILLO.   (*Coge las copas vacías y sale exclamando.*) ¡Qué gente más tacaña! (*Al llegar al medio de la calle trata de sorber las gotas de anís que quedan en las copas. Y al levantar la cabeza, a voz en grito, exclama.*) ¡El satélite! (*Entra corriendo en la tasca y vuelve a exclamar.*) ¡El satélite!

LOLITA.   (*Sale corriendo seguida por la* ABUELA. *Detrás de ellas sale* LOLA.) ¡El satélite!

MARÍA.   (*Sale al corredor, mira y señala un lugar en el cielo.*) ¡Allí ¡Allí!

BALBINA.   (*Sale a su corredor tratando de descubrir el satélite.*) ¿Dónde?

MARÍA.   (*Señalando.*) ¡Allí, señora Balbina!

LOLO.   (*Saliendo seguido por todos los de la tasca, menos* RICARDO *y el* TÍO MARAVILLAS.) ¡El satélite, machos!

BALBINA.   ¡Pero si es una estrellita de na! [215].

LUIS.   ¿Sabéis cuántas vueltas al mundo da al día?

SEÑOR PACO.   Demasiás. Terminará liándonos, ya veréis.

LOLO.   (*Admirativamente, mirando hacia arriba.*) ¡Qué tíos los rusos!

SEBAS.   ¡Si es el de los americanos, chalao!

LOLO.   Bueno, ¿y qué? ¿Es que no puedo decir ¡qué tíos los rusos? [216].

ABUELA.   No se le ven las alas.

AGUSTINILLO.   Si los satélites no llevan alas, abuela.

ABUELA.   ¡Malo! ¡Malo! ¡Invención del diablo será!

SEBAS.   Dentro de poco la invitaré a dar una vueltecita por la luna, abuela.

ABUELA.   Invítame a cochinillo en casa Botín, que me urge más.

(*Todos van girando la cabeza.*)

---

[215] En D: «Pero ¡si es una estrellita de na!»
[216] En D: «¿Es que no puedo decir: ¡Qué tíos los rusos!?»

LOLO.   ¡Gol, abuela! ¡Chuta usté como nadie!
LUIS.   Si cae ahora nos da en el coco.

(De la tasca salen el TÍO MARAVILLAS y RICARDO completamente borrachos. El TÍO MARAVILLAS sale con su manojo de globos) [217].

TÍO MARAVILLAS.   (Tartajeando.) ¿Dónde, dónde está ese globo? ¡Con competencias a mí! Pero ¡qué se habrán creído esos americanos? ¡Ni que fueran los únicos! En todas, en todas partes cuecen globos [218].

(RICARDO le quita un globo.)

LOLO.   ¡Josú, qué papalina [219]!
MARÍA.   Ricardo, ¡Sube ahora mismo!
RICARDO.   (Soltando el globo que tiene.) ¡Sube, globito! ¡Sube!
MARÍA.   ¡Malditos borrachos!
TÍO MARAVILLAS.   (En alto.) ¿Quién ha dicho borrachos? (Risas.) ¡Silencio! (Suelta y le ayudan a soltar siete globos.) ¡Mirad, mirad! ¿Cuántos satélites hay ahora en el aire? Contadlos: ¡siete! Y de los siete, solamente uno no es nuestro. (Jolgorio.) ¡Viva el más allá!
RICARDO.   ¡Viva! ¡Viva!

(Por el fondo de la calle aparece NACHO. Se acerca a [220] AGUSTINILLO, le dice algo al oído y los dos, corriendo, desaparecen por el fondo de la calle. El diálogo no ha cesado.)

---

[217] En B: «atijo de globos».
[218] Lauro Olmo juega aquí con la conocida frase: «en todas partes cuecen habas» para indicar irónicamente la competencia extranjera en el asunto de los globos.
[219] 'papalina': «borrachera» (Pastor y Molina, op. cit., pág. 65).
[220] En B: «... al AGUSTINILLO...».

Tío Maravillas. ¡Azules! ¡Encarnaos! ¡Amarillos! ¡Verdes! ¡Somos los creadores del arco iris! [221]. ¡Viva la fantasía!

Algunas voces. ¡Viva!

Tío Maravillas. *(Repartiendo globos.)* Toma, para ti [222], cogerlos, amigos, y cuando los soltéis, seguirlos con la mirá hasta el infinito. ¡El más allá es nuestro!

Lolo. ¡Viva el tío Maravillas!

Todos. *(Entre risas.)* ¡Vivaaaa!

(Juan, *que se ha mantenido como al margen de todo el jolgorio, se dirige hacia la chabola y entra. Mientras sigue lo de afuera, él se desnuda y se acuesta.* María *baja y, a la fuerza, se lleva a Ricardo.*)

Tío Maravillas. *(Ordenando en voz alta.)* ¡Soltad los globos e inmortalizarme, machos!

Lolo. *(Soltando su globo.)* ¡Inmortalicémosle!

Luis. *(Soltando el suyo.)* ¡Que no palme!

Balbina. ¡Na de criar malvas!

Lolo. ¡Viva el tío Maravillas, el incorrupto!

Todos. *(Sin perder el aire de guasa.)* ¡Vivaaa!

Tío Maravillas. ¡Silencio! *(Alzando más la voz.)* ¡Silencio! ¡Mirad mis globitos de colores! ¡Suben! ¡Suben! Cerrad ahora los ojos e imaginároslos: ¿A que son los primeros en llegar a la luna? [223].

Lolo. *(Ridiculizando.)* ¡Ahí va, sí!

Tío Maravillas. *(Muy serio, muy emocionado, con voz muy cálida.)* ¡Señores! ¡Por favor, señores! *(De pronto exclama.)* ¡Viva España! *(Se hace un silencio absoluto)* [224]. ¡Viva España! [225]. *(Cae de rodillas y,*

---

[221] En B, C y D: «Arco Iris.»

[222] En B: «Toma, pa ti,».

[223] Mantenemos la ortografía que aparece en D.

[224] Seguimos el texto de A, C y D.

[225] Nótese la diferencia entre la exclamación (cada vez más desalentada) del Tío Maravillas y la fórmula oficial acuñada por el sistema que decía: ¡Viva Franco!, ¡Arriba España!

golpeando el suelo con los puños, vuelve a exclamar entre sollozos.) ¡Viva España!

(Hay un instante en que sólo se escucha el jadeo del Tío Maravillas.)

SEBAS. Échame una mano, Lolo.
LOLO. *(Ayudando a* SEBAS *a levantar al* TÍO MARAVILLAS, *le dice a éste.)* Ande, vámonos a casa.

(Desaparecen por el fondo derecha.)

LUIS. ¡Pobre hombre!
SEÑOR PACO. De campeonato ha sido la de hoy.
ABUELA. Y siempre el mismo final: ¡Pal arrastre!
BALBINA. ¡Qué pena de hombres!

(Cae un globo y, en el aire, lo coge LOLITA.)

ABUELA. A ver si se cae el satélite y explota.
BALBINA. ¡Qué cositas se le ocurren, abue...! *(Se oye una explosión. Luego otra. Después, un poco más intensa, la última. El susto es enorme. Hay desbandada general.* BALBINA *se mete en su casa exclamando.)* ¡Ya están aquí! [226]. ¡Ya están aquí!
LUIS. ¿Qué es eso?
LOLA. *(Llamando a su hija.)* ¡Lolita!
ABUELA. *(Metiéndose en la chabola.)* ¡Maldito satélite!
LUIS. ¿Qué ha sío eso, señor Paco? [227].

---

[226] La expresión, en el contexto de la época y de la obra (véanse los comentarios que en ella siguen), posee un sentido preciso: ya han vuelto los republicanos, los antifranquistas. Tiene un valor similar a la célebre: «Cuando vengan (vuelvan) los míos.» Ambas frases han probado su absoluto carácter inofensivo en la transición política de los años 70 y el primer gobierno socialista de 1982, con el que, si alguien ha vuelto, no ha corroborado la agresividad contenida en la frase de aquellos años...

[227] En B: «¿Qué ha sido eso, Señor Paco?»

SEÑOR PACO.   ¡No sé! ¡No sé!

(Detrás de la ABUELA entran en la chabola LOLITA y LOLA. JUAN se incorpora y pregunta.)

JUAN.   ¿Qué es lo que pasa?
LOLA.   No sabemos, Juan. ¿Tú crees que vuelve a...?
LUIS.   *(Al SEÑOR PACO.)* Con estos nervios se imagina uno lo peor.
JUAN.   *(Agitado, a LOLA.)* ¿Y Agustinillo?
LOLA.   *(Angustiada.)* ¡Mi hijo!
MARÍA.   *(Asomándose al corredor.)* ¿Qué ha pasao, señor Paco? [228].
LOLA.   *(Corriendo hacia la puerta.)* ¡Mi hijo!
JUAN.   *(Deteniéndola.)* ¡No salgas, Lola!
MARÍA.   ¿Ha explotado el satélite?
LOLA.   ¡Agustinillo!
LUIS.   *(A MARÍA.)* ¡Ha sonao a bombas!
MARÍA.   *(Metiéndose, desesperada.)* ¿Otra vez?
LOLITA.   ¡Nacho! ¡Agustinillo!

(Intenta ir a buscarlos. En la puerta la detiene LOLA. JUAN, con sólo los pantalones —descalzo y en camiseta— sale apartando nervioso a su hija. Al ver al tabernero y a LUIS se dirige a ellos y les pregunta.)

JUAN.   ¿Habéis visto a mi hijo?
LUIS.   No, Juan. No lo hemos visto.

(JUAN desaparece corriendo por el fondo izquierda.)

ABUELA.   ¡Maldito! ¡Maldito satélite!
LOLITA.   *(Angustiada.)* ¡Mamá! ¡Déjame ir a buscarle! [229].

---

[228] En B: «¿Qué ha pasado, señor Paco?»
[229] Mantenemos el tuteo de B y D que A y C presentan en su fórmula de respeto: 'déjeme'. Lauro Olmo utiliza el tuteo de

203

Lola. *(Sujetándola.)* ¡No! ¡Tú no!

Señor Paco. *(A Luis.)* ¿No olfateas la chamusquina?

Luis. Lo que es yo no me dejo liar otra vez[230].

Abuela. *(Dándose un golpe en la frente.)* ¡Los petardos! ¡Malditos críos!

Lola. *(Desde la puerta.)* ¿Qué dice usté?

Abuela. ¡Que esos críos llevan la sangre del diablo! Claro, ¡con tanta película de guerra!

(Toda la escena anterior, en la que el diálogo ha surgido de todas las partes del escenario, es una escena rapidísima. Por el fondo de la calle aparece Juan, que trae a Agustinillo y a Nacho cogidos, al primero por una oreja y al segundo por el brazo. Nacho viene exclamando.)

Nacho. ¡Suélteme, señor Juan! ¡Suélteme!

Señor Paco. *(Adelantándose.)* ¿Pero han sío[231] éstos? *(Cogiendo a Nacho.)* ¡Déjame! ¡Déjame a éste![232].

Luis. *(Sacándose el cinto.)* ¡Ahora mismo lo breo!

(Alza el cinto para descargarlo sobre Nacho. Este, de un tirón, se escapa y sale corriendo por el fondo derecha, no sin antes llevarse una patada que le da el Señor Paco.)

Lolita. ¡Corre, Nacho! ¡Corre!

---

hijos a padres propio del proletariado urbano, donde ya se había perdido el tratamiento de «usted» a los padres, que en los años 60 sólo se mantenía en zonas agrícolas, generalmente remotas, y entre personas de edad. Lola trata de usted a su madre, lo que indica el origen campesino de aquella generación llegada recientemente (generalmente durante los 50) a las capitales, para buscar trabajo.

[230] En B y C: «Lo que es que yo no me dejo liar otra vez.»

[231] En B: 'sido'.

[232] Seguimos en nuestro texto el tuteo de A, C y D, que no aparece en B, por ser más coherente y continuo en la relación del Señor Paco con sus clientes del barrio.

Señor Paco. *(Saliendo detrás de* Nacho.) ¡Anarquista!

Luis. *(Dándole el cinto a* Juan.) Toma, Juan. ¡Escarmienta por lo menos a ése!

(Agustinillo *se suelta y va a escudarse en su madre.)*

Agustinillo. ¡Madre!

Juan. *(Cogiendo el cinto de* Luis, *se lo muestra a su dueño y, duro, le pregunta.)* ¿No te parece, Luis, que esto ya se ha utilizado bastante?

(Tira el cinto contra el suelo. La Abuela, Lolita *y* Lola, *con* Agustinillo *abrazado a ésta, se meten en la chabola.* Luis *recoge su cinto y, poniéndoselo, se va por el fondo de la calle, no sin antes despedirse de* Juan.)

Luis. Hasta mañana, Juan.

Juan. Hasta mañana, Luis.

(Entra en la chabola. El Señor Paco *reaparece jadeante y se mete en la tasca. En la chabola todos, menos* Lolita, *se comienzan a acostar. Esta coge los zapatos de su padre, se sienta en una banqueta y, con cierta calma, se pone a limpiarlos. Una música melancólica, que deja en el ambiente una matizada sensación de soledad, se empieza a oír. Lentos, se ven caer sobre el escenario unos cuantos globos.)*

TELÓN

ACTO TERCERO

El mismo decorado. Al levantarse el telón se ve, tendida en la cuerda del solar, la camisa. Tiene el faldón roto; está gastada [233].

(Por el fondo de la calle aparece un golfillo con una cesta de reparto de comestibles al hombro. La lleva cogida con la mano izquierda. En la derecha trae una armónica. Desde antes de aparecer en escena viene tocando el pasodoble que subraya esta obra [234]. *Al llegar al centro del escenario se para y deja la cesta en el suelo. Sacude la armónica contra la palma de su mano izquierda, quitándole así la saliva. Carga otra vez con la cesta y desaparece por el lateral izquierdo, siempre tocando el citado pasodoble. Con la musiquilla perdiéndose a lo lejos aparece* JUAN *por el fondo de la calle. Viene con la*

---

[233] Esta acotación espacial y la acción que sigue aparecen fundidas en B. Mantenemos en nuestra edición la fórmula establecida en A, C y D.

[234] Esta es la tercera mención a una música de pasodoble que «subraya» el carácter popular de la obra. Lauro Olmo nos señala que se trata de una música de pasodoble que realzaba algunos momentos de la primera representación, por lo que decidió incluirlo en el texto de la obra. (Se trataba de *El Gato Montés.)*

indumentaria de todos los días y firme[235]. *Sospe-
chosamente firme. De vez en cuando da un tras-
pies*[236]. *Al llegar ante la camisa la mira. Luego, en
un rapto de furor, la desgarra en dos mitades. Hecho esto, abre la puerta de la chabola violentamente
con el pie. Entra y se tumba en la cama. Al corredor
de* MARÍA *sale* BALBINA *con un barreño de ropa
lavada y la va tendiendo en la cuerda*[237]. *Acabando
de tender un camisón de dormir sale* RICARDO *al
corredor.)*

RICARDO.   ¡No sé cómo agradecérselo, señora Balbina!
BALBINA.   Esto lo hago por ella, no por ti. ¡A ti ya te
             había yo estrangulao! ¡Maldita sea tu sangre!
RICARDO.   ¡Me cegué, señora Balbina! ¡No supe lo que
             hacía!
BALBINA.   Pero sí sabes meterte en la tasca: ¡a olvidar!
             A olvidar ¿qué?[238]. ¿Que tenéis unas mujeres que
             son las que de verdá aguantan lo que cae sobre voso-
             tros? ¡Vaya unos tíos! ¿Sabes lo que te digo? ¡Que
             sois bazofia! To lo arregláis con media frasca de tinto.
RICARDO.   *(Sin darse por aludido.)* Se encuentra mejor
             la María, ¿verdad?[239].
BALBINA.   Ella tie[240] más reaños que tú.
RICARDO.   Si a usté[241] le parece, aviso al médico.
BALBINA.   ¡A la guardia civil es a quien habría que
             avisar! Pero, ¿es que no te has dao cuenta que casi
             la matas?[242].

---

[235] Esta frase desaparece en D.
[236] En D: «De cuando en cuando, da un traspiés.»
[237] B y C colocan ésta y la frase siguiente dentro del texto de
la obra. Mantenemos el criterio de evitar complicar la disposición
de las acotaciones y en este caso no encontramos razón para se-
pararlas de las anteriores.
[238] En B: «¿A olvidar qué?»
[239] En B: «¿Se encuentra mejor la María, verdá?»
[240] En B: 'tié'.
[241] En B: 'usted'.
[242] En B: «¿Pero es que no te has dao...»

RICARDO.   ¡Le juro que me cegué, señora Balbina! ¡Es
que esa manía que le ha dao de agarrar la sartén...!
BALBINA.   ¿Y qué quieres que haga la pobre cría?[243].
¿Besarte el mal vino cada vez que se lo baboseas?
RICARDO.   ¡Me cegué!
BALBINA.   Y ¿no sabías que estaba en estao?...[244]. Dejémoslo, Ricardo. (Acaba de tender la ropa y se enfrenta con él.) Pero escúchame: como mientras ella
esté en la cama te bebas un tanto así de vino (Junta
el índice y el pulgar.) ¡te juro por mis muertos que
te arranco las entrañas!

(Se agacha y coge el barreño.)

RICARDO.   (Dolido.) ¡Soy un miserable, señora Balbina! ¡Un canalla!
BALBINA.   (Sin acritud.) Le he puesto dos sábanas mías.
Mañana lavaré las vuestras. Anda, vete a su lao. Yo
me voy a preparar la cena. Procura que esté quieta,
que no se mueva.
RICARDO.   ¿Y la hemorragia?
BALBINA.   Parece que se le ha cortao. De toas formas
hay que avisar al médico[245]. Seguramente tendrán que
hacerla un raspao. Oye: la María se ha caído por la
escalera, ¿entendido? Pues hala, pa dentro. (Lo empuja.) Y no te me derrumbes, hombre!

(Se mete detrás de él[246]. En la chabola, JUAN se
levanta y con cuidado, por lo que ha bebido, va y
enciende la luz. Luego, con algún traspiés, arrima
una silla a la mesa y se sienta. Saca una carta sin
sobre del bolsillo y se pone a leerla. Pronto la estruja entre sus manos y la arroja con furia contra

---

[243] En C: «Y, ¿qué quieres...»
[244] En B: «¿Y no sabías...»
[245] En C: 'todas'.
[246] B y C separan esta frase del resto de la acotación, sin razón
que lo explique.

208

el suelo. Toda esta escena de JUAN *comienza con
las últimas frases que acaba de pronunciar la* SEÑO-
RA BALBINA. *Por el lateral derecha entran en escena* LOLITA *y* NACHO.)

NACHO. Me lo ha contado el Agustinillo.
LOLITA. ¡Pero si sólo se lo he dicho a la abuela! [247].
NACHO. *(Parándose.)* Y la abuela a tu madre. Y cuando
se lo decía, el Agustinillo pegó la oreja.
LOLITA. Bueno, ¿y qué? [248]. ¿Acaso ha pasao algo?
¡Ni que hubiera entrao a servir en su casa!
NACHO. Ese tío es un mal bicho, Lolita. Lo que quiere
es abusar de ti. ¡Y me lo cargo, eh! ¡Cerdo! ¿Te
acuerdas de la Mari Loli, la del pocero? Pues a ésa
la tenía echao el ojo y en cuanto se la redondearon
las carnes... ¡Pa qué contarte! Ese canalla se ceba
donde ve hambre. No petardos: ¡un día le coloco una
bomba en la tasca! [249].

(Pausa.)

LOLITA. ¿Sabes que ha escrito el Sebas?
NACHO. Sí, me lo ha contao tu hermano. Ya era hora
que el tío se acordara... ¿Cuántos días hace que se
fue?
LOLITA. Pues verás... Al día siguiente de morirse la
mujer del tío Maravillas. O sea: dieciséis, diecisiete,
veintidós días. ¡No te puedes imaginar la bronca que
ha habido en casa!
NACHO. Es que, por lo que me ha contao el Agustinillo,
la cartita se las trae, tú.
LOLITA. Pues a pesar de to mi madre se va.
NACHO. Mi tío dice que hay que irse por sindicatos,

---

[247] En D: «Pero, ¡si sólo...»
[248] En C: «Bueno y ¿qué?»
[249] B (y probablemente por razones de censura) reduce ese parlamento de Nacho a: «Ese tío es un mal bicho, Lolita. ¡Un día
le coloco una bomba en la tasca! *(Pausa.)*»

que a los que se van por las buenas se las hacen pasar
morás. ¿Sabes que en muchos sitios ponen carteli-
tos prohibiéndoles la entrá? ¡Ha venío en el *Ya,* no
creas! [250]. Chica, ni que fuéramos unos mal nacíos.
¡La madre que...! Na [251], que he cambiao de parecer
y en cuanto me especialice me largo a Suiza. ¡Te enseñaré a esquiar, chatilla! [252].

(*Por el fondo de la calle —lateral derecha— aparece* AGUSTINILLO. *Detrás, rezongando, viene la*
ABUELA.)

ABUELA.   Espera, condenao, espera.
AGUSTINILLO.   (*Al lado ya de* LOLITA *y* NACHO, *les
   pregunta vivamente.*) ¿Os habéis enterao?
LOLITA.   ¿De qué?
ABUELA.   ¡Este crío me trae a matacaballo! [253].
AGUSTINILLO.   (*A la* ABUELA, *que pasa de largo.*) Abue-
   la, ¡no lo saben!
ABUELA.   (*Metiéndose en la chabola.*) Yo no entiendo
   de futboles.
AGUSTINILLO.   (*A* LOLITA *y* NACHO.) Que el Lolo ha
   acertao. ¿A que no sabéis cuántos resultaos?
NACHO.   ¿Trece?
AGUSTINILLO.   ¡Catorce!

---

[250] En B: 'venido'. El subrayado de «Ya» es nuestro. (*Nota del
editor.*)
[251] En B: 'ná'.
[252] En su parlamento, Nacho hace alusión a las dos fórmulas
de emigración empleadas en aquellos tiempos. La primera, «por
los sindicatos», consistía en salir «legalmente» con un contrato
y visado de trabajo negociado por el sindicato vertical y único
del franquismo, que así ayudaba al régimen a solucionar el grave
problema del paro. El segundo consistía en hacer la maleta e irse
(con visado turístico, para buscar trabajo gracias a contactos personales con otros emigrantes) al país de destino.
[253] 'Traer a matacaballo': Arrastrar, hacer andar demasiado deprisa y sin respiro, como indica su sentido propio de matar, re-
ventar a un caballo.

210

Nacho. (*Vivísimo.*) ¿Catorce? ¡Ahivá qué tío! ¿Y cuántos boletos máximos...? [254].

Agustinillo. No sé, eso no lo sé. ¡Pero como sean tres o cuatro...!

(*Sin acabar la frase sale corriendo y entra en la chabola para dar la noticia a su padre. Este, que se ha levantado en busca de cerillas para encender un cigarro, acaba de tirar, sin querer, uno de los cacharros de cocina al suelo. Se le sigue notando un poco la borrachera. La* Abuela *acude a él solícita.*)

Abuela. Juan, hijo.

Agustinillo. Padre, ¿sabes qué...? [255].

(*Pierde el entusiasmo y se queda mirando cómo la* Abuela *trata de espabilar* [256] *a* Juan.)

Abuela. Acuéstate, anda. No vas a poder ir a la estación.

Agustinillo. Padre, ¿te has enterao de lo del Lolo? Ha acertao catorce resultaos...

(*Se corta ante una seña de la* Abuela, *indicándole que se calle* [257]. Juan *va a coger el cántaro de agua.*)

Abuela. (*Quitándole el cántaro.*) Deja. Yo te la echaré.

---

[254] En A, B y D: «¿Ahivá qué tío?» Mantenemos los signos de admiración de C. 'Ahivá': compuesto de 'ahí' y 'va', exclamación que implica admiración. En el juego de las quinielas, cuantos menos máximos acertantes, mayor premio para el o los ganadores.

[255] En B: «Padre, ¿sabes lo que...?»

[256] 'espabilar': «quitar el sueño» (Seco, *op. cit.,* pág. 365).

[257] En B y C estas dos frases se separan y forman, incomprensiblemente, dos acotaciones distintas.

(AGUSTINILLO, *al ver que su padre no le hace caso,
sale a reunirse con* LOLITA *y* NACHO *que, desde la
puerta, han visto el resultado de la noticia. Juntos
los tres, se van calle adelante comentando.*)

AGUSTINILLO.   Le hablas y como si na. Parece ido.

LOLITA.   Son muchos días sin trabajo.

NACHO.   Y ahora lo que le faltaba: que vuestra madre
se dé el bote [258].

AGUSTINILLO.   (*Saliendo detrás de ellos.*) ¿Se estará
quedando mudo?

JUAN.   ¿Y su hija?

ABUELA.   (*Que acaba de echar agua en una palangana
que ha colocado encima de una silla.*) Ya tie [259] el billete. Compréndela, lo hace por el bien de todos.
(JUAN *se refresca varias veces el cogote.*) En esta casa
hace falta dinero: Hay niños. ¿Es que no lo com-
prendes? A tu hija...

JUAN.   (*Irguiéndose.*) ¿Qué pasa con mi hija?

ABUELA.   Han empezao a mirarla con ojos de deseo.

JUAN.   (*Violento.*) ¿Quién la mira así?

ABUELA.   ¿Qué más da quién...? Los hombres. Tú mismo si no fuera hija tuya. ¡Y es mala compañera el
hambre, Juan! Pero ¿y tú? ¿Es que no te fijas en ti?
Estás criando mala sangre. Y ya no es fácil estar a tu
lao [260]. (JUAN *se seca el cogote con una toalla.*) Cuando
la Lola se fue al Rastro a comprar la camisa, ¿cómo
iba? Tampoco te fijaste. Claro: ya estás hecho a verla
sacrificá; aquí se ha hecho costumbre la miseria [261].
¡Sin una lágrima, Juan! ¡Sin una lágrima se fue a
comprar la camisa! [262]. ¡Te juro que nunca la vi tan
dura! En mis tiempos, cuando ocurrían cosas así, llo-
riqueábamos un poco y muchas de las penas se nos

---

[258] 'bote': (darse el bote) irse, largarse.
[259] En B: 'tié'.
[260] En B: «Y ya no es fácil el estar a tu lao.»
[261] B y C cambian la puntuación repitiendo los dos puntos.
[262] En B y C: «¡Sin una lágrima fue a comprar la camisa!»

212

ahogaban en las tazas de tila. Hoy el tiempo no tie
alma, no admite tangos [263]. O luchas o te acogotan [264].
Yo, te digo mi verdá, preferiría que te marcharas tú
y no la Lola; pero tampoco hay que hacer aspavientos
porque sea ella la que agarre el tren. (*Pausa.*) La acom-
pañarás a la estación, ¿verdá? Su mayor alegría hubiera sío que esa camisa que está tendía [265] ahí fuera no
se hubiera desgastao tan inútilmente. Cada vez que la
lavaba, cada vez que la planchaba ¡a mordiscos se
destrozaba los labios! Y sin darse cuenta — ¡tuve
miedo, hijo!— repetía las palabras que, según tú, te
daba el secretario del patrón: «!Discúlpele! Tenga
usté la amabilidá de volver otro día [266]. ¡Hoy está
muy ocupao...!» Juan: ¡no la hagas sufrir más!

(*Fuera se enciende el farol.*)

JUAN.   Si yo me fuera, abuela, sería un fracaso. Y yo
no he fracasao [267]; ¡le juro que yo no he fracasao!
Y si ella se va...

(*Pausa.*)

ABUELA.   Volverá. Juan.
JUAN.   Claro que volverá. ¡Pero porque yo me quedo
aquí! [268]. (*Va hacia la puerta y sale de la chabola. Hace
un instante que el* TÍO MARAVILLAS *ha entrado por
el fondo izquierda, vestido de riguroso luto, derrota-
do. Va a pasar de largo, sin ver a* JUAN. *Este le saluda.*)
Buenas noches, tío Maravillas.
TÍO MARAVILLAS.   (*Se para y se vuelve hacia* JUAN. *En*

---

[263] En A: 'tongos'.
[264] 'acógotar': «matar» (literalmente, matar de un golpe en el
cogote).
[265] En B y C: 'tendida'.
[266] En B: 'amabilidad'.
[267] B presenta dos puntos en lugar de punto y coma.
[268] En D: «Pero, ¡porque yo...»

tono grave, sentencioso, anormal, le dice.) Malas y solas, Juan. ¡Malas y solas!

JUAN. ¿Le apetece un vasito?

TÍO MARAVILLAS. *(Grotesco y extraño.)* ¡Le apetece un vasito!... ¡Siempre lo mismo!

JUAN. ¿Y los globitos? Ya no...

TÍO MARAVILLAS. Ya no ¿qué? [269]. *(Ausente.)* El arco iris [270] es pura filfa [271]. ¡No existe!

JUAN. ¿Qué dice usté?

TÍO MARAVILLAS. ¡Soy un estafaor, Juan! ¡He estafao a tos los chavales del barrio!... ¿Te has fijao en la mirá de un chavea cuando descubre por primera vez los globos? ¡Impresionante, Juan! Miran preñaos de fe los mocosos, como si en este puñetero mundo to estuviera bien hecho. Les bulle la alegría en los ojos y te hacen creer que... ¡la madre que los parió! *(Ríe, nervioso, desquiciado.)* ¡Un estafador! ¡Soy un estafador!

ABUELA. *(Que ha salido de la chabola, atraída por la risa del* TÍO MARAVILLAS.*)* ¿Se encuentra usté mal? ¿Necesita algo?

TÍO MARAVILLAS. Asesinar los globos, abuela. ¡Asesinarlos!

ABUELA. Acompáñalo, Juan. Llévalo a casa.

TÍO MARAVILLAS. ¿Qué dice, abuela? [272]. ¿A qué casa? ¿Dónde está la casa?

JUAN. *(Cogiéndolo.)* Ande, vamos a dar una vuelta los dos.

TÍO MARAVILLAS. *(Grotesco.)* Una vuelta, dos vueltas, ¡y vengan vueltas! *(Ríe amargo.)* Y alrededor ¿de

---

[269] En B: «¿Ya no qué?»

[270] En B: 'arco-iris'.

[271] 'filfa': «engaño» (Seco, *op. cit.,* pág. 374).

[272] Mantenemos el trato 'de usted' propio de personas mayores que tienen poca confianza entre sí, como nos parece el caso presente, y que aparece (quizá por errata) sólo en D, aunque Lauro Olmo utilice la misma fórmula siempre en el trato yerno-suegra, como era corriente en la época en el habla popular urbana.

214

dónde?... [273]. (*Señalando el suelo.*) ¿Alrededor de aquí?
JUAN.   Vamos, le acompaño a donde usté quiera.
Tío MARAVILLAS.   Al mismo sitio, hermano. Pero quieto, quietecito, ¿o acaso crees que ahora estamos paraos? Los pies no dejan de caminar. Siéntate y es igual. Túmbate y es igual. Lo demás son globitos. (*Pregonando.*) ¡Pal nene! ¡Pa la nena! ¡Pal filósofo también! (*Cambiando de tono.*) No existe, ¡el arco iris [274] es pura filfa! (*Yéndose con* JUAN *por el lateral derecha.*) Todos los globos [275] son negros. ¡Negros! ¡Negros!

(*La* ABUELA, *que los ha seguido hasta el centro de la calle, mira cómo desaparecen y se vuelve. La* SEÑORA BALBINA, *que se ha asomado al corredor atraída por las voces, le pregunta.*)

BALBINA.   ¿Pasa algo, abuela?
ABUELA.   Na, el tío Maravillas. Lo van a tener que atar. Al pobre hombre se le ha metío en la sesera que tos los globitos están de luto. ¡No creas que la ocurrencia!
BALBINA.   La muerte de la Julia lo ha trastornao.
ABUELA.   Pero, mujer, ¡si la Julia llevaba años siendo un cadáver!
BALBINA.   Sí, pero un cadáver vivo, abuela. ¡Y eso tira lo suyo! ¿Y la Lola? ¿Con la maleta hecha ya?
ABUELA.   Toavía [276] no; pero poco tie que meter. Tengo que subir a ver a la María. ¿Cómo sigue?
BALBINA.   Parece que mejor. ¡También el Ricardo...!
ABUELA.   Tos, Balbina, tos [277]. A veces me dan miedo. No me gusta ver a los hombres así. Empiezan con las

---

[273] En B: «¿Y alrededor de dónde?»
[274] En B (de nuevo): 'arco-iris'.
[275] En B: 'globitos'.
[276] En B: 'todavía'.
[277] En B: 'tós' (e insiste:) 'tós'.

broncas caseras y nunca se sabe dónde pueden acabar[278]. ¿De cuántos meses estaba la María?

BALBINA.   Andaba en el segundo.

ABUELA.   En fin, un alcohólico menos.

*(Camina hacia la puerta de la chabola. Al lado de
la camisa tendida se para.)*

BALBINA.   Ella estaba muy ilusioná.

ABUELA.   No me lo explico. Si yo estuviera en edá[279]
de parir... ¡Que no, vamos! ¡Que yo no traía un
hijo a este barrio!

BALBINA.   Eso lo dice usté porque ya está chocha. ¡Que
se le levantaran los pechos y veríamos! Además, la
Lola, qué: ¿es de trapo?

ABUELA.   Eran otros tiempos, Balbina.

BALBINA.   Claro, los de su juventud[280]. ¡Y con qué aire
debieron sonarla a usté los tacones!

ABUELA.   *(Fijándose en la camisa y tocándola.)* Pero
¿qué le ha pasao a esta camisa? ¡Vaya un desgarrón!

BALBINA.   ¡Qué barbaridá! [881]. ¡Condenaos críos! ¡Es
pa matarlos!

ABUELA.   Por un lao han hecho bien. Entre lavaos,
planchaos y zurcíos llevaba lo suyo la pobre. En fin,
dos trapos de cocina saldrán.

BALBINA.   Cuando vivía mi marido, una de las camisas
que le compré le duró cinco años. Y no crea usté que
se la puso pocas veces. Él decía que era como su
propia piel. Cuando se la cosía exclamaba: «Anesté-
siala bien, no me vayas a hacer daño! »

ABUELA.   ¡Anda y que no eres exagerá! Según tú *(Señala la camisa.)*, a ésta hay que enterrarla, ¿no?

---

278   En B: «... y nunca sabes...»
279   En B: 'edad'.
280   En B: 'juventud'.
281   En B: 'barbaridad'.

216

BALBINA. No se lo tome a chunga [282]. Yo le digo a usté que las ropas del pobre se humanizan.

ABUELA. ¡No me hagas llorar, Balbina! ¿Quieres que le coloque cuatro cirios a ésta *(Señala otra vez la camisa.)* [283] y comenzamos el velatorio?

BALBINA. Chunguéese, que no le vale. ¡Ni que una no estuviese enterá de la historieta del cuello duro! Huele eso a romántico que apesta. Mire usté, abuela: las sábanas de mi noche de bodas están más vivas que yo. ¡Y han bregao lo suyo, eh! Cuando me quedé sola las retiré a descansar y sólo las espabilo en algún aniversario. Y to hay que decirlo: ¡Alguna lagrimita me sacan las condenás! Y es que he pasao muy buenos ratos encima de ellas.

ABUELA. ¡Y malos, Balbina!

BALBINA. Pues sí señora, ¡y malos! ¡Como que la vida da y exige! Bueno, a otra cosa. Le he hecho unas empanadillas a la Lola pa que se las coma a mi salú en el viaje. Luego se las bajo. Son de carne picá. ¿Cree usté que le gustarán?

ABUELA. Como gustarle, sí. Lo que pasa es que la van a pillar el estómago desacostumbrao. A mí la carne me da hipo; pero se me quita al ver el precio [284].

BALBINA. *(Riéndose.)* ¡Qué cosas tiene! Las he hecho con carne picá del supermercao. O qué se ha figurao usté: ¿qué soy don Carlos March?

ABUELA. Don Juan [285], Balbina. Don Juan. *(Husmeando.)* ¿Se quema algo?

---

[282] 'chunga': «burla» (Seco, *op. cit.,* pág. 333).

[283] En B: «*(Señala la camisa.)*» La corrección debe ser causada por la repetición de la misma acotación.

[284] En B: 'desacostumbrado'. Nótese la alusión a la formula 'quitar el hipo' por «asombrar».

[285] Millonario español de origen humilde que puso su fortuna al servicio de la causa franquista en la Guerra Civil (de ahí la broma). Hoy existe una Fundación Juan March en Madrid que contiene una excelente biblioteca de teatro español publicado e inédito. Nótese la ironía de la confusión establecida por Balbina entre los nombres de Carlos Marx y Juan March.

BALBINA. *(Metiéndose apresuradamente, exclama.)* ¡La leche!

(La ABUELA *inspecciona un poco la camisa. De la tasca sale el tabernero.)*

SEÑOR PACO. ¡Mala está la prenda!

ABUELA. *(Dejando la camisa.)* ¡Mala, pero muy honrá!

SEÑOR PACO. ¿Hay quien lo dude?

ABUELA. Por si acaso.

SEÑOR PACO. Usté no me tie [286] mucha ley [287], ¿eh, abuela? [288].

ABUELA. Si usted lo dice...

SEÑOR PACO. No lo digo, ¡lo palpo! ¿Y por qué?, me pregunto. *(La* ABUELA *se le queda mirando.)* Uno está sembrao de buenas intenciones. ¿Se va la Lola, no? [289]. *(La* ABUELA *sigue mirándole sin contestar.)* Pue que tenga suerte y pue [290] que no. Ya sabrá usté que la cosa por allá anda un poco achuchaílla [291]. ¿Lo sabe o no? *(Pausa.)* El Juan no trabaja, y una chapuza de vez en cuando [292] no es solución. Mi señora apenas pue [293] con su cuerpo, y he pensao que si Lolita... *(La* ABUELA *se da la vuelta y va a entrar en la chabola.)* Escúcheme, abuela. *(La* ABUELA *entra y él la sigue hasta la puerta.)* ¡Podría ser la solución...! *(La* ABUELA *le corta de un portazo. Él, rabioso, desfoga despectivo.)* ¡Muerto de hambre! *(Hace unos instantes* JUAN *ha entrado por el lateral derecho [294] y ha oído la exclamación. Seguro, firme, se dirige hacia el* SE-

---

[286] En B: 'tiene'.
[287] 'ley': «cariño» (Seco, *op. cit.*, pág. 410).
[288] Mantenemos la fórmula dialectal que sólo aparece en B.
[289] En B: «¿Se va Lola, no?»
[290] En B: «pué» (bis).
[291] 'achuchado, a': «Difícil o peliagudo: 'La vida está muy achuchada'» (Moliner).
[292] En D: «... de cuando en cuando».
[293] En B: 'Pué.'
[294] La corrección, 'derecho', es nuestra. *(Nota del editor.)*

ÑOR PACO, *que está de espaldas. El tabernero, al volverse, lo descubre y, un poco nervioso, le dice.)* ¿Te has enterao de lo del Ricardo? ¡Ese muerto de hambre...! De una paliza le ha provocado un aborto a la María. *(Gritando hacia los corredores.)* ¡Muertos de hambre! [295].

(JUAN, que trae las manos en los bolsillos, las saca. El tabernero cree que el movimiento es para pegarle y, de modo instintivo, se echa para atrás. JUAN, fríamente, le dice:)

JUAN. ¡Muertos de hambre! *(Agarrándole de las solapas y como escupiéndole.)* ¡Pero usté está muerto de miedo! [296]. *(Lo echa hacia la taberna. El SEÑOR PACO hace intención de revolverse. Pero termina metiéndose rápidamente en la taberna. JUAN llama en la puerta de la chabola.)* Soy Juan, abuela. *(La ABUELA abre. JUAN, entrando.)* ¿Qué ha pasao?

ABUELA. Lo de siempre, hijo. ¡Que a perro flaco...!

JUAN. ¿Qué quería ése?

ABUELA. Na: Se me ha puesto a tiro y le he soltao tres frescas [297], eso es to.

JUAN. ¿Es que la ha insultao?... ¡Diga!

ABUELA. Es que es un tipo que me asquea y delante de él se me va la lengua.

JUAN. ¡Maldito acoso! [298]. Un día...

ABUELA. ¡Cálmate, hijo! Ya no puede tardar la Lola, y no quiero que te vea alterao. *(JUAN se sienta. Los*

---

[295] El plural (en todas las ediciones aparece 'muerto') es nuestro. *(Nota del editor.)*

[296] En D: «Pero ¡usté está muerto de miedo!» Es interesante señalar el trasfondo político (desde luego optimista y militante, casi triunfalista) de la frase.

[297] 'Fresca': «Expresión resuelta y algo desagradable que se dice a uno. *Decir una* FRESCA.» *(D. R. A. E.)*

[298] Nótese cómo Juan se refiere a su situación, como parte de un grupo social deprimido, acosado por el poder y la miseria, como una res que se puede violentar y derribar.

codos sobre las rodillas, entrelazadas las manos y la mirada fija en el suelo. La ABUELA *acaba de colocar en una caja de cartón comida para* LOLA.) Le he puesto una buena tortilla de patatas, unos trocitos de pescao frito, pan y manzanas. Pal primer día tiene. Luego ya comprará ella algo. ¿No te parece? *(Pausa.)* Claro que ella no es de mucho comer. Es capaz de volver de Suiza con la tortilla. *(Cambiando de tono.)* Ha sufrío mucho, Juan; si la dejas marchar sin una sonrisa tuya, la apuñalas. Me acuerdo cuando os casasteis. ¡La alegría con que salisteis de la iglesia! Lloré como una tonta. Y tú reventabas de gozo. ¡Y qué guapo estabas, condenao! *(Pausa.)* Mira, una cosa es cierta: que to el que nace, palma. Tú, la Lola... No hay cristo que se escabulla de la gran arruga final. Sabiendo esto, ¿vas a consentir que la Lola se vaya de mala manera? Lee los periódicos. Tos [299] los días pasa algo. Si a mí se me hubiera ocurrío [300] pensar que al final de mi Anselmo había cadáver, algunos de los recuerdos que me mordisquean el alma no existirían. Y vamos, la vida que estáis llevando la Lola y tú no es como pa que les deis pie a los posibles remordimientos. *(Pausa.)* Qué, ¿voy a por el queso? *(Pausa.)* Juanillo, hijo; ella se va un poco asustá. ¿Te crees que si no fuera por el Agustinillo y la niña...? ¡Y por ti, muchacho! ¡Y por ti! Teme que un día explotes, que se te revienten las venas y salpiques de sangre. Ella busca la paz.

JUAN. *(Irguiéndose.)* ¿Y yo qué busco, abuela?

ABUELA. Pero, hijo, la paz puede estar en tos laos [301].

JUAN. Sí. Pero, pa nosotros, primero debe estar aquí.

ABUELA. Bueno, ¿voy a por el queso o no?

JUAN. Haga lo que usté quiera.

---

[299] En B: 'todos'.
[300] En B: 'ocurrido'.
[301] En B: «... en tos los laos». Nótese que la forma 'tos' no lleva acento aquí.

(Por el fondo de la calle aparecen Nacho *y* Agustinillo, *saltando a pídola* [302]. *Detrás de ellos viene* Lolita. Agustinillo *se agacha y* Nacho, *al saltar, exclama.)*

Nacho. ¡Media con lique! [303]. *(Le da un buen lique en el trasero.* Agustinillo *se incorpora llevándose una mano a la parte dolorida. Con* Nacho *agachado, salta a su vez y le pega un fuerte golpe con el pie.* Nacho *se medio incorpora llevándose las dos manos al trasero y exclamando.)* ¡Tu padre!

Lolita. ¡Qué brutos sois!

Nacho. ¡Me ha baldao!

Agustinillo. Y tú, ¿qué?

Lolita. Los chicos sois unos bestias.

Agustinillo. Qué quieres, ¿que juguemos a las comiditas?

Nacho. Venga, ¡agáchate, que me toca!

Agustinillo. ¡Se va a agachar tu...!

Nacho. *(Enfrentándose con él.)* Mi ¿qué?... [304].

Agustinillo. *(Dándose la vuelta con desplante.)* ¡Olvídame!

Lolita. Déjalo, Nacho.

Agustinillo. Oye, niña, ¿por qué no te las das?

Nacho. Te estás volviendo muy farruco tú.

Agustinillo. ¡Porque se puede, cuñao!

Nacho. *(A* Lolita.*)* ¿Le sacudo? *(A* Agustinillo.*)* ¡Un día te apago los humos, chaval!

Agustinillo. ¡Le echas tú muy mal carbón a la vida pa que no te humé!

Lolita. Ni caso, Nacho. ¡Es un tonto!

Agustinillo. *(Burlón y afeminado.)* ¡Ay, mira tú!

---

[302] «Juego de muchachos que consiste en saltar por encima de uno encorvado.» *(D. R. A. E.)*

[303] 'lique': puntapié que se dan los niños en algunos juegos.

[304] En B: «¿Mi qué?»

221

¡Lo dijo la Blasa y to dios pa casa! *(Viril.)* ¡Amos [305], chicas!

(*Sale la* ABUELA *de la chabola y exclama, dirigiéndose a* LOLITA.)

ABUELA.   Nena. *(Le alarga dinero.)* Toma y dile al Casimiro que te dé la mitá de cuarto de queso manchego. Hala, espabila. *(La* ABUELA *se mete de nuevo en la chabola.* LOLITA, *que ya está a punto de salir por el fondo, se vuelve y pregunta, dirigiéndose a* NACHO.)

LOLITA.   ¿Me acompañáis?

NACHO.   Yo voy.

(*Intenta salir, pero* AGUSTINILLO *lo sujeta y le echa hacia atrás.*)

AGUSTINILLO.   Vete solita, guapa. ¡Qué pelma! Deja un ratito a los hombres solos, ¿quieres?

NACHO.   *(Yendo nuevamente hacia ella.)* Yo te acompaño.

AGUSTINILLO.   *(Enfrentándose con* NACHO.) Si vas tú, voy yo.

NACHO.   ¡Maldita sea! *(Amenazador.)* ¡Pero...! *(Definitivo.)* ¡Es mi novia!

AGUSTINILLO.   *(Definitivo también.)* ¡Es mi hermana!

NACHO.   Y ¿qué? [306].

AGUSTINILLO.   ¿Qué? ¡Que las manitas, supervisás por mi menda, tocón! ¡Que eres un tocón!

NACHO.   ¿Que yo...?

AGUSTINILLO.   ¡No, yo! ¡Que no vendo los iguales [307],

---

[305] Aféresis de la 'v' («vamos») muy corriente en el castellano vulgar.

[306] En B: «¿Y qué?»

[307] «Vender iguales» es el trabajo que hacen los ciegos. Se trata de unos cupones de lotería local, que desde 1983 es un sorteo nacional, organizado por la O. N. C. E. Por extensión: «ciego».

222

chalao! Y ahora me explico por qué me sacudes los liques con tan mala uva. (*Empujando a* LOLITA *hacia la salida.*) Venga, tira, que está esperando el Casimiro.

LOLITA. (*Saliendo.*) ¡Vaya hermanito!

AGUSTINILLO. (*Abrazando, guasón, a* NACHO.) ¡Me adora, Nacho! ¿Y tú?

NACHO. (*Echándole hacia fuera.*) ¡Tira pa lante, so vaina! [308].

(*En la chabola.*)

ABUELA. (*A* JUAN.) Se le está echando el tiempo encima. ¿Por dónde andará? (*A* JUAN, *que se levanta y camina hacia la puerta.*) ¿Te vas? (*Trata de detenerle*) [309]. ¡Escucha, Juan! ¡No te vayas! ¡La Lola...! (*A* JUAN, *que sale.*) ¡Juan, hijo...! (*Sola.*) ¡Qué vida ésta!

(JUAN *se dirige hacia el fondo de la calle. Cuando va a salir por la derecha, aparece* LUIS, *que viene corriendo, y le dice en tono entusiasta.*)

LUIS. ¡Catorce resultaos el Lolo! (*Yendo hasta la puerta de la taberna, vocea.*) ¡Señor Paco! (*Vuelve hacia* JUAN *y recalca.*) ¡Y sólo tres máximos acertantes! (*Al ver que* JUAN *desaparece, sin hacerle caso, vuelve hacia la tasca murmurando.*) ¡Ni caso! ¡Vaya un tío! (*Hacia el interior de la tasca.*) ¡Señor Paco!

SEÑOR PACO. Pero ¿qué pasa? [310].

LUIS. ¡La intemerata, señor Paco! ¡El Lolo se nos ha pasao al otro bando!

SEÑOR PACO. ¿Qué dices?

LUIS. Na: ¡solomillo tos los días! [311]. ¡Cuarto de baño!

---

[308] 'vaina': «imbécil» (Carandell, *op. cit.*, pág. 173), aunque también se utiliza (éste parece el caso) como «descarado».

[309] En B: «(*Tratando de detenerle.*)»

[310] En B: «¿Pero qué pasa?»

[311] En D: «Na. ¡Solomillo tos los días!»

¡Calefacción! ¡Gachises con ropa interior d'esa que da repeluznos! Pero, sobre toas las cosas, ¡el respeto del patrón! Qué, ¿no es na un boletito con catorce aciertos?

SEÑOR PACO. ¿Catorce? Pero ¿cuántos...? [312].

LUIS. ¡Sólo tres! ¡Tres máximos acertantes! Mire usté, señor Paco: el día que yo chute y marque los catorce tantos que se ha marcao el Lolo, agarro a la parienta y a los cinco chaveas y me largo a Málaga [313]. *(Estirando los brazos, desperezándose.)* ¡Un año tumbao en la arena y a la orilla del mar!... [314]. Bueno, voy a seguir dando el notición.

SEÑOR PACO. Más de uno se va a cabrear.

LUIS. *(Yéndose.)* Peor pa él. ¡Que se pudra, si es su gusto! Hasta lueguito. *(Saliendo por el fondo izquierda.)* ¡El Lolo es millonario!

(El tabernero se queda quieto, con la mirada fija en el lateral por el que acaba de salir LUIS. Por el fondo de la calle, con una maleta de segunda mano, aparece LOLA. Al pasar por delante del SEÑOR PACO se para y parece que le va a decir algo. Luego, muda, sigue hacia la chabola. El tabernero se mete en la tasca.)

LOLA. *(Entrando en la chabola.)* Hola, madre... ¿Y Juan?

ABUELA. No sé, hija. Supongo que estará al llegar.

LOLA. He recorrío medio Madrid pa encontrar esta maleta.

(Deja la maleta sobre la mesa. La ABUELA la abre.)

ABUELA. *(Inspeccionándola.)* No es muy allá.

---

[312] En B: «¿Pero cuántos?»
[313] En esta frase B coloca mayúscula tras los dos puntos.
[314] Nos quedamos con la 'orillita' de B que (contra A, C y D) nos parece dramática y estilísticamente más eficaz.

LOLA.   No había pa más. Pero, ¿no ha estao[315] aquí
    después de irme yo?
ABUELA.   *(Yendo por un trapo.)* Habrá que limpiarla
    un poco.

(Vuelve con el trapo y se pone a limpiar la maleta.)

LOLA.   Este hombre me va a dejar ir más amargá de lo
    que estoy. ¿Cuándo se marchó?
ABUELA.   Al poco rato de irte tú.
LOLA.   Y ¿no dijo dónde iba?[316].
ABUELA.   ¿Es que dice algo alguna vez?
LOLA.   Estoy tentá de quedarme[317]. ¡Me da miedo de-
    jarle así! *(Repentina.)* Madre: ¡escríbame tos los días,
    se lo ruego! Cuénteme lo que hace Juan, lo que ha-
    cen los niños. ¡Y cuídemelos mucho, madre!
ABUELA.   Cuidarlos, sí. Pero en cuanto a escribirte...
    ¿Sabes cuánto vale un sello pa ese país? ¡Un duro!
    ¡Veinte reales, hija!
LOLA.   Del primer dinero que envíe reserve usté pa las
    cartas. *(Suplicante.)* ¡Que no me falten! ¡Las nece-
    sito!
ABUELA.   *(Cambiando.)* Bueno, que el tiempo apremia.
LOLA.   Hay de sobra, no me atosigue[318].
ABUELA.   Las gentes de hoy tenéis una cachaza[319] pa
    eso de los trenes... ¡No me explico cómo no los per-
    déis! La comida te la he colocao en esta caja. He
    mandao a la niña por mitá de cuarto de queso...
LOLA.   ¡Le dije que no gastase un céntimo más en
    mí![320].
ABUELA.   Hija, ¡que no es a Cuenca donde te vas!
LOLA.   Llevo comida de sobra. Qué quiere, ¿que la

---

315 En C: 'estado'.
316 En B: «¿Y no dijo...»
317 Seguimos la puntuación de B, contra los dos puntos de A y D.
318 'atosigar': «asediar, importunar» (Seco, *op. cit.,* pág. 292).
319 'cachaza': «calma, sangre fría» (Seco, *op. cit.,* pág. 310).
320 En B: «Le he dicho que no gastase...»

tire por la ventanilla? Hoy el extranjero está a un paso.

ABUELA. *(Un poco dolida.)* ¡No me regañes ahora!

LOLA. ¡Estoy desesperá! ¡No es posible que Juan me haga esto!

ABUELA. Ya verás cómo llega de un momento a otro. Él es bueno.

LOLA. Pero está desquiciao. No está en sí, madre.

ABUELA. Vendrá. El dolor le traerá. Anda, tranquilízate. *(Pausa.)* Te cenas unos trocitos de pescao, algo de queso y una manzana. Lo que no te he comprao ha sío vino. Iré por medio litro, ¿quieres?

LOLA. *(Va hacia el armario y lo abre.)* Con una botella de agua suficiente.

(BALBINA *sale de la casa de los corredores y avanza hacia la chabola. Trae un pequeño paquete.*)

ABUELA. ¡Agua de Lozoya! La vas a echar de menos, hija. Dicen que es la mejor del mundo. Y yo creo que no exageran.

BALBINA. *(En la puerta.)* ¿Se pue [321] entrar? *(Dentro.)* Lola, aquí te traigo unas empanadillas que me han salío de rechupete. Cómetelas cuando pases la frontera: ¡verás cómo lloras!

ABUELA. *(Chungona.)* ¡Ni que fueras la cocinera de algún pez gordo!

LOLA. *(A* BALBINA.*)* Muchas gracias por to, señora Balbina. Es usté muy buena.

BALBINA. Corrientita, hija. Lo poco que sé de bondad [322] me lo han enseñao otras. Y te advierto que, como discípula, no soy muy aventajá. Y cambiemos el disco, que unas empanadillas no dan pa tanto.

LOLA. Bien sabe usté que no se lo digo sólo por eso.

BALBINA. ¿A que la que llora soy yo?

---

[321] En B: 'puede'.
[322] En B (sorprendentemente): 'bondá'.

ABUELA.   Pues era lo único que nos faltaba.

BALBINA.   ¿Es que pasa algo? (*A* LOLA.) ¡Alegra esa cara, mujer! ¡Que el mundo se ha quedao sin distancias! Ya el único viaje largo es el último.

ABUELA.   ¿Cuál, Balbina?

BALBINA.   Ese en que se crían malvas. No hay ninguno como él. Y ¿sabe usté por qué [323]. ¡Porque no admite empanadillas!

ABUELA.   Pues sí que vienes tú hoy...

LOLA.   ¡Cállense! ¡Por lo que más quieran!

BALBINA.   (*Acercándose a la* ABUELA.) ¿Qué sucede?

ABUELA.   Juan. Teme que no venga a despedirla.

BALBINA.   No le conocéis. Ese es de ley [324]. (*A* LOLA.) Puedes hacer la maleta tranquila.

(*Por el fondo derecha entran* LOLITA, NACHO, *y* AGUSTINILLO. *La siguiente escena se desarrolla simultáneamente entre éstos y las que están en la chabola haciendo la suya.*)

LOLITA.   (*Entrando, a* NACHO.) A la abuela le eres simpático.

NACHO.   (*Rápido.*) Sí, pero a tu madre... [325].

BALBINA.   Las dos manos en el fuego pongo yo por tu marido.

AGUSTINILLO.   A nuestra madre también, chalao. Lo que pasa es lo que pasa.

BALBINA.   Teme más bien que cuando te dé el abrazo de despedida no te suelte.

LOLA.   Pero, ¿qué hace, señora Balbina? ¿Dónde está?

AGUSTINILLO.   (*A* NACHO, *empujándole hacia la chabola.*) ¡Venga, entra!

NACHO.   ¡No, no!

---

[323] En B: «¿Y sabe usted...» En D: «¿Y sabe usté...»

[324] 'Ser de ley', como el 'oro de ley' indica ser verdadero. También se usa como en la quinta aceptación del *D. R. A. E.:* Tener «lealtad, fidelidad, amor».

[325] En B y C: «Sí, pero tu madre...»

BALBINA.   Andará callejeando.

NACHO.   Yo espero a que se lo digáis.

BALBINA.   Quitándole tiempo a la despedida pa no hacerla insufrible.

LOLA.   Eso es cruel.

LOLITA.   Pero no te vayas, ¿eh?

BALBINA.   Sí, mujer. Pero ninguno de los dos tenéis la culpa.

AGUSTINILLO.   ¡Que se va a ir! ¡Menudo lagartón! [326].

LOLITA.   (*Entrando en la chabola.*) Hola, señora Balbina.

ABUELA.   (*Cogiendo el paquetito de queso que le alarga* LOLITA.) ¿Es mitá de cuarto?

AGUSTINILLO.   Sí, abuela. Esta vez no se ha comío [327] na.

LOLITA.   Madre... (LOLA, *que anda en el armario, del cual ha ido sacando prendas y dejándolas encima de una silla que está al lado de la maleta, se queda mirando a su hija.*) Madre... Fuera está Nacho.

LOLA.   ¿Qué quiere?

LOLITA.   Dice que le gustaría despedirse de ti. ¿Le dejas entrar?

LOLA.   Sí, hija. Dile que entre.

(*Le dice esto después de mirarla un instante, comprensivamente.*)

LOLITA.   (*Rápida, va alegremente a la entrada y exclama, dirigiéndose a* NACHO.) ¡Ha dicho que sí! ¡Pasa, Nacho! ¡Que sí!

(NACHO, *indeciso, no entra.* AGUSTINILLO, *empujándole, le obliga.*)

AGUSTINILLO.   (*Chungón, a* NACHO.) ¡Venga!

---

[326] 'lagartón': (de 'lagarto'): taimado (Seco, *op. cit.,* pág. 407). Aquí es sustantivo.

[327] En B: 'comido'.

NACHO. *(Ya dentro de la chabola.)* Buenas tardes, señora Lola.
ABUELA. Y a los demás, ¿qué?
NACHO. Dispensen. Es que estoy un poco... *(Desde la
puerta,* LOLITA *le empuja hacia su madre.* NACHO, *al
lado de* LOLA.*)* ¡Que tenga usté un viaje bueno, señora Lola!

(Le alarga la mano.)

LOLA. *(Estrechándole la mano y acariciándole la bar-
billa.)* Gracias, hijo.
NACHO. *(Alegre, pero tímido.)* ¡Y suerte, señora Lola!
¡Mucha suerte!

(Mientras se ha desarrollado esta escena, la ABUELA
le ha dicho algo al oído a AGUSTINILLO. *Este hace
señas a* LOLITA *para que le siga. Salen. Detrás de
ellos, impresionado por la acogida de* LOLA, *sale*
NACHO.)*

AGUSTINILLO. *(En el solar.)* Hay que buscar a padre.
Cada uno iremos por un lao.
LOLITA. *(Rápida.)* ¡Yo me iré con Nacho!
AGUSTINILLO. No tú...
NACHO. *(Cortando.)* ¡No va a ir sola a estas horas!
AGUSTINILLO. *(Después de mirarlos un poquito.)* Está
bien, pero... *(Viéndolos salir por el fondo derecha.)*
¡Cuidadito!, ¿eh?

(Sale por el lateral derecha. NACHO *y* LOLITA *se
han ido, cogidos de la mano y riéndose.)*

BALBINA. *(A* LOLA.*)* Te deseo todo el bien de este
mundo, Lolilla. ¡Eres una gran mujer! *(*LOLA *está
preparando la maleta.)* Y ya le he dicho a la abuela
que yo como si fueras tú [328]. ¡Te juro que me siento

---

[328] En B: «... que yo como si fuera tú...».

mu [329] honrá ayudándote en to lo que pueda! *(En un arranque, conmovida.)* ¡Si yo fuera rica...!

LOLA.   Lo es usté, señora Balbina. Tie [330] usté mucho corazón.

BALBINA.   Con corazón sólo no vale una más que pa la casquería, muchacha. ¡Y alegra un poquito esa cara, leñe!

(Por el fondo derecha de la calle, ensimismado, aparece JUAN.*)*

LOLA.   ¡Cuánto le debemos, señora Balbina! [331].

BALBINA.   No seas boba, criatura. En cierta forma yo os cobro un gran precio: el de sentirme hermaná con vosotros.

(Entra JUAN *en la chabola. Las tres mujeres le miran. Al fin,* LOLA, *exclama.)*

LOLA.   ¡Hola, Juan!

*(*JUAN *no contesta.* BALBINA, *intencionadamente, le dice a la* ABUELA.*)*

BALBINA.   Entonces, sube usté un momentito a verla, ¿no? [332].

ABUELA.   *(Pescando la intención.)* ¡Sí! [333]. ¡Claro! *(Siguiendo a* BALBINA *hacia la salida.)* ¡Pobre María! Y ¿dices que está fuera de peligro? [334].

BALBINA.   *(Ya en el solar.)* Eso me parece a mí. Pero yo no soy el doctor Tortosa, que es al que habrá que avisar.

---

[329] B suprime 'mu'.
[330] En B: 'tié'.
[331] En B: « ¡Cuánto la debemos, señora Balbina!»
[332] En B: «Entonces, ¿sube usté...»
[333] En B: « ¡Claro!, ¡Claro!»
[334] En B: «¿Y dices que está...»

ABUELA. *(Siguiendo a* BALBINA, *que se dirige hacia la casa de los corredores.)* Pero ¿tienen pa pagarle?[335].

BALBINA.   Si no pueden pagarle es igual; ése es un médico de verdá.

(Entran en casa.)

LOLA.   Creí que no venías, Juan. (JUAN, *mudo, se sienta.)* Ya me queda muy poco tiempo. Dime algo, ¡te lo ruego! *(Le muestra un vestido de colores vivos, alegres. Un vestido barato, ya algo pasado.)* ¿Te acuerdas?... No había nació el Agustinillo toavía. Un día, por San Isidro, me llevaste al centro y me lo compraste. ¡Un sábado fue! Por la noche fuimos a la verbena y nos gastamos to el jornal, ¿te acuerdas? Y qué disgusto me llevé cuando, a orillas del Manzanares, me ensuciaste el vestido de barro. *(Pausa.)* Ibas alegrillo, Juan. *(Por el lateral derecha entran* LOLITA *y* NACHO. *Se les ve dichosos, enamorados. Se paran un momento en medio del escenario, se miran; él la enlaza por la cintura y así se pierden por el fondo de la calle.)* Y yo no quería tumbarme. Luego te reías mucho; te duró mucho tiempo la risa. Y es que algo hizo ruido y te pregunté un poco asustá[336]: «¿Qué ruido es ese, Juan?» «¡Los peces, Lolilla! ¡Los peces!» Y eran ratas, ¡grandes como gatos! Si lo llego a saber en aquel momento me muero. (LOLA *se ha acercado por detrás a* JUAN *e, inclinándose sobre él, le ha rodeado el cuello con sus brazos. Él se yergue, rechazándola.* LOLA, *brusca, se aparta y continúa metiendo prendas en la maleta. De pronto le muestra una combinación y le pregunta.)* ¿Tampoco te dice na esto? (JUAN *no contesta.* LOLA *le muestra otra prenda íntima.)* ¿Ni esto? (JUAN *se levanta y se va hacia el fondo.* LOLA *le muestra otra prenda más.)* ¿Ni esto? (JUAN *se vuel-*

---

[335] En B: «¿Pero tienen pa pagarle?»
[336] En B: 'asustada'.

ve hacia ella. LOLA, *cogiendo otra prenda íntima, se la tira a la cara y exclama violentamente.)* ¡Ni na de esto!

(JUAN, *frenético, se lanza sobre* LOLA *y, desesperadamente, la abraza. Ella le corresponde con igual intensidad. Al fin,* JUAN, *sin desprenderse del abrazo, la lleva hasta la cama. Hecho esto, va y cierra la puerta de la chabola con llave, apaga la luz, corre la cortina que aísla la cama del resto de la chabola y se queda dentro con su mujer. Una charanga —trompeta y tambor— irrumpe por el fondo de la calle. Traído en hombros por dos vecinos, aparece* LOLO, *exclamando.)*

LOLO.   ¡Bendita sea la madre que me parió! ¡Soy millonario!

(Por el lateral derecha, de un salto, aparece AGUSTINILLO. Detrás de LOLO y los dos vecinos que le traen a hombros vienen LOLITA, NACHO y LUIS. De la taberna sale el tabernero y dos vecinos. Algunas vecinas más se suman al jolgorio) [337].

LUIS.   ¡Vivan las quinielas!
ALGUNOS.   ¡Vivan!
LOLO.   (A los que le llevan.) ¡Al suelo, machos, que no tengo acostumbrá la rabaílla! [338].
NACHO.   ¿Qué pasa con la charanga?
LOLO.   (A los de la charanga.) ¡Eh, vosotros! ¡Venga ya, so vainas! ¡Adelante con la alegría! (Los de la charanga rompen a tocar de nuevo el pasodoble con que han hecho su entrada en escena.) ¡A bailar se ha dicho!

---

[337] En B: «Alguna vecina más se suma al jolgorio.»
[338] En B: 'rabadilla'. «No estoy acostumbrado a que me lleven a hombros, ni a que me eleven y hagan tanto caso.»

232

Señor Paco. *(Bailando con una jovencita.)* ¡Viva el señor Lolo!

Todos. ¡Viva!

Agustinillo. ¡Hala, hala! ¡Que la vida es corta!

Señor Paco. ¡Viva la juventú!

Lolo. *(Mientras los demás bailan, juega al toro con* Agustinillo [339]. *Dejando de jugar.)* ¡Alto! ¡Alto los de la murga! *(Cesa el jolgorio y todos atienden.)* Venga, invito a to el barrio. A usté también, señor Paco.

Luis. Pero no en su tasca, que es un sitio muy tirao.

Lolo. ¡A la cafetería de la vuelta, macho! [340] *(Siguiendo a la charanga, todos, menos* Lolo [341] *y el* Señor Paco, *salen por el fondo izquierda. El tabernero se mete en la tasca a ultimar algo* [342]. Lolo *se acerca a la puerta de la chabola y llama, insistentemente, con los nudillos.)* ¡Juan! ¡Juanillo! ¡Lola! ¿Estáis ahí? *(Va hacia la puerta de la taberna y vocea hacia dentro.)* Señor Paco, ¿sabe si hay alguien en casa de Juan?

Señor Paco. *(Desde dentro.)* Sólo he visto salir a la abuela. La Lola tie [343] que estar dentro.

(Juan *descorre la cortina.)*

Lolo. *(Volviendo hacia la chabola.)* ¡Pues debe haber palmao! *(Dando nuevos golpes en la puerta.)* Lolilla, ¡ábrele al gachó de los millones! *(*Juan *abre. Entra* Lolo *y, abrazándole, exclama, muy alegre:)* Pero, ¿no os habéis enterao? [344]. ¡Soy...! *(Se corta al ver la maleta abierta y hecha encima de la mesa. De detrás de la cortina sale* Lola, *abrochándose la parte alta del vestido.* Lolo, *serio, le dice.)* Lola, dile al Sebas que

---

[339] En B: «... *con el* Agustinillo...».
[340] En B: 'machos'.
[341] En B: «... *el* Lolo...».
[342] En B: (de nuevo): «El Lolo...»
[343] En B: 'tié'.
[344] En B: «¿Pero no os habéis enterao?»

las cosas se me han arreglao. Dile que... ¡Que me quedo, Lola! ¡Que me quedo! *(Dándole la mano.)* Mucha suerte y buen viaje. *(La luz de la tasca se apaga. Sale el* SEÑOR PACO. *Se da de cara con* LOLO [345], *que viene de la chabola.)* ¿Viene usté [346], señor Paco?

SEÑOR PACO.   Sí, vamos.

LOLO.   *(Yéndose con el tabernero hacia el fondo.)* Con ese dinerito, ¿sabe usté?, voy a montar una pequeña cafetería.

SEÑOR PACO.   Trátame de tú, Lolo. ¡Trátame de tú!

(Desaparecen por el fondo izquierda. JUAN *y* LOLA, *al lado de la maleta ya cerrada, se miran frente a frente.* LOLA *le acaricia un brazo. La* ABUELA, *que acaba de salir de la casa de los corredores, entra en la chabola y los sorprende. Emocionada, exclama.)*

ABUELA.   ¡Benditos seáis, hijos!

JUAN.   Abuela, vaya a por los chicos, nosotros caminamos hacia el Metro.

(La ABUELA *se va por el fondo izquierda. Subrayando la escena, comienza a oírse la música con que finaliza el segundo acto.* JUAN *coge la maleta y sale de la chabola. Se para un momento ante la camisa tendida en la cuerda del solar y, después de mirarla un instante, espera a* LOLA *al lado del fondo derecha, dejando la maleta en el suelo.* LOLA, *sola en la chabola, la recorre emocionadamente con la mirada. Con lágrimas en los ojos, acaricia la mesa y la besa. Luego, dirigiéndose a todo, exclama.)*

LOLA.   De todos modos, ¡gracias!

---

[345] En B: «... el LOLO...».
[346] En B: 'usted'.

(Ya en la puerta, apaga la luz, cierra y sale. La es-
cena queda iluminada por una luz blanca, difusa,
que parece concentrarse sobre la camisa [347]. *Tam-*
bién se para ante la prenda [348]. *Pasa una mano por*
ella, como acariciándola. De pronto, de casa de MA-
RÍA *surgen, desgarradoras, las siguientes exclama-*
ciones.)

MARÍA. No puedo. *(Angustiada.)* ¡No puedo más!
RICARDO. ¡María!
MARÍA. ¡Déjame!
RICARDO. ¡María! ¿Qué vas a hacer?
MARÍA. ¡He dicho que me dejes! *(Saliendo en camisón*
al corredor.) ¡Lola! ¡Lola! ¡Sácame de aquí! *(Sale*
RICARDO. *Ella grita desesperadamente.)* ¡Sácame de
aquí! *(Sollozando, mientras* RICARDO *logra llevársela.)*
¡Sácame de aquí, Lola!

*(*LOLA *arranca deprisa y, siguiendo a* JUAN, *sale*
por el fondo derecha. Sobre la camisa, que queda
como ahorcada, cae el

TELÓN) [349].

---

[347] Esta frase desaparece en B.
[348] En B: «*También se para ante la camisa.*»
[349] En B: «*Sobre la camisa, que queda como ahorcada, cae el*
telón. // FIN DEL TERCER ACTO.»

Joven. El crepúsculo. Parece que arde.

Director. *(Enfrascándose en lo suyo y como sin darle importancia a lo que el* Joven Aspirante *le acaba de decir.)* Eso se llama arrebol, joven; y después de un día tan hermoso como el de hoy, es lógico. *(Tajante.)* Siga recogiendo telegramas [234].

Joven. *(Sin dejar de mirar hacia la ventana.)* El crepúsculo arde, señor Director.

> *(El señor* Director *mira de nuevo al* Joven Aspirante. *Este con la vista fija en la ventana, se ha quedado como abstraído. El señor* Director, *después de mirarle durante un instante, se levanta, va hacia la ventana y mira a lo lejos. El resplandor rojizo se ha acentuado un poco iluminando la cara del señor* Director. *Al fin, éste llama.)*

Director. ¡Sánchez! *(Breve pausa. Alza la voz.)* ¡Sánchez!

> *(Del techo caen más telegramas. Suena un teléfono. Nadie se mueve. Suena otro teléfono más, y otro y nadie se mueve. Ahora son los dos hombres los que, abstraídos, miran a través de la ventana. Siguen cayendo telegramas del techo, Y siguen sonando los teléfonos. Al fin, el señor* Director *va y descuelga uno.)*

El señor Director al habla.

> *(Durante algún tiempo escucha serio y haciendo signos afirmativos con la cabeza. De los otros dos teléfonos que siguen sonando, descuelga uno y se lleva el auricular al oído libre [235]. Y sigue serio, escuchando. El* Joven Aspirante *se acerca a la ventana y continúa mirando a lo lejos. Su cara se va ilumi-*

---

[234] A: «... *(Tajante.)* ¡Siga restando!»
[235] A: «... a la oreja libre».

El cuarto poder[1]

[1] En A: «*El Cuarto Poder* (Tragicomedia en 6 crónicas)». Aparece igualmente una dedicatoria, tachada por el autor, que dice: «A los trabajadores españoles que pusieron en pie en Ginebra, pusieron en pie mi obra —su obra— *La Camisa*. A los compañeros que, por sentirla, abarrotaron el teatro. A la honda emoción de aquellas dos noches en el extranjero. Al Pueblo.»

REPARTO[2]

Cada actor interpretará distintos personajes, ya que las crónicas que componen El cuarto poder *son independientes en lo que al reparto se refiere. La distribución de papeles puede ser la siguiente:*

1. VENDEDOR (1), VIEJO JUGLAR (2), CAMPESINO (5).
2. HOMBRE 1.º (1), REDACTOR (3), VENDEDOR 1.º (4), SÁNCHEZ (5).
3. HOMBRE 2.º (1). D. HUMO (2), VENDEDOR 2.º (4).
4. PELELE (2), NIÑO (4).
5. LA NIÑA (2), NIÑA (4).
6. LA ABUELA (2), MUJER (5).
7. EL JOVEN ASPIRANTE (3), MUCHACHO (5), LECTOR (1).
8. MIMO (4), TURISTA VARÓN (5), LECTOR (1).
9. EXTRAÑA MUJER (4), TURISTA HEMBRA (5).
10. D. SEVERO (2 y 5), COMPRADOR (4), LECTOR (1).
11. EL SEÑOR DIRECTOR (3), MONTIEL (5), LECTOR (1).
12. D. PUM-CRAK (2 y 5), LECTOR (1), MANIQUÍ (4).
13. HOMBRE LIMPIÓN (4), CURIOSO X (5), LECTOR (1).
14. CURIOSO 1.º (5), LECTOR (1).
15. CURIOSO 2.º (5), LECTOR (1).
16. CURIOSO 3.º (5), LECTOR (1).

---

[2] El reparto no figura en A.

PRIMERA PARTE[3]

(Mientras el telón se alza lentamente, una Voz en off *dice.)*

Voz. *(En off.)* Hubo un tiempo, en la vieja ciudad de Tontonela, en que ocurrían cosas nada comunes y dignas de figurar en las crónicas. Existía una extraña gente y era el suyo un extraño modo de convivir. Por aquel entonces ya actuaba *El cuarto poder.*

---

[3] Olmo escribió un *Pasodoble-Prólogo,* para un montaje de *El Cuarto Poder* que se iba a realizar en 1977 y que se quedó en «el aire». No figura ni en A ni en B. Dice así:

Hay fechas, hay lugares, hay sucesos;
hay, señores, mucha tela que cortar.
Tela histórica, retórica y pletórica
de signos de valor descomunal.

Si se encuentra con páginas en blanco
o «entre líneas» la historia ha de leer,
no le extrañe: son gajes de un oficio
que a veces es difícil de ejercer.

Estribillo

Por eso espectador-historiador
queremos que usted sea,
y al suceso enmarcado en su lugar
le ponga usted la fecha.

(Alzado el telón, se ve el telón corto cubierto por periódicos de todo el mundo. Algunos de éstos se verán tachados por aspas negras.)
(Por el lateral izquierda, entra el Voceador 1.º *de prensa que, con un montón de periódicos debajo del brazo, vocea.)*

Voceador 1.º   *¡El Soplo!*

(Rápido y pisándole el «pie» al primero, entra por el lateral derecha el Voceador 2.º *que, con sus periódicos debajo del brazo, también vocea.)*

Voceador 2.º   *¡El Soplo!*

(Igual, sin perder el ritmo y la rapidez de toda esta escena, entra por el patio de butacas el Voceador 3.º *que, también con su montón de periódicos debajo del brazo, pregona yendo hacia el escenario.)*

Voceador 3.º   ¡Compren *El Soplo! (Sube las escaleras y se sitúa en el escenario.)* ¡Caleidoscopio universal a escala reducida y tirado a varias tintas!
Voceador 1.º   ¡Tintas cómicas!
Voceador 2.º   ¡Tintas dramáticas!

Pues ya sabe que suele suceder
— ¡qué le voy yo a contar! —
que hay lugares en que El Cuarto Poder
no siempre es de fiar.

De las fechas elijan las que crean
que fijan los sucesos y el lugar,
que aunque en todas las partes «cuezan habas»,
habas hay de sabor muy peculiar.

Mas, ¡cuidado!, que los «tipos de imprenta»
por natura rebeldes suelen ser
y hay siempre alguna «i» bien puntuada
que es la clave que necesita usted.

(Al estribillo)

Voceador 3.º   ¡Tintas trágicas! ¡Compren *El Soplo* y
entreténganse con el batiburrillo!
Voceador 1.º   ¡De la antigua!
Voceador 2.º   ¡De la moderna!
Voceador 3.º   ¡De la futura farsa!
Voceador 1.º   *¡El Soplo!*
Voceador 2.º   *¡El Soplo!*
Voceador 3.º   *¡El Soplo!*
Los tres.   *(Al unísono.)*
            Atento el ojo y lista la pupila
         vean en la sección correspondiente
         —el campo de batalla va entre líneas—
         lectores y noticia frente a frente.

*(Hacen mutis los tres en fila india, y con las manos
en sus bocas en disposición de megáfonos, vocean
uno detrás de otro.)*

Voceador 1.º   *¡El Soplo!*
Voceador 2.º   *¡El Soplo!*
Voceador 3.º   *¡El Soplo!* [4].

(Se alza el telón corto y comienza La noticia*)* [5].

---

[4] Esta escena inicial de los voceadores no aparece en A.
[5] Olmo escribió de otra manera, que luego desechó, el inicio
de la obra:
«Al fondo de los decorados de las seis crónicas, se verá siempre
un ciclorama cubierto totalmente por periódicos de todo el mundo.
Algunos de éstos, se verán tachados por aspas negras, y siempre
en uno de los extremos del primer término del escenario, se verá
a un periodista en funciones... con un exagerado montón de cuartillas al lado. También vemos una botella de vino tinto y un vaso.
Todo sobre una mesa ya gastada y una silla igual.

1.ª Crónica: *La Noticia*

Se alza el telón y deja ver un telón corto que, al igual que el
ciclorama, está cubierto por periódicos de todo el mundo. También aquí hacen su juego las aspas de tinta negra.
En su puesto, está el periodista escribiendo. Es un hombre maduro que, a ratos, no puede ocultar un cansancio hondo, significa-

Advertencia.—Al fondo de los decorados de las seis crónicas se verá siempre un ciclorama que, al igual que el
telón corto, estará cubierto totalmente por periódicos
de todo el mundo. Algunos de éstos también estarán
tachados por aspas negras.

* * *

tivo. Pero hay una extraña fuerza en él, quizá un equilibrio moral,
que le sostiene, que pone su rebeldía siempre a punto. Viste, con
cierto desaliño, una ropa algo gastada.

Escribe durante unos instantes. Al cabo de ellos se levanta y se
dirige al público:

PERIODISTA. (Mostrando unas cuartillas escritas.) ¿Creen ustedes
que esto es fácil? Siempre hay alguien que ordena: ¡oye, tú!
¡Agarra unas cuartillas y lárgate a la esquina de la ciudad!
Y dentro de una hora: ¡aquí! ¡Con la noticia! ¿Creen que es
fácil? ¡El periodista y la noticia! Dos seres en principio nobles,
limpios. ¡Les juro que lo creo firmemente así! Pero no es lo
mismo el periodista, que fulanito de tal: ese que escribe a los
periódicos: ese para el que la noticia puede ser una vulgar
ramera. Yo, y permítanme la inmodestia, me considero periodista.»

LA NOTICIA [6]

PERSONAJES [7]

VENDEDOR.   HOMBRE 2.º
HOMBRE 1.º   LECTORES.

Época actual

   *Una valla, a la izquierda y no muy al fondo, llega hori-
zontalmente casi a la mitad del escenario. Es una valla
en la que, con grandes letras, se lee: VIVA EL... y no
se puede leer más, porque lo que sigue es ilegible debido
a que está tachado con grandes chafarrinones de pintura
negra. A la derecha de la valla, un puesto de periódicos
se halla a un paso del lateral derecha* [8].

---

   [6] En A, Olmo aclara: «No se dice qué clase de noticia. Ten-
gamos en cuenta que la noticia viene en el periódico.» Asimismo,
refiriéndose al título de esta crónica, escribe entre paréntesis:
«Algo alusivo en la valla.» Está claro que Olmo pensó varios títulos para *La Noticia.* Tachando, pero visible, se lee *El Reto.*
   [7] Los personajes y la época no aparecen en A.
   [8] En A: «Una valla, a la izquierda y no muy al fondo, llega
horizontalmente casi a la mitad del escenario. A la derecha, un
puesto de periódicos se halla a un paso del lateral. El fondo es
cielo raso.»

(Apoyados en la valla, dos hombres leen, serios, un periódico. Al lado del puesto, EL VENDEDOR, también serio, lee otro ejemplar del mismo periódico. Por el lateral derecha entra otro HOMBRE y se para ante el puesto, como solicitando del VENDEDOR un ejemplar. Este le mira y, sin dejar el suyo, le hace un leve gesto indicando al cliente que se sirva él. Hecho esto, reanuda, siempre serio, su lectura. El cliente coge un ejemplar, deja su importe y, hojeando su periódico, camina hacia el centro. Al llegar aquí se para y centra su atención al parecer sobre la misma noticia que leen los otros. De pronto, estruja entre sus manos el periódico y, con un gesto de indignación, lo arroja contra el suelo. Presuroso sigue su camino y sale de escena. Los otros le miran. Cuando ya ha salido, se juntan los tres en el centro del escenario exclamando casi simultáneamente.)

HOMBRE 1.º   ¡Es una bestialidad!

VENDEDOR.   ¡No tiene explicación!

HOMBRE 2.º   ¡Esto mancha! ¡Nos han manchado!

VENDEDOR.   Explíquese.

HOMBRE 2.º   Ha ocurrido aquí. ¿Es que no se dan cuenta? ¡Aquí!

HOMBRE 1.º   Se siente uno traicionado [9]. ¿Quién puede hablar ahora de dignidad, de honor? [10].

VENDEDOR.   ¡Vocearía! ¡Vocearía la noticia!

(Se lleva la mano a la boca en disposición de vocear)[11].

---

[9] En A aparece a continuación una frase tachada que dice: «Los valores no existen.»

[10] Olmo tacha en A las dos últimas frases del Hombre 1.º: «La letra ha muerto. La palabra ha muerto.» También allí aparece, a continuación y suprimido, lo siguiente:
VENDEDOR.   Lo de siempre es la botánica.
HOMBRE 2.º   (... ilegible...).
HOMBRE 1.º   ¿Se acuerdan ustedes? «Con el alma de Charol.»

[11] Aquí aparece en A una frase concienzudamente emborronada

Hombre 2.º *(Tapándole la boca.)* ¡Chitsss! ¿Se ha vuelto loco?

Vendedor. ¡Estoy harto! Algún día vocearé todo lo que me vengo callando desde hace... [12]. *(Serio al* Hombre 1.º*)* ¿Quién es usted?

Hombre 2.º *(Enérgico.)* ¡Sí! ¿Quién es usted?

Hombre 1.º *(Igual.)* ¿Y ustedes? ¿Quiénes son?

Vendedor. Yo...

Hombre 2.º Yo...

Hombre 1.º Tranquilícense. Yo...

Vendedor. ¿Acaso importa quiénes somos? Hombres, ¿no?

Hombre 2.º Hombres asustados.

Vendedor. Asustados o no, ¡hombres! Y las cosas tienen un límite. Y yo presiento que vocearé, pase lo que pase. ¡Vocearé, sí! Las noticias son pa eso: pa vocearlas. Y mi oficio es vocear. De eso como, vivo. Y viven los míos. Y no quiero, no soporto el seguir traicionando mi oficio. El otro día, jugándome el mal pan [13], voceé. Lo hice un poco a escondidas, lo sé. ¿O creen que no me duele? ¡Pero lo hice! Y me sonrieron mis lejanos diecinueve años, cuando la vida me brincaba dentro y me empujaba hacia adelante.

Hombre 1.º ¿Es usted... eso? [14].

Vendedor. No. *(Decidido.)* Lo otro [15].

Hombre 1.º Yo eso. *(Ante el gesto de los otros dos.)* No, no se inquieten. Estoy tan indignado como ustedes. Además, ¡han pasado demasiados años! [16]. Tengo cinco hijos, y dos nietecillos. Mi hijo mayor es médico. Otro es abogado. El tercero murió. El abogado es socialista.

---

en la que sólo puede leerse: «¡El PC! Con las tremendas noticias.»

[12] En A y tachado se lee:

Hombre 1.º. *(Cortándole)* ¡Veinticinco años!

[13] En A aparece, tachado, «de los años».

[14] A: Hombre 1.º ¿Nacional? (... tachado...) ¿Es usted... eso?

[15] A: Vendedor. No (decidido) Rojo. Así se decía entonces, lo otro.

[16] En A: Además, ¡Hace ya tanto tiempo!

Y de mis chicas, que son dos, una pertenece a la directiva de las juventudes obreras de acción católica. Para la pequeña no existe más que el twist.

VENDEDOR. Yo soy... Bueno, pertenecía al... [17]. Me tiré unos cuantos años en el «colegio» [18] y escapé por pelos de la «pepa» [19]. Se lo repito a ustedes: tenía diecinueve años y la vida me brincaba dentro.

HOMBRE 2.° A mí la política no...

VENDEDOR. ¿Política? Bien, llámele usted así. Pero la cosa era muy gorda y no había huida [20]. ¿Y sabe qué le digo? Que si lo de ahora sigue así, nos la arman otra vez. *(Al* HOMBRE 1.°*)* Y a usted se le acabará la paz de su mesa. Y a mí... Bueno, ¡jabato otra vez! *(Al* HOMBRE 2.°*)* ¡Llámele! ¡Llámele usted política a la cuestión! Le van a pillar dormido. ¿Es usted casao?

HOMBRE 2.° Sí y no.

VENDEDOR. ¿Arrejuntao?

HOMBRE 2.° ¿Le importa a usted mucho?

VENDEDOR. No se enfade [21]. Lo que quiero decirle...

(Se calla al ver que el otro le muestra un carnet.)

HOMBRE 2.° *(Muestra el carnet y exclama.)* ¡Inspector...!

HOMBRE 1.° *(Echando un paso atrás.)* ¿Qué?

VENDEDOR. *(Igual.)* ¿Cómo?

HOMBRE 2.° *(Serio y justificándose.)* ¡Inspector de seguros! No me han dejado ustedes acabar. Y hasta... ¡hasta han hecho ustedes que me asuste yo también!

---

[17] En A: «Bueno, pertenecía al pece» (esta última palabra ha desaparecido en B, siendo sustituida por puntos suspensivos).

[18] Entre los presos políticos de la época se conocía la cárcel por el «colegio».

[19] 'La «pepa»': en Madrid, durante la inmediata postguerra, se conocía por este homónimo de la Constitución de Cádiz la pena de muerte impuesta tan generosamente por los tribunales franquistas de aquellos años.

[20] En A: «Pero la cosa era muy gorda, como para salir huyendo.»

[21] A: «No se me enfade que mi intención es sana.»

VENDEDOR. *(Con entusiasmo.)* ¡La vida es formidable, señores! [22]. ¡La vida! Es tan... tan... ¡Vaya, no me sale! *(Al HOMBRE 1.º)* ¿Usted pesca? *(Al HOMBRE 2.º)* Y usted *(Pícaro.)*, ¡arrejuntadillo!, ¿eh? ¡Peces! ¡Mujeres! ¡Y los pajarillos piándolas! *(Imita silbando el gorjeo de un pájaro.)* ¡Formidable, sí señores! [23]. La otra tarde arranqué una lechuga, fresquita, carnosa, y me la comí. ¡Cómo me supo! Les juro [24] a ustedes que se me saltaron las lágrimas. *(Con tono íntimo.)* Y busqué, busqué con la vista a alguien a quien poder darle las gracias. ¡A cualquier ser vivo! Créanme ustedes, hay momentos en que el odio no es posible. *(Al HOMBRE 2.º)* Y hay que defender esos momentos con uñas y dientes [25].

HOMBRE 1.º Son momentos en que todo parece bien hecho.

VENDEDOR. Sí, señor. ¡Momentos en que uno abre los brazos hasta descoyuntarse pa que en el abrazo quepan todos!, ¡altos, bajos, gordos y flacos! *(Pierde el entusiasmo y duro, serio, exclama señalando el periódico.)* Pero esto. ¡Noticias como ésta!

HOMBRE 1.º *(Igual que antes.)* ¡Es una bestialidad!

VENDEDOR. ¡No tiene explicación!

HOMBRE 2.º ¡Mancha! ¡Nos han manchado!

VENDEDOR. *(Decidido.)* Nada, ¡que la voceo! *(Llevándose, en disposición de megáfono, la mano a la boca.)* ¡Ha salido *El Soplo*! ¡Compren *El Soplo* con la escalofriante noticia de...!

(Los dos hombres se lanzan hacia él tapándole la boca.)

HOMBRE 2.º ¡Cállese!

---

[22] A: «La vida es formidable, señor!»
[23] A: «¡Formidable, sí señor!»
[24] A: «Les juro a todos (...tachado...) ustedes...»
[25] A: Tachada aparece esta frase inacabada: «Porque el ser humano...»

Hombre 1.º   ¿Quiere que nos...?

Vendedor.   *(Revolviéndose.)* Estoy harto, ¡harto! *(Enfrentándose con el* Hombre 1.º*)* Yo también tengo hijos, ¿se entera? Dos chavales enteros, que vocean lo que piensan. Y tengo que hacerles ambiente. Jugármela otra vez voceando en la calle, a pleno pulmón. Si no lo hago así, cualquier día puede pasarles algo: ¡dos estampidos!, ¡dos cabriolas grotescas!, ¡y solo!, ¡me quedo solo! ¡Solo y podrido para siempre! [26]. *(Agarrando de las solapas al* Hombre 2.º*)* ¡Y usted tan fresco! Tranquilo ante el espejo y repitiéndose, ¡no, a mí la política no...! *(Soltándolo.)* Si usted tiene sangre, se tiene que dar cuenta de una cosa: que el hecho de leer esa noticia *(Le señala el periódico.)* es un hecho político. Y usted ha vibrado. Usted ha gritado: ¡esto mancha! ¡Nos han manchado! *(Al otro.)* Usted es testigo. *(Volviendo al mismo.)* Y su grito me ha devuelto vigor, me ha envalentonado. Y sé que vocearé la noticia. Porque usted también ha dicho: «Ha ocurrido aquí. ¿Es que no se dan cuenta? Aquí.» *(Al* Hombre 1.º*)* Y usted ha remachado: «Se siente uno traicionado [27]. ¿Quién puede hablar ahora de dignidad, de honor. Es una bestialidad.» *(A los dos.)* Yo lo he escuchado. Y algo se ha puesto en movimiento dentro de mí. *(Enfrentándose de nuevo con el* Hombre 2.º*)* Y este embarque no se lo consiento a usted si me deja solo con mis hijos. ¡Cómico en el escenario, señor! ¡Allí se alza el telón, sí! Pero nadie se va hasta que se baja. ¡Fíjese si la cosa es respetable! ¿Pero cómico en la calle? ¿Alzar el telón y darse el piro? ¡No! Usted ha gritado: «¡Esto mancha! ¡Nos han manchado!» Y como yo lo he escuchado y me he entusiasmado, usted, quiera o no quiera, es un político.

---

[26] A: «Y solo. Me quedo solo y podrido para siempre.»

[27] A: «Se siente uno traicionado (Los valores no existen) ¿Quién puede hablar ahora de dignidad, de honor? (La letra ha muerto. La palabra ha muerto)» Las frases entre paréntesis aparecen tachadas en el original.

¿O prefiere que le llame ciudadano? Le voy a dar un consejo: si quiere aguardar la patada escondido[28] en su huevo, ¡córtese la lengua! *(Volviéndose y voceando de nuevo.)* ¡*El Soplo*! ¡Compren *El Soplo* con la escalofriante noticia...

(Igual que antes, los dos hombres le vuelven a tapar la boca. Él se revuelve. Forcejean un instante. Al fin EL VENDEDOR *se desprende exclamando.)*

VENDEDOR. ¡Ya está bien! [29].
HOMBRE 1.º No tiene derecho a comprometernos.
HOMBRE 2.º Suicídese. ¡Pero suicídese solo!

(Los dos HOMBRES *vuelven a su postura inicial al lado de la valla, serios. Y se enfrentan de nuevo en la lectura de la noticia. EL* VENDEDOR *les mira. De pronto, yendo hacia ellos, exclama.)*

VENDEDOR. ¡Y además...!
LOS DOS. *(Cortándole.)* Y además, ¿qué?
VENDEDOR. *(Señalándoles los periódicos.)* En ellos viene publicada. ¿O no se han dado cuenta?
HOMBRE 2.º ¿Nos toma por tontos?
VENDEDOR. *(Extrañado.)* ¿Nos toma?
HOMBRE 1.º Exactamente, ¡nos toma!
VENDEDOR. *(Al* HOMBRE 1.º) ¿A usted nunca le ha dicho su hijo cosas así? No, no es verdad que exista una unión. Lo que pasa es que os junta el miedo. Un miedo que os ha ido creciendo y que os pone nerviosos antes de doblar cualquier esquina de la ciudad. Palabras de mi hijo, ¿sabe usted? Diecinueve años, tornero. *(Entre súplica y mandato señalándoles el perió-*

---

[28] En A se leía "(metido)".
[29] En A: «Los dos hombres vuelven a su postura inicial, al lado de la valla. Serios, se enfrascan de nuevo en la lectura de la noticia. El vendedor los mira. (Luego, encogiéndose de hombros.) De pronto, yendo hacia ellos exclama:»

dico) [30]. Lean, lean ustedes. ¡En voz alta, por favor! *(Al* HOMBRE 1.º) Nuestros hijos son jóvenes. Y a los diecinueve años no es fácil estarse callados. ¡Por favor, lean en voz alta! ¡Comenten en voz alta! ¡Hagamos ambiente! *(Al* HOMBRE 2.º) ¿Usted qué opina? ¡Sostenga, sostenga que la noticia mancha! ¡Que nos han manchado! *(Al* HOMBRE 1.º) ¡Se siente uno traicionado, sí! Repítalo. Ahora, ¡es necesario que lo repita ahora: Yo vocearé, ¡voy a vocear, sí! Lean, lean en voz alta. Un trocito cada uno, ¿quieren? O, si lo prefieren, leemos los tres a la vez. Es una idea, ¡una idea feliz! : ¿a que sí? Luego verán con qué entonación, con qué entusiasmo voceo. *(Al* HOMBRE 2.º) ¡La vida es formidable, señor! ¡Peces!, ¡mujeres! *(A los dos.)* ¿Les conté lo de la lechuga, verdad? *(Al* HOMBRE 1.º) Usted lo dijo: «Momentos en que todo parece bien hecho» [31]. ¿Fue así, no? Voceen, voceen conmigo. *¡El Soplo!* ¡Compren *El Soplo* con la [32] escalofriante...!

HOMBRE 1.º *(Autoritario.)* ¡Cállese!

HOMBRE 2.º *(Igual.)* ¡Todo tiene un límite!

VENDEDOR. *(Cohibido.)* Yo... Señores, creí...

HOMBRE 2.º ¿Qué creyó usted?

VENDEDOR. Creí que...

HOMBRE 1.º ¡Cállese!

HOMBRE 2.º *(Casi simultáneamente)* [33]. ¡Cállese!

(Un hombre entra y coge un periódico. EL VENDEDOR *llega hasta el puesto y coge el importe que le alarga el nuevo cliente. Todo en silencio. Abriendo el periódico, el comprador va y se sitúa, de espaldas a la valla, al lado del* HOMBRE 1.º *y del* HOMBRE 2.º. *Otro* HOMBRE *entra y realiza lo mismo después de comprar el periódico. Y otro. Y otro.*

---

[30] En A: «(Entre súplica y mandato.)»
[31] En A: «(Momentos en que brote el espíritu.)» Pero, de nuevo, la frase aparece corregida por la que leemos en B.
[32] En A se lee «el».
[33] En A: «Casi simultáneo.»

Cuantos más, mejor. Así hasta que ocupan la valla: siempre leyendo y en silencio. El Vendedor, *inquieto, da dos o tres pasos. Al fin se decide y vocea)* [34].

Vendedor. *¡El Soplo!*

(Instantáneamente, los lectores de la valla bajan los periódicos y le disparan sus miradas. El Vendedor *las sostiene un momento. Al fin decidido vocea.)*

Vendedor. ¡Compren *El Soplo* con los resultados de los partidos!
Todos los lectores. *(Con alivio y entusiasmo.)* ¿En qué página?
Vendedor. *(Con desprecio.)* ¡Búsquenla!

TELÓN [35]

(Caído el telón de La noticia *se repite el mismo juego escénico de los tres* Voceadores *de prensa. Lo único que varía son los cuatro endecasílabos que, a modo de pregón, vocearán los tres al unísono como anuncio que precede a cada crónica.)*

Los Tres. *(Al unísono.)*

---

[34] A: «Un hombre entra y coge un periódico del puesto. El vendedor llega hasta él y coge el importe que le alarga. Todo en silencio. Abriendo el periódico, el comprador va y se sitúa, de espaldas a la valla, al lado del Hombre 1.º y del 2.º. Otro hombre entra y realiza lo mismo después de comprar el periódico. Y otro y otro. Así hasta que ocupan la valla: siempre leyendo y en silencio. El vendedor, inquieto, da dos o tres pasos. Al fin se decide y vocea.»
[35] En una hoja mecanografiada fechada en 1970 Olmo escribe de su puño y letra: «Para un proyectado montaje con piezas de distintos autores.»

El Gran Guiñol, que de tan lejos viene,
ocupará ahora otra sección,
llamémosla la Niña y el Pelele,
y no es para miopes, ¡atención!

(Hacen mutis Los Tres *en fila india, y con las manos en sus bocas en disposición de megáfonos, vocean uno detrás de otro.)*

VOCEADOR 1.º   *¡El Soplo!*
VOCEADOR 2.º   *¡El Soplo!*
VOCEADOR 3.º   *¡El Soplo!* [36].

(Se alza el telón corto y comienza La Niña *y el
Pelele.)*

———

Los Medios de Información
(Canción para después de *La Noticia*)

Los medios de información
regatean
y «driblean»
como ases del «futból»
unos la noticia,
otros el balón.
y en el regateo,
«finteo»,
salvo error
u omisión,
no lo duden:
meten gol
esos ases
con sus eses:
los medios de información:

¡Alabí,
alabá,

Lauro Olmo
1970

alabén,
bom
ba!
Cólense las gafas
que va a comenzar
el «flinteo»
el «dribleo»
el regateo
y puede suceder
que el balón
al correr
entre líneas
del césped de papel,
sea tan veloz
que le deje a usted
lector-espectador
sin ver...
el gol

[36] En A, la intervención de los voceadores es enteramente distinta:
«*Primera intervención de* LOS VOCEADORES:
    (Caído el telón corto de LA NOTICIA, *entra por el lateral iz-*

*quierda el primer voceador que, con un montón de perió-
dicos debajo del brazo, vocea.)*

VOCEADOR 1.º ¡El Soplo!

*(Rápido, y pisándole «el pie» al primero, entra por el lateral
derecha el segundo voceador que, con sus periódicos debajo
del brazo, también vocea.)*

VOCEADOR 2.º ¡El Soplo!

*(Igual, sin perder el ritmo y la rapidez de toda esta escena,
entra por el patio de butacas el tercer voceador que, también
con su montón de periódicos debajo del brazo, pregona yendo
hacia el escenario:)*

VOCEADOR 3.º ¡Compren El Soplo con la escalofriante noticia del
resultado de los partidos! *(Sube las escalerillas y se sitúa en
el escenario.)*

VOCEADOR 1.º ¡El Soplo!
VOCEADOR 2.º ¡El Soplo!
VOCEADOR 3.º ¡El Soplo!
VOCEADOR 1.º ¡Un ministro sube!
VOCEADOR 2.º ¡Un ministro baja!
VOCEADOR 3.º ¡Otro, que es más cuco, cambia de baraja!
VOCEADOR 1.º ¡El Soplo!
VOCEADOR 2.º ¡Órgano de la Demo A.!
VOCEADOR 1.º ¡El Soplo!
VOCEADOR 2.º ¡Órgano de la Demo B.!
VOCEADOR 1.º ¡El Soplo!
VOCEADOR 2.º ¡Órgano de la Demo C.!
VOCEADOR 1.º ¡El Soplo!
VOCEADOR 2.º *(Con tono dandy.)* ¡Órgano de la Demo Deee!
VOCEADOR 3.º ¡Compren El Soplo con la escalofriante noticia
del resultado de los partidos!
LOS TRES. *(En plan de vítores deportivos.)*

> ¡Alabí,
> alabá,
> alabim
> bom
> bá!
> ¡El Soplo!
> ¡El Soplo!
> ¿Qué nos soplará?

*(Hacen mutis los tres en fila india y, con las manos en sus
bocas en disposición de megáfonos, vocean uno detrás de
otro.)*

Voceador 1.º   ¡El Soplo!
Voceador 2.º   ¡El Soplo!
Voceador 3.º   ¡El Soplo!

(*Se alza el telón corto y comienza* La Niña y El Pelele.)»

Debemos señalar aquí que de A existen dos versiones: una escrita a mano y otra a máquina que no suelen diferir, aunque aquí al final de la primera, Olmo añade unas líneas:

1.º   Dos ministros suben
2.º   Dos ministros bajan
3.º   Dos, que son más cucos,
(cambian las barajas
esconden dos cartas)
preparan sus mangas

1.º   Tres ministros suben
2.º   Tres ministros bajan
3.º   Tres, que son más cucos,
cambian la baraja   (línea tachada)
esconden tres cartas.

1.º   Noticia sensacional:
2.º   Jugadores de ventaja.
3.º   Decreto ministerial:
Los Tres: ¡La manga es la que trabaja!

Naturalmente estos versos habían desaparecido, ante el fantasma de la censura, en el manuscrito definitivo que aquí recogemos.

LA NIÑA Y EL PELELE [37]

PERSONAJES [38]

EL PELELE
LA NIÑA
LA ABUELA
DON SEVERO ⎫
DON PUM-CRAK ⎬ (Trío de Gran Guiñol)
DON HUMO ⎭

(Al levantarse el teloncillo, se ve, ocupando la parte izquierda del escenario, un fogón humilde y popular [39]. En el sitio adecuado una puerta que, sujeta a cuatro largueros, simulan una habitación. Inde-

---

[37] En el manuscrito A aparecen hasta cinco títulos distintos, cuatro de ellos tachados *(La rebelión del Pelele, La sección financiera, La lección* y *Las tres ventanas)*. El título definitivo de A es *Una niña de Castilla.*

[38] En A: «El Pelele
    La niña
    La abuela
    El Chispa (tachado)
    D. Severo (juez)
    D. Pum-Crak (guerrero).
    (Sustituye a «militar» que aparece tachada.)
    D. Humo (mago)
    y el Pelele (tachado).

[39] A: «(Al lado, un barreño.)»

pendientes de ésta y en el fondo derecha del esce-
nario, se ven tres ventanas colgadas del aire [40] *y a*
una altura que permite enmarcar debidamente el
busto de un hombre [41]. *Sentada en una silla, dor-*
mita LA ABUELA. LA NIÑA *salta a la comba y canta.)*

NIÑA.

> A la una: el mago.
> A las dos: el armado.
> A las tres: el juez.
> ¡Y salta el Pelele otra vez!

(Sin dejar de saltar, LA NIÑA *se dirige a* LA ABUELA
preguntándole.)
> ¿Es así, abuela?

*(*LA ABUELA *parece no oírla.* LA NIÑA *canta de*
nuevo.)

> A la una: el mago.
> A las dos: el armado.
> A las tres: el juez.

ABUELA [42]. *(Repentina y como despertando.)* Y a las
cuatro: ¡se zampa la sopa el gato!
NIÑA. *(Parando de saltar.)* ¿El gato?
ABUELA. Es un decir.
NIÑA. *(Volviendo a saltar.)* ¡Y salta el Pelele otra vez!
A la una... (LA NIÑA *se corta. Para de saltar y pre-*
gunta de nuevo) [43]. ¿Quién es el mago, abuela?
ABUELA. *(Asustada.)* ¡Chitsss!

(Se levanta, mira a un lado y a otro. Va a compro-
bar que detrás de la chabola no hay nadie. Vuelve
hacia LA NIÑA *y, en son amenazante, exclama.)*

---

[40] A: «... del escenario, se ve una ventana colgada en el aire
(... esta frase tachada...) ven tres ventanas colgadas del aire...»
[41] A: «(Fuera es descampado.)»
[42] En A siempre aparece «LA ABUELA», *al igual que* «LA NIÑA»,
«EL PELELE», etc.
[43] A: «La niña se corta, para otra vez de saltar, ...»

¿Cuándo aprenderás a no hacer preguntas?

NIÑA. *(Compungida.)* Perdona. No volveré a preguntarte por el mago. Pero dime: ¿Quién es el armado?

ABUELA. *(Más asustada.)* ¡Chitsss! ¡Mal diablo te lleve! ¿Qué te propones? ¿No te basta con saltar?

(Con cara de circunstancias dice que sí con la cabeza. LA ABUELA vuelve a sentarse. LA NIÑA, saltando, vuelve a cantar.)

A la una: el mago.
A las dos: el armado.
A las tres...

(Deja de saltar y mira, inquisitiva, a LA ABUELA sin atreverse a hacerle la nueva pregunta. LA ABUELA le sostiene la mirada sin despegar los labios. Al fin, LA NIÑA salta y reanuda la canción.)

A las tres: el juez.
¡Y salta el Pelele otra vez!
Y a las cuatro: se zampa la sopa el
[¡miauuu! [44].

(LA NIÑA ríe, alegre por su ocurrencia. LA ABUELA, al ver reír a LA NIÑA, rompe a reír también.)

Ríe, ríe todo lo que puedas. Aprovéchate ahora.

NIÑA.

¡Miauuuuu! *(Ríe, salta y canta.)*

---

[44] A: «La niña dice que sí con la cabeza y con cara de circunstancias. La abuela vuelve a sentarse.

LA NIÑA. *(Saltando de nuevo.)*

A la una: el mago.
A las dos: el armado.
A las tres...

(La niña se vuelve a parar y mira, inquisitiva, a la abuela sin atreverse a hacer la nueva pregunta. La abuela le sostiene la mirada sin despegar los labios. Al fin, la niña salta y reanuda la canción:)

A las tres: el juez.
¡Y salta el pelele otra vez!
y a las cuatro: se zampa la sopa el ¡miauuu!»

Siete vidas
tiene un gato
cuatro le quedan
si tres le mato.
Las cuatro son
las del pelele
revolución.
¡Mayoría, mayoría!
¡Y al cuerno sus señorías!

(La Niña *mira hacia* La Abuela *y soltando la comba, corre hacia ella.*) ¡Abuelita! ¡Abuelita! ¿Qué te pasa?

Abuela. *(Como saliendo de un desvanecimiento.)* ¿Quién? ¿Quién te ha enseñado eso? *(Cogiendo a* La Niña *por una oreja.)* Olvídalo, ¿me oyes? ¡Olvídalo!

Niña. Suelta. Me haces daño.

Abuela. Las dos orejas te voy a arrancar, condenada. ¿Qué es eso de decir todo lo que se te antoje? Escucha y nunca olvides lo que te voy a decir: hay cosas que deben entrar por un oído y salir por el otro, ¿entendido? *(La Niña de nuevo compungida, dice que sí con la cabeza.)* ¿Qué es eso de gritar: ¡mayoría, mayoría y al cuerno sus señorías! Tu abuelo murió por gritar eso, y tu padre está donde está por lo mismo. *(Le suelta la oreja.)* Sólo faltaba que tú...

Niña. No volveré a cantarlo, abuela.

(La Abuela *la atrae hacia sí y la abraza* [45]. *Al mismo tiempo, con una de sus manos se quita una lágrima.*)

Abuela. Anda, vete a jugar. Y ríe, ríe mucho.

(La Niña *vuelve a coger la comba, y, saltando, canta.*)

---

[45] A: «La abuela *la* atrae hacia sí...» Nótese hasta qué grado el autor duda en el uso del laísmo.

NIÑA.

> Con un condesito
> me casaré.
> Con un condesito
> tres hijos tendré.
> Uno será mago
> otro irá armado
> y el otro será juez [46].

ABUELA. *(Rompiendo en sollozos.)* Ríe, ríe mucho. *(Entre sollozos.)* Uno será mago, otro irá armado, y el otro será juez. *(Metiéndose en la chabola.)* Ríe, ríe, ríe mucho.

> *(Mete también la silla)* [47].

NIÑA. *(De espaldas a* LA ABUELA *sigue saltando y cantando.)*

> ¡Alupé, alupé
> a mi conde esperaré.
> ¿Cuándo llegará?
> ¡La abuelita lo sabrá! *(Ríe.)*

> *(Entra en la escena* PELELE, *un vendedor de periódicos, niño también, aunque un poco mayor que* LA NIÑA [48]. *Trae varios ejemplares debajo del brazo.)*

PELELE. *(A* LA NIÑA.*)* Hola, fea.
NIÑA. Feo tú.
PELELE. *(Voceando hacia las ventanas.)* ¡El Soplo! [49]. ¡Ha salido *El Soplo! (A* LA NIÑA.*)* ¿Te la sabes ya? *(Canta.)*

---

[46] En A aparece tachado, a continuación:
> «¡Señorías, señorías!
> ¡Y al cuerno las mayorías!»
[47] A: «(Metiéndose en la chabola con la silla.)»
[48] A: «Entra en escena EL PELELE, un vendedor de periódicos un poco mayor que la niña.»
[49] A: «¡El Soplo! (Con los resultados de los partidos.) ¡Ha salido El Soplo!»

Siete vidas
tiene un gato...

NIÑA.   ¡Chitssss!

PELELE.   ¿Qué pasa, chica? *(Hacia las ventanas.)* ¡El
Soplo! *(A* LA NIÑA.) ¿De qué te asustas? *¡Señalándole una de las ventanas.)* ¿No se ha levantado todavía
ése? *(Acercándose a la ventana y voceando hacia dentro.)* ¡Compren *El Soplo!*

*(Se queda un instante haciendo que escucha, luego
yendo hacia* LA NIÑA *exclama)* [50].

Cada día se levanta más tarde, ¿lo habrán vuelto a
ascender?

NIÑA.   Es muy viejo.

PELELE.   Como el diablo, fea. Por eso se las amaña tan
bien.

NIÑA.   *(Haciendo memoria.)* Más sabe el diablo por
viejo...

PELELE.   Pues no pierdas de vista a los otros dos. *(Señala las otras ventanas.)* Pero lo malo, ¡lo malo!, son
los tres juntos. ¡Don Severo! ¡Don Pum-Crack! y
¡Don Humo! *(Explota.)* ¡La madre que los...! *(Se
corta por* LA NIÑA *y rectifica fino.)* Quiero decir que
la madre que los trajo al mundo debió cabalgar escoba.
¿Me entiendes, fea?

---

[50] A: «EL PELELE.   ¿Qué pasa? *(Sigue cantando.)*
Cuatro le quedan
si tres le mato
las cuatro son...

LA NIÑA.   ¡Chitsss!

EL PELELE.   ¿Pero, qué pasa chica? *(Hacia la ventana.)* ¡El Soplo! *(A* LA NIÑA.) ¿De qué te asustas? *(Señalándole la ventana.)*
¿No se ha levantando todavía ese? *(Acercándose a la ventana y
voceando hacia dentro.)* ¡Compren el Soplo! (Con el resultado
de los partidos.) *(Se queda un instante haciendo que escucha.
Al fin exclama:)* ¿Está usted, don Severo?

VOZ DENTRO.   *(De* DON SEVERO.) Ahora me levanto, muchacho.»

260

(Se acerca a las ventanas, y, por cada una de ellas, echa un periódico) [51].

NIÑA.   Me gustaría saber leer.

PELELE.   *(Pícaro.)* Si te enseño, ¿qué?

NIÑA.   Me podrás escribir cartas.

PELELE.   ¿Cartas de besuqueo y azotito? *(Mirándola.)* ¡Pero si se ha puesto colorada! *(Dándole un beso en la frente.)* Me gustas, fea. Y te voy a enseñar a leer. *(Despliega ante ella uno de los periódicos.)* Lo de la *a,* la *e,* la *i,* la *o,* y la *u,* sí lo sabes, ¿no?

NIÑA.   *(Afirmando.)* Y la *B,* y la *C,* y la *M,* y la *R.*

PELELE.   Un poquito salteadas, fea, pero vale, vale. Yo te enseñaré las que faltan. Luego las juntaremos. *(Abrazándola.)* Así, como estamos ahora tú y yo.

NIÑA.   ¿Las letras también se quieren?

PELELE.   ¡Claro que sí! Pero pasa como con los mayores, ¿sabes? Que unos se quieren bien y otros se quieren mal. Y también tienen planes. ¿Tú has oído hablar de las mujeres que se venden y de los hombres viciosos?

NIÑA.   No.

PELELE.   Ya oirás. Y hasta puede ser que tú...

NIÑA.   ¿Qué puede ser que yo?

PELELE.   Nada, fea. Si tú y yo nos queremos bien, nada. Pero de verdad: las letras son como los mayores, unas buscan la buena compañía y otras no [52].

NIÑA.   ¿Es que las letras tienen patas?

PELELE.   ¿Patas?

NIÑA.   ¿Cómo se juntan?

PELELE.   *(Silbando admirativamente, exclama.)* ¡Una niña con seso! *(A continuación, canta.)*

> ¿Ha oído usted eso?
> ¡El sexo débil tiene seso!

---

[51] A: «(Va hacia las otras dos ventanas y echa por cada una de ellas un periódico.)»

[52] En A, aparece a continuación y tachada, la frase siguiente: «(por eso unas son sanas y otras no)».

Pues tiene dos:
el de pensar
y el otro,
del que vale más no hablar.
Aleluya
qué maravilla.
¡Aleluya
por la niña! [53].
Tiene seso.
¿Lo han notado ya?
¡Ahí queda eso!
Yo, con permiso,
a la niña la viso,
quiero decir la beso
el bello sexo [54].

(*Le besa la cabeza a* LA NIÑA. *Luego le pregunta.*) ¿Tú has oído hablar de los inspectores? [55].

NIÑA.   ¿De los qué?

PELELE.   (*Recalcando.*) Ins-pec-to-res [56].

NIÑA.   ¿Los de la nana?

PELELE.   ¿Nana?

NIÑA.   (*Cantando.*)

Duérmete, niña mía,
duérmete ya;
que si no el inspector [57]
te comerá.

PELELE Y NIÑA.   (*A dúo.*)

La niña se ha dormido
¿despertará?

---

[53] A: ... ...
¡Aleluya
por la niña de Castilla!
... ...

[54] A: ... ...
quiero decir le beso
el bello seso.

[55] A: «¿Tú has oído hablar de los dictadores?»

[56] A: «Dic-ta-do-res.»

[57] A: «que si no el Dictador».

El Alba, luchadores:
el Alba lo dirá.

NIÑA.   ¿Son esos? ¿Los que echaron al coco?

PELELE.   Sí y no.

NIÑA.   No te entiendo.

PELELE.   Quiero decirte que el coco ha cambiado de sastre [58].

NIÑA.   ¿Me tomas el pelo?

PELELE.   Todavía no, fea.

NIÑA   ¿Un coco al sastre? [59].

PELELE.   Todavía eres muy chica, pero, si aprendes a leer, lo entenderás. *(Despliega un periódico ante ella, y le señala unas cuantas letras.)* ¿Qué letra es ésta?

NIÑA.   La *e*.

PELELE.   ¡Bravo, feúcha! ¿Y ésta anterior? (LA NIÑA *duda.)* Vamos, dila. La... la ese.

NIÑA.   La ese.

PELELE.   La *i* y la *o* ya las sabes. ¿Pero ésta y ésta? *(Arrimándose a ella, pícaro.)* Dos ces de cariño y una ene de novia. *(La besa el pelo.)* Pero todas [60] no quieren decir eso. Quieren decir: sección. ¿Y esta otra palabreja?

NIÑA.   *(Deletreando en el periódico.)* La efe y la *i,* fi.

PELELE.   ¡Bravo, feúcha! ¿Y qué más? ¿La ene y la *a*?

NIÑA.   Na.

PELELE.   ¿Y otra ene más? *(Breve pausa.)* ¡Nan! , feúcha, ¡nan! ¿Finan...? [61].

NIÑA.   Finan...

PELELE.   Cie...

NIÑA.   Cie...

PELELE.   ¡Vamos! Si está tirao, feuchilla: Sección financie... cie... ¡Vamos!

NIÑA.   *(Con desesperación)* [62]. ¡No sé! ¡No sé!

---

[58] En A, tachada, se lee la palabra «(modisto)».
[59] En B: «¿Un coco *el* sastre?»
[60] A: «Pero todas *juntas* no quieren decir eso.»
[61] En A no aparece la acotación.
[62] A: «LA NIÑA. *(Con cierta desesperación.)*»

PELELE.   ¿Tienes hucha?

NIÑA.   *(Extrañada.)* ¿Hucha?

PELELE.   Sí, donde se meten los ahorros.

NIÑA.   ¡Qué palabras más raras sabes!

PELELE.   ¿Tampoco sabes qué quiere decir ahorros?
(Abrazándola.) ¡Pobre feuchilla! ¡Cuántas cosas te
tengo que enseñar! *(Canta.)*

> En la hucha,
> feúcha,
> se mete
> lo que se susa
> ¡Ay, qué risa,
> he dicho susa
> y es sisa!
> Los sisones
> son tremendos señorones
> que controlan el erario
> con alma de comisario
> por si hay alguna peseta
> que, al igual que Don Quijote,
> les haga la zapateta
> y el alma les acogote.

NIÑA.   *(Cantando.)*

> ¡Huy, qué palabra
> el erario!
> Y esa otra: ¡controlar!

PELELE.   *(Cantando.)*

> ¡Modo de disimular!,
> pues la palabra del pueblo
> es más precisa: ¡robar!

NIÑA.   *(Asustada.)* ¡Chitsssss!

PELELE.   ¿Ya me vuelves a chistar?

> ¿Quién te asusta tan temprano?
> ¡Maldita la dura mano
> que de este modo controla!

(Voceando.)

> ¡Señorones a la cola!
> ¡Lean la lección primera

264

de la sección financiera!

(Abraza a LA NIÑA *y le dice íntimo.)*

¡Quién fuera controlador
de la buena hucha, amor!

*(Instantáneamente, y uno detrás de otro, hacen su
aparición en las ventanas* DON SEVERO, DON PUM-
CRAK *y* DON HUMO. *Son como muñecos de gran
guiñol. El primero es el juez. El segundo el armado.
Y el tercero el mago* [63]. *Brotan de un modo suave,
melifluo, que contrasta con el de sus dos com-
pinches.)*

D. SEVERO.	¿Has dicho lección primera
D. PUM-CRAK.	de la sección
D. HUMO.	financiera?
PELELE [64].	Eso he dicho, excelencias. *(Canta.)*
	La niña
	que es aprendiz,
	quiere aprender
	a leer.
LOS TRES.	¿A leer?
D. PUM-CRAK.	¿Se lo permite su cuna?
D. HUMO.	¿Tiene la niña fortuna?
D. SEVERO.	¿Sabe bailar,
	o cantar,
	las teticas enseñar
	el culito menear
	o el ojo del ombliguito

---

[63] A: «... y el tercero el mago. El primero lleva la maza con
que suele exigir silencio. El segundo un sable. Y el tercero un
incensario. Brotan como impulsados por...».

[64] A: «PELELE. *(Inclinándose.)* Eso he dicho, Excelencias.» Tachada aparece a continuación esta acotación: «*(Dándoles un ejemplar de periódico a cada uno.)*» Evidentemente, Lauro Olmo recor-
dó que el vendedor de periódicos acababa de depositar, uno en
cada ventana, al redactar esta primera versión de la obra.

	guiñar?
	Si es conejera su cuna.
D. Pum-Crak.	Si el ombliguito no guiña,
D. Humo.	Si carece de fortuna,
Los tres.	¿Cómo pretende siquiera
	saber la lección primera
	de la sección financiera?
Niña.	Excelencias:
	Sé cantar
	y con la comba saltar.

(Saltando a la comba.)

	A la una: el mago.
	A las dos: el armado.
	A las tres: el juez.
	¡Y salta el pelele otra vez!
Los tres.	¡Chitss!
Niña.	*(Rápida.)*
	Siete vidas
	tiene un gato,
	cuatro le quedan
	si tres le mato.
	Las cuatro son
	las del pelele
	revolución.
Los tres.	¡Chitss!
Niña.	*(Enfadada.)*
	Mayoría, mayoría,
	y al cuerno sus señorías!

(La Abuela, que ha estado escuchando y persignándose, sale de la chabola y se arrodilla suplicante, ante los tres.)

Abuela.	*(Sollozando.)*
	Con un condesito

	se casará.
	Con un condesito
	tres hijos tendrá.
	Uno será mago,
	el otro será armado,
	y el otro juez será [65].
NIÑA.	*(Saltando a la comba.)*
	Alupé, alupé,
	a mi conde esperaré.
	¿Cuándo llegará?
ABUELA.	¡La enseñaré a esperar!
LOS TRES.	*(A la* NIÑA.*)*
	¡Esa es la lección primera
	de tu sección financiera!
PELELE.	¡Esperar!
	¡Para arriba lloverá! [66].
	¡Esperar!
	Que se ha de secar el mar.
	¡Esperar!
	Que en la sección financiera
	ángeles escribirán.
	¡Esperar!
	Eso decía mi abuela
	y paciencia, y barajar.
D. SEVERO.	¡Insolente! *(Da un golpe con la maza.)* [67].
D. PUM-CRAK.	¡A callar! [68].

---

[65] A: ... ...
Uno será mago
el otro irá armado,
y el otro juez será.

[66] A: «¡Para arriba lloverá.
(y una mariquita)
¡Esperar!»

[67] A: «D. SEVERO. *(Al* CHISPA.*)* ¡Insolente! *(Da un golpe con la maza.)*» Esta acotación atestigua que Lauro Olmo fundió en el Pelele a los dos personajes anteriores Pelele y Chispa.

[68] A: «D. PUM-CRAK. *(Igual.)* ¡A callar!
D. HUMO. *(Melifluo.)* ¿Quién te ha otorgado el permiso,
hijo mío,
para hablar!

D. Humo.   ¿Quién te ha otorgado el permiso,
                  hijo mío,
                  para hablar?
D. Severo.   (Golpe de maza.) ¡Insolente!
D. Pum-Crak.   (Tajante.) ¡A callar!
Todos.   (Llevándose el dedo a la boca.)
                                          [¡Chitss! [69].

D. Severo.   Para hablar.
D. Pum-Crak.   Para leer.
D. Humo.   Para enseñar [70].
Los tres.   Instancia hay que echar,
                  sin vacilar,
                  sin la póliza olvidar,
                  sabiamente dirigida
                  al inspector General [71].

                  (Los tres, al nombrar al Inspector
                  General [72] hacen lo siguiente: D. Se-
                  vero, ceremoniosamente, se inclina;
                  D. Pum-Crak presenta armas; y
                  D. Humo echa incienso al aire.)

Pelele.   (Ensimismado.) ¡Para arriba lloverá!
                  ¡Que se ha de secar el mar!
Niña.   (Saltando a la comba.) ¡Que en la sec-
                  ción financiera ángeles escribirán!
Abuela.   (Honda.) ¡Y paciencia! ¡Y barajar!

                  (De repente se oye una trompeta
                  incitando al ataque [73]. D. Pum-Crak
                  alza el sable y vocifera.)

_____

D. Severo. ¡Insolente! (Galpe de maza.)
   [69] A: «Todos. (Incluidos Pelele, Niña y Abuela, llevándose
el dedo a la boca.) ¡Chitsssss! »
   [70] A: «D. Humo. Para enseñar.»
   [71] A: «al Dictador general». También aparece la palabra inspector tachada.
   [72] A: «Los tres, al nombrar al (Dictador) general, hacen lo
siguiente:»
   [73] A: «De repente se oye una trompeta militar incitando...»

D. Pum-Crak.	¡Adelante el batallón
	que en la mesa
	ha habido sublevación!
D. Humo.	¡Ha dicho mesa!
D. Severo.	¡Y es masa!
Niña.	¡Huy, qué guasa!
Pelele.	(A la Niña.)
	¿No descubres lo que pasa
	entre la mesa y la masa?
D. Pum-Crak.	¡Adelante el batallón!
D. Severo.	(Leguleyo.)
	¡Artículo primerísimo
	del decreto siete mil
	y para aguas abril!
Pelele.	(Irónico.)
	¡Y Dios proteja al Altísimo!
D. Severo.	(Al Pelele.)
	Un acento
	o una coma,
	unos puntos suspensivos
	colocados sabiamente,
	unos sutiles guiones
	con aire de confidentes,
	una palabra que avale
	que aquel que la esgrime sabe
	lo que entre letras se pesca,
	la uve y la be en su sitio
	sin posible confusión:
	hacen del que esto utiliza
	heredero de paliza
	y reo de sedición [74].

---

[74] En A, se lee:
D. Severo.   (Severo a Pelele:)

> (Un acento o una coma
> Una palabra que avale
> que el que la utiliza sabe
> lo que entre letras se pesca;
> y no ha cursado la instancia
> y no he sido reseñado

269

D. Pum-Crak.   ¡Adelante el batallón! [75].

> *(Vuelve a oírse la trompeta.* Don
> Pum-Crak *lanza un tajo con el sa-*
> *ble con intención de cortarle la ca-*
> *beza a* Pelele, *pero éste se agacha*
> *a tiempo. Agachado, no puede es-*
> *quivar el mazazo que* D. Severo,
> *logra pegarle en la cabeza. La* Abue-
> la *coge a la* Niña *y muy asustadas,*
> *huyen abrazadas las dos hacia la*
> *chabola.)*

D. Severo.   No importa que falte el sable
si el mazo del juez acierta.

D. Humo.   *(Echándole incienso a* Pelele.)
¡Compasión
por el pobre pecador!

---

en la sección conveniente
—pues instancia no ha cursado)

Todo lo anterior ha sido rayado. Junto a la tachadura, sigue:

Un acento
o una coma;
unos puntos suspensivos
colocarlos sabiamente;
unos sutiles guiones
con aire de confidentes,
una palabra que avale
(que el que las utiliza sabe
lo que entre letras se pesca)
que aquel que la esgrima sabe
lo que entre letras se pesca;
la uve y la be en su sitio
sin posible confusión:
hacen del que esto utiliza
heredero de paliza
y reo de sedición.

(D. Humo.   ¡Pero más culpable es
el que leyendo entre líneas
donde hay uno saca tres!)

[75] A: «D. Pum-Crak.   ¡Adelante el batallón
(y abajo la sedición!).»

	En esta vida ha sufrido
	la otra le irá mejor.
	(Para sí.)
	¡Qué viandas comerá
	en la mesa celestial!
D. Pum-Crak.	*(Infantil.)*
	¡Ascenderé
	como el globito
	del coronel!
D. Severo.	La victoria,
	¿De quién es?
	¿Es del sable?
	¿Es de la ley?
Pelele.	*(Semi-incorporándose.)*
	Si el sable no es sable,
	si la ley no es ley:
	¡Cómo sube el globito
	del coronel!
D. Humo.	¡Resurrección!
D. Severo.	¡Maldición!
D. Pum-Crak.	¡Sublevación!
	¡Ahí va este tajo! *(Alcanza a Pelele.)*
Pelele.	*(Herido.)*
	¡Ay, que me voy al Carajo!
	siete vidas
	tiene un gato,
	cuatro le quedan
	si tres le mato.
	Pero las tres
	son las del globito
	del coronel.
D. Pum-Crak.	*(Sin darle.)*
	¡Otro tajo!
Pelele.	¡Y al carajo
	si me das!
D. Humo.	¡Haz confesión, hijo mío [76],

---

[76] A: «D. Humo. *(Melifluo.)* Haz confesión hijo mío...»

	porque la vas a palmar!
D. SEVERO.	*(Leguleyo.)*
	¡Artículo un millón!
	¡El PELELE al paredón! *(Desaparece.)*
D. HUMO.	Pero antes,
	confesión;
	pide, hijo mío,
	perdón.
	Vete con el alma limpia,
	pulcramente almidonada,
	al paredón.
	¿Cuál es tu primer pecado?

> *(El* PELELE *se levanta a duras penas y va recogiendo periódicos. Al mismo tiempo contesta a* D. HUMO.*)*

PELELE.	No querer ser
	almidonado.
D. HUMO.	*(A* D. PUM-CRAK.*)*
	No hay nada que hacer:
	la hora del sable es. *(Desaparece.)*
D. PUM-CRAK.	*(Hiriéndole definitivamente.)*
	¡Otro tajo
	y al carajo! *(Desaparece.)*
PELELE.	*(Tambaleante llama.)*
	¡Feúcha! ¡Feuchilla!
	(Para sí.)
	¡Si ella ya supiera
	la lección primera
	de la sección financiera!

> *(Se ve a la* NIÑA *forcejeando con la* ABUELA *en la chabola, que no deja que acuda a la llamada.)*

¡Feúcha! ¡Feuchilla!
¡A mí la NIÑA! [77].

---

[77] A: «¡A mí la niña
de Castilla!»

(PELELE *cae al suelo. La* NIÑA *logra al fin librarse de la* ABUELA *y acude al lado de* PELELE.)

NIÑA.   ¿Ha sido el mago?
             ¿Ha sido el armado?
             ¿Ha sido el juez?
PELELE.   Los tres,
             feuchilla,
             los tres.
             (*Mostrándole uno de los periódicos.*)
             Dime, ¿qué pone aquí?
NIÑA.   (*Leyendo segura.*) Sección financiera.
PELELE.   (*Jubiloso.*) ¡Aleluya! [78].

             (*Esforzándose, hace un montón con los periódicos. Ella le ayuda. Luego él les prende fuego. Hecho esto, se desploma en el regazo de la* NIÑA. *Ella le canta.*)

NIÑA.   Duérmete
             niño mío,
             duérmete ya,
             que si no el inspector [79]
             te comerá.
             El niño se ha dormido,
             ¿despertará?
             El Alba,

---

[78] A: «PELELE. (*Jubiloso.*)
          ¡Aleluya!
          ¡Qué maravilla
          por la niña de Castilla!»
[79] A: «que si no el dictador».

luchadores:
¡El Alba lo dirá! [80].

TELÓN

(Caído el telón corto de La niña y el pelele, *vuelve a repetirse el juego escénico de los voceadores de prensa. Los cuatro endecasílabos que preceden a la siguiente crónica son los siguientes.)*

LOS TRES VOCEADORES. *(Al unísono.)*
    Y ahora pasad, amigos: ¡adelante!
    que el conflicto es de aquí, de allí, de allá;
    pasad al interior, más no dormiros,
    que hay «siestas» de difícil despertar.

(Mutis de los tres.)

VOCEADOR 1.º   *¡El Soplo!*
VOCEADOR 2.º   *¡El Soplo!*
VOCEADOR 3.º   *¡El Soplo!* [81].

---

[80] El texto A está fechado así: «Madrid, mayo de 1965. L. Olmo.»
[81] De nuevo, la intervención de los voceadores es en A enteramente distinta, en lo que se incluye la mención de EL TONTO ÚTIL, pieza que ha desaparecido de esta obra en su redacción final.

Tercera intervención de LOS VOCEADORES:
    Caído el telón corto de EL TONTO ÚTIL, entra por el lateral derecha el primer voceador:
VOCEADOR 1.º   ¡El Soplo!
VOCEADOR 2.º   *(Entrando por el lateral izquierda.)* ¡El Soplo!
VOCEADOR 3.º   *(Por el patio de butacas.)* ¡Compren El Soplo con la escalofriante noticia del resultado de los partidos! *(Sube al escenario.)*
VOCEADOR 1.º   ¡El Soplo!
VOCEADOR 2.º   ¡El Soplo!
VOCEADOR 3.º   ¡El Soplo!
VOCEADOR 1.º   ¡Tres ministros suben!
VOCEADOR 2.º   ¡Tres ministros bajan!

(Se alza el telón corto y comienza Conflicto a la hora de la siesta.)

VOCEADOR 3.º   ¡Tres, que son más cucos,
esconden tres cartas!
VOCEADOR 1.º   ¡El Soplo!
VOCEADOR 2.º   ¡Órgano de la Demo A.!
VOCEADOR 1.º   ¡El Soplo!
VOCEADOR 2.º   ¡Órgano de la Demo B.!
VOCEADOR 1.º   ¡El Soplo!
VOCEADOR 2.º   ¡Órgano de la Demo C.!
VOCEADOR 1.º   ¡El Soplo!
VOCEADOR 2.º   *(Con tono dandy.)* ¡Órgano de la Demo Deee!
VOCEADOR 3.º   ¡Compren El Soplo con la escalofriante noticia del
resultado de los partidos!
LOS TRES.   *(Como antes.)* ¡Alabí! Etc., etc., etc.
   (Hacen el mutis igual que las dos veces anteriores.)
VOCEADOR 1.º   ¡El Soplo!
VOCEADOR 2.º   ¡El Soplo!
VOCEADOR 3.º   ¡El Soplo!
   (Se alza el telón corto y comienza LA METAMORFOSIS DE UN
HOMBRE VESTIDO DE GRIS.)*

CONFLICTO A LA HORA DE LA SIESTA [82]

PERSONAJES

LA SUEGRA.   EL MARIDO [83].
LA ESPOSA.

Época: ayer, hoy, ¿mañana?

Lugar de la acción: en distintos hogares del mundo [84].

Al levantarse el telón, se ve una puerta, una ventana cerrada por el calor de la siesta y una mesa sobre la cual LA ESPOSA *plancha un uniforme* [85]. *Al lado, visible y sobre el respaldo de una silla destaca, flamante, la guerrera. También se ve la gorra de plato.*

LA SUEGRA, *sin blusa y sentada en una banqueta, lee para sí un periódico. A su lado se ve un cestillo* [86] *con*

---

[82] En A, el título es «La metamorfosis de un hombre vestido de gris».

[83] En vez de EL MARIDO, en A se lee primero EL GUARDIA, que aparece rayado, y luego, EL HOMBRE VESTIDO DE GRIS.

[84] Ni la época, ni el lugar de la acción aparecen en A.

[85] A: «... LA ESPOSA plancha un uniforme gris.»

[86] A: A su lado se ve un cesto con labor de...

labor de costura momentáneamente abandonada. Pasan
unos segundos. De pronto LA SUEGRA *exclama:*
SUEGRA. *(Tirando el periódico sobre el cesto.)* ¡Prefie-
ro el semanario de sucesos! [87]. Ahí la adivinanza es fácil: un cuchillo, una yugular y un tajo; conclusión:
una baja en el censo. *(Señalando el periódico.)* Pero
lo que es estos [88], todos dicen lo mismo; o sea: no dicen, no sueltan prenda los condenaos. Si yo fuera joven,
con los pechos obedientes a la voz de ¡firmes!, ¡jurao
que no me liaba con ninguno de los que gastan tinta de
esta manera! ¿Sabrían decir con sinceridad, con honradez todo eso de: Ven y arrímate que te voy a hacer
madre de cinco mastuercillos aunque nos salgan revo-
lucionarios! [89]. De verdad te lo digo: suerte tienes de
que tu marido no te haya embarazao todavía, porque
un niño condenao a que le cuenten las cosas así *(Coge
el periódico y crispando la mano sobre él lo muestra.),*
será un desgraciao aquí y en cualquier esquina del globo [90]. ¿Tú has oído hablar de la Gran Huelga? [91]. Tu
padre estuvo en ella. ¡Anda, que si llega a ver a su hija
casada con...! [92].

---

[87] En A, Olmo escribe «El Caso» pero luego lo borra y sustituye por la versión de B: «El semanario de sucesos.» Nótese la
evidente alusión del texto, aun suprimiendo el título, al célebre
semanario de sucesos, *El Caso.* Dada su especialidad, solía ser muy
leído por la izquierda clandestina en ocasión de procesos importantes.

[88] En A se lee: ... una baja en el censo. ¡Pero en estos papeles
de Ringorango...! Todos dicen lo mismo...

[89] A: ... con honradez, todo eso de: ¡Ven acá, vida mía, que
te voy a hacer madre de cinco mastuercillos aunque salgan socialistas!

[90] A: (... será un desgraciado aquí y en cualquier rincón de la
naranja).

[91] A: ¿Tú has oído hablar de la (huelga del diecisiete)? Lo que
aparece entre paréntesis está como siempre, tachado en el texto
y sustituido por «la Gran Huelga».

[92] A: Tu padre estuvo en ella. Si en vez de maquinista es
chofer, se presenta con autocar y viajeros dentro. ¡Anda, que
si llega a ver...

ESPOSA. *(Seca)* [93]. ¿Con quién?

SUEGRA. *(Mostrándole el periódico.)* Con un tío que defiende esto, que es un producto de esto. *(Arroja el periódico lejos de sí)* [94].

ESPOSA. ¡Y que es mi marido! ¡Tu...!

SUEGRA. *(Cortando.)* ¿Mi qué? No olvides que no hay nieto que me una a él [95].

ESPOSA. ¡Qué mala sangre! Un día te oirá y...

SUEGRA. Más de una vez me ha oído. *(Señalando el periódico.)* ¿O crees que soy como ésos? Te voy a confesar una cosa. *(Se levanta y acercándose a su hija le dice.)* Yo le aprecio, pero a mi manera. Y si a veces grito contigo, es para que me oiga él. ¿Entiendes o no? *(Yendo a sentarse y poniéndose a coser.)* No sé que va a pasar el día en que se empiece a hablar por lo claro. Claro que el pan hace sordomudos y pone balas en la recámara. Aunque, la verdad, no creo que tenga que seguir gritándote por mucho tiempo. El miedo se nos va pasando y no olvides que gente no asustada bien habla.

ESPOSA. ¡Otra vez con tus refranes!

SUEGRA. Contrabando popular. Siempre hay palabras que burlan la mordaza. Y el que quiera entender que entienda.

ESPOSA. *(Que ahora plancha el pantalón del uniforme.)* ¿Pero de qué le culpas?

SUEGRA. ¿Yo? ¿Culpar? Yo no culpo a nadie, hija. Pero como estoy obligada a convivir, me sublevan los fallos de la gente. ¿Tú has oído cosa más necia que eso de «usted a sus asuntos»? Eso está bien para los muertos. ¿Te acuerdas de Adán y Eva? Dime: ¿fue aquél un asunto privado? El tío palpa la manzana, la repalpa,

---

[93] A: ESPOSA *(acre.)*

[94] A: SUEGRA. *(Vuelve a coger el periódico.)* Con un tío que lee esto, que es el producto de esto. *(Arroja el periódico lejos de sí.)*

[95] En A, no aparece la acotación. Además, al final del parlamento aparece tachada la frase: (¡Ojalá no lo haya!)

le entra el repeluzno y se la zampa [96]. ¿Y qué?, ¿quedó todo ahí? Claro que a mí, el cuento del manzano... Aunque, la verdad, se me hace muy cuesta arriba eso de nuestras antepasadas coqueteando con los gorilas. Sin embargo, no creas que tu marido no me hace meditar. En fin, dejémoslo [97].

ESPOSA.   Nunca le has querido.

SUEGRA.   Al revés. Es a él al que le importamos un rábano. Ese viene, le echas de comer, te lleva a la cama, trepa al manzano, se administra luego un sueño, y después, ¡hala, a sus asuntos! ¡Y qué asuntos! [98].

ESPOSA.   ¡La huelga!, ¡siempre la Gran Huelga reconcomiéndote por dentro, pudriéndote!

SUEGRA.   ¿Pudriéndome dices? Eso es lo que no le perdono a tu marido: lo que está haciendo de ti. Sí, yo llevaré a la Gran Huelga dentro de mí [99]. Y siento un gran placer al notar que mi hígado, que mis riñones, que todos mis nervios están en pie, en manifestación perpetua. Y es que yo he vivido [100] con tu padre, y los dos con los demás; y entre todos llegamos a saber qué es eso de la convivencia [101]. Por ella se hizo la Gran Huelga, y el que estuvo en ella, en ella está pa los restos.

---

[96] A: «El tío palpa la manzana, la repalpa, le entra el apetito y se la zampa.»

[97] A: «... ¡el cuento del manzano! ...Lo que pasa es que se hace muy cuesta arriba eso de nuestras antepasadas coqueteando con los gorilas. Sin embargo, no creas que tu marido no me hace meditar. Porque ese, de «evolucionario, na». En cuanto se encasqueta eso *(Señala el uniforme.)* *(Gesticula como debieron hacerlo los peludos aquellos. Ya solo le falta...)* en fin, dejémoslo. *(Riendo, sarcástica.)* ¡La cofradía del coco! ¡Qué tíos!» Todo el paréntesis del parlamento se ha suprimido en el texto A.

[98] A: «...le echas de comer, te lleva a la cama, se sube al manzano, echa luego un sueño y después se larga "a sus asuntos", (no a "nuestros asuntos"). Porque ese no convive (vive), malvive como un energúmeno».

[99] A: «Sí, yo llevaré la Gran Huelga dentro, para siempre!»

[100] A: «convivido».

[101] En A, aparece a continuación, tachada, esta frase: «(Y si alguien era atropellado.)»

280

ESPOSA. Eres una ilusa.

SUEGRA. Y tú una desgraciada. Ni quieres, ni te quieren. Sexo, ganas de mandanga y miedo. Cochino egoísmo, hija. Sigue, sigue planchando los pantalones del gorila.

ESPOSA. De tu boca no salen más que insultos. ¡Y es eso saber convivir como tú dices?

SUEGRA. *(En un arranque.)* Es ganas de revolveros, de poneros en pie las vísceras, de que os agarréis el corazón[102] y os lo tiréis a la cara el uno al otro, a ver si despertáis. Sois jóvenes. Tenéis derecho al aire, a la lluvia, a tumbaros en un prado, a gritar de júbilo y hasta a pegar patadas a un bote si se os antoja.

(De dentro viene una voz irritada.)

VOZ. ¿Se puede dormir? ¡No gritéis!, ¡es una orden!

SUEGRA. *(Parodiando)*[103]. ¡Es una orden! ¿Lo has oído? Claro que éste es de los que han nacido para dormir. *(Canta:)*

> Duérmete, gorilita
> duérmete y sueña
> con la metralletita
> que ya es tu dueña.
> Duérmete, gorilita,
> duérmete ya,
> que si no la Gran Huelga
> te comerá.

VOZ. *(Más fuerte)*[104]. ¿Os calláis o no?

ESPOSA. *(Acercándose al lateral.)* Ya, ya nos callamos. Duerme tranquilo. *(Regresa a planchar)*[105].

SUEGRA. Ese es capaz.

ESPOSA. ¿Capaz de qué?

---

[102] A: «... el corazón con la mano y os lo tiréis...».
[103] La acotación no aparece en A.
[104] Tampoco esta acotación está en A.
[105] A: «ESPOSA. *(Acercándose al lateral, dice hacia dentro.)* Ya, ya nos callamos. Duerme, duerme tranquilo. *(Regresa a la plancha.)*»

SUEGRA. De dormir tranquilo.

ESPOSA. Eso espero.

SUEGRA. ¡Eso espero! Y dicho así [106]. ¡Rechinando deben de estar los huesos de tu padre! ¿Sabes a la conclusión que estoy llegando? Que eres tú, sólo tú la culpable. Si tu marido llega a conocer a tu padre, ese uniforme...

ESPOSA. Este uniforme, ¿qué?

SUEGRA. Lo estaría planchando yo. Y tú sacándole brillo a las insignias. En fin, dejémoslo; no vaya a ser que me emocione y salga ése y me pille llorando. ¡Si entendiera mis lágrimas! (*Levantándose y enfrentándose con su hija.*) ¿Sabes qué te digo? Que a ése le quiero más que tú porque tú eres incapaz de hacer que él se vea en cueros [107], en cueros vivos, y que sea entonces cuando se compare con los desgraciaos que le rodean. Pero no, tú estás planchando eso como si fueras un robot, y huyes, huyes de nosotros [108]. ¿Tu marido desnudo?, ¿hombre a secas?, ¡ni hablar! Y planchas, planchas sin descanso; huyendo, sí. Porque ese hombre que ahora tienes ahí, desnudo en su verdad, sin tapujos, te tiene sin cuidao. (*Cogiendo la gorra de plato y mostrándosela.*) Para ti, tu marido, no es más que esto: una gorra de plato. (*Echando la gorra sobre la silla.*) Sin nada que cubrir [109].

ESPOSA. Ya está bien de insultos, madre [110].

SUEGRA. ¿Insultos? (*Coge el arrugado periódico y lo*

---

[106] A: «y dicho así, como convencida».

[107] A: «¿Y sabes que te digo? ¡Que le quiero más que tú! Pero tú eres incapaz de hacer que él se vea en cueros.»

[108] A: «Pero no, tú estás planchando eso sin amor, huyes, huyes de nosotros.»

[109] A: «Para ti, tu marido es esto: una gorra de plato. (Que empujada por ti camina metralleta en mano hacia unos galones. Y, ¡oh, Dios, si fueran estrellas!) (*Dejando la gorra en donde estaba.*) Infeliz. (*Señalando hacia el interior.*) ¡Si ese pobre paleto...!»

[110] A: ESPOSA. (*Cortante.*) ¡Ya está bien de insultos, madre!

despliega ante ella) [111]. Lee, lee aquí. Y ya no es lo principal que estas palabras pueda moverlas el odio, no. Es algo más cruel y en frío. El botín es lo que manda, lo acumulado con malas mañas. ¿Qué dice aquí? «Disturbios laborales. Se han practicado varias detenciones.» Y ya está. Nada de que ciento y pico trabajadores, por querer salir de los sueldos de hambre, han sido expulsados de sus puestos de trabajo [112]. Nada de que fue eso lo que puso en marcha las manifestaciones de protesta. Nada de los porrazos repartidos y de las heridas causadas. Salvo que ahora me digas que las manchas que hemos quitado de esa guerrera eran de salsa de tomate. O que los dos botones arrancados se deben a que a tu marido le dan manías. *(Tajante.)* Ni consignas extranjeras, ni leches: ¡Hambre! Eso de lo que tú y ése queréis huir de mala manera. ¿Sabes las palabras que pronunció tu padre al morir? «No te he sacado de muchos apuros, ésa es la verdad. Y hasta muchas angustias me debes. Pero juntos, nunca nos hemos sentido solos, ni vacíos. Gracias» [113].

ESPOSA.   *(Repentina y sarcástica.)* ¡Y la espichó! [114].

SUEGRA.   ¿Qué dices?

ESPOSA.   ¡Que la espichó! Que después de su honda y bella frase se fue al más allá con una beatífica sonrisa en los labios [115]. *(Enfrentándose con su madre.)* ...¿O no fue así?

SUEGRA.   ¿Cómo te atreves...?

---

[111] A: (Coge el arrugado periódico del suelo y lo despliega ante ella.)

[112] A: Es el botín lo que manda, lo acumulado con malas mañas. Ese egoísmo suicida sostenido por indocumentados mentales como tu *(marido)* gorra de plato. ¿Qué dice aquí?: «Disturbios laborales. Se han practicado algunas detenciones.» Y ya está. Nada de que ciento y pico de trabajadores por querer salir de los sueldos de hambre, han sido expulsados de sus lugares de trabajo.

[113] A: «... tu padre al morir? *(Pausa.)* No te he sacado de...»

[114] A: «ESPOSA. *(Repentina.)* ¡Y la espichó!»

[115] A: «... con una luminosa sonrisa en los labios».

ESPOSA.   ¿Y por qué no he de atreverme? ¿O éste sí es un asunto privado?

SUEGRA.   Estás insultando su memoria.

ESPOSA.   ¡Su memoria, su memoria! Mi marido y yo somos gente de carne y hueso, y el hambre sigue ahí. Y entre su memoria y el hambre, manda el hambre. Y es ésta la que acaba poniendo la gorra de plato.

SUEGRA.   *(Levantándose.)* ¡O el plato de gorra!

ESPOSA.   *(Casi gritando.)* ¿A mantener el orden le llama usted...?

SUEGRA.   *(Gritando.)* ¿Qué orden?

(Superando el grito de la SUEGRA, *vuelve la irritada voz de dentro.)*

VOZ.   ¡Callaroooooos! [116]

SUEGRA.   ¿Te has dao cuenta? ¡Eso es un aullido desde todo lo alto de un cocotero! *(Imitando el grito.)* ¡Ya nos callamooooos! (Se sienta, coge de nuevo el periódico y, abriéndolo, se enfrasca en su lectura. La ESPOSA reanuda el planchado. De pronto la SUEGRA, sin apartar los ojos del periódico, comienza a hacer comentarios para sí y como replicando a lo que va leyendo.) ¡Qué cinismo! Sí, hombre, ¿cómo no? Lo que tú dices va a misa. A misa de cura sobornao, claro. (Pasa hoja.) Bonito titular: «Los tontos útiles». ¿Quiénes serán éstos? Hombre, ¡cómo no! ¡Que mundo! Ahora resulta que los listos... ¡Menudo truco! ¡La listería andante y el que sea tonto que se aguante!

----

[116] A: SUEGRA. *(Levantándose, incisiva.)* ¡O el plato de gorra! Porque dime: lo que hace ese *(Señala hacia dentro.)*, ¿es trabajar?

ESPOSA.   ¡Sí! Y mantener el orden para que los que trabajan...

SUEGRA.   *(Tajante.)* ¡No se desmanden!

ESPOSA.   ¿No se qué?

SUEGRA.   ¡Leches, hija! ¡Leches!
    (Vuelve la voz de dentro.)

VOZ.   *(Vociferante.)* ¡Callaroooooos!

Pero, ¿y esto? Esto sólo tiene un nombre: ¡asesinos! ¿Has leído esto, hija? [117].

(La Esposa, *sin hacer caso, sigue planchando. Hace su aparición el* Marido. *Además de descalzo, viene en camiseta y calzoncillos. Viene de dormir la siesta. Desde el lateral observa y escucha a su suegra. Esta no se da cuenta de su presencia. Tampoco su esposa. La* Suegra *no ha parado de decir.*) [118].

Y aunque lo hubieras leído, ¿qué? Tú estás hecha al escándalo. Te han alimentado con grandes titulares, y no escritos con tinta, sino con sangre. La tinta ya sólo sirve para acompañar a los calamares [119].

---

[117] A: Suegra. ¿Eso es una orden? ¡Eso es un aullido desde todo lo alto de un cocotero! (*Imitando el grito, hacia dentro.*) ¡Ya nos callamooooos! (*Se sienta y vuelve a coger el periódico y, abriéndolo, se enfrasca en su lectura. La esposa reanuda el planchado. De pronto la suegra, sin apartar los ojos del periódico, comienza a hacer comentarios para sí y como replicando a lo que va leyendo —es un monólogo entrecortado y que tan pronto es irónico, o irascible, o sarcástico, o plenamente ofensivo:*) ¡Qué cinismo! Sí, hombre, cómo no. Lo que tú dices va a misa. ¡A misa de cura sobornao claro!... ¡Y dale con Moscú! Anda gato chino: ¡Mao, mao, mao! Si me prestara la zarpa, ¡ya os diría yo a vosotros, ya! Y ahora la que faltaba: Praga. ¡Pero que tendrá que ver con el Ayuntamiento!... ¡Claro que para cierta basura, las escobas checas...! (*Pasa hoja.*) Bonito titular: «Los tontos útiles.» ¿Quiénes serán éstos? ¡Hombre, cómo no! ¡Qué mundo! Ahora resulta que los listos... ¡y menudo truco! La listería andante y el que sea tonto que se aguante... Otra vez los mineros; y el carbón, como siempre: de luto. (*Como llamando a un gato.*) Bis, bis, bis: ¡ven aquí, Mao!... Ya están aquí «los ye, ye de la metralleta»: los marines. ¡Pues por falta de costa no va a quedar!... ¡Pero y esto! Esto sólo tiene un nombre: ¡asesinos! ¿Has leído esto, hija?

[118] A: «...Hace su aparición el hombre vestido de gris. Ahora está descalzo, y en camiseta y calzoncillos...»

[119] En A, la intervención de la suegra continúa así: «calamares. (*Pasando hoja.*) Deportes: cincuenta millones de traspaso por... (*Cerrando el periódico.*) Por cierre del local. Y to dios a pastar, que es lo nuestro».

MARIDO. *(A la* SUEGRA) [120]. Anda y que no raja usté. De «espiquer» y rica.

SUEGRA. ¿«Espiquer» yo?... ¡Os ibais a asustar mucho!

MARIDO. ¡Chucho ladrador...!

SUEGRA. ¡Chucha! ¡Y preñá de muy malas intenciones! [121].

MARIDO. Pues a la comadrona con ellas, que aquí, cada vez que viene usté...

SUEGRA. *(Señalando a la* ESPOSA.) Por esa vengo, ¿o que te has figurao? *(Señalando el uniforme.)* ¿Que me atrae el smoking ése?

MARIDO. Empiezo a no querer entenderla.

SUEGRA. No, si siempre lo he dicho: ¡a ti te ascienden rápido! Vamos ¡que te galonean el smoking!

MARIDO. ¡Se ha ido la luz!

SUEGRA. *(Dándole el periódico.)* Pues toma, hijo, toma; no pierdas la sombra, que el día es de bochorno [122].

MARIDO. *(Cogiendo el periódico.)* Esto no es para usté. Usté tiene un empacho de cosas raras.

SUEGRA. Puede ser; pero tú estás anémico.

MARIDO. *(Sacando el biceps de uno de sus brazos)* [123]. ¿A esto le llama anemia?

---

[120] A: «HOMBRE. *(A la abuela.)* Anda y que no...» La transcripción popular de la palabra speaker (locutor) es recogida por Lauro Olmo aquí, testificando su muy extendido uso en aquella época.

[121] A: HOMBRE. ¡Perro ladrador!

SUEGRA. ¡Perra! ¡Y preñá de muy...!

[122] A: SUEGRA. *(Señalando a su hija.)* Por esa vengo, que lo que es por ti... ya sabes que el gris no me va.

HOMBRE. Usté prefiere el tomate, maduro, coloradito y hala: a organizar la ensalada.

SUEGRA. ¡A veces me pregunto si cumples lo años de pie!

HOMBRE. Empiezo a no entenderla.

SUEGRA. No, si siempre lo he dicho, ¡a este lo ascienden rápido!

HOMBRE. Sigo a oscuras.

SUEGRA. *(Dándole el periódico.)* Pues toma, hijo, toma. No pierdas la sombra, que el día es de bochorno.

[123] A: HOMBRE. *(Sacando el músculo de uno de sus brazos.)*

SUEGRA. (*Irónicamente alborozada.*) ¡Qué biceps! ¡Si parece un cerebro! Lee, hijo, lee. ¡Échale noticias de ésas y que engorde! [124]

MARIDO. (*Abriendo el periódico.*) ¿Se larga usté hoy, o la función es de sesión continua? (*A su mujer, leyendo algo en el periódico.*) ¿Qué te decía yo? Los que movieron todo el tinglado eran...

SUEGRA. (*Cortando tajante.*) ¡Agentes extranjeros!

MARIDO. (*Sin hacer caso a su* SUEGRA.) Estaba claro.

SUEGRA. (*Irónica.*) ¡Claro!

MARIDO. (*Siempre a su mujer.*) El alto, el que gritaba libertad...

SUEGRA. Gritaba con acento extraño.

MARIDO. (*Enfrentándose con su* SUEGRA.) ¡Exactamente! (*A su mujer.*) Escoge: ¡O tu madre o yo! [125].

---

[124] A: SUEGRA. (*Irónica.*) ¡Qué cerebro! Lee, hijo, lee. Échale noticias de esas y que engorde.

[125] A: HOMBRE. (*Abriendo el periódico.*) ¿Regresa usté hoy, o la función es de sesión continua? (*A su mujer, leyendo algo en el periódico.*), ¿qué te decía yo? Los que movieron todo el tinglado eran...

SUEGRA. (*Cortando.*) Agentes de Moscú.

HOMBRE. (*Sin hacer caso a su suegra.*) Estaba claro.

SUEGRA. ¡Claro!

HOMBRE. (*Siempre a su mujer.*) El alto, el que gritaba ¡libertad! ...

SUEGRA. (*Cortando.*) Gritaba con acento extraño.

HOMBRE. (*Enfrentándose con su suegra.*) Exactamente.

SUEGRA. Extranjero.

HOMBRE. ¡Sí!

SUEGRA. Checo.

HOMBRE. ¿Qué quiere decir eso?

SUEGRA. Checoslovaco.

HOMBRE. No. (*Señalando el periódico.*) Aquí dice de Praga. Y si aquí lo dice, de Praga es.

SUEGRA. O sea: checoslovaco.

HOMBRE. (*Tajante.*) ¡No! ¡De Praga!

SUEGRA. Lee, hijo, lee. No pierdas instrucción.

HOMBRE. (*Después de mirar furiosamente y durante un instante a su suegra.*) ¿Es que usted duda de que fuera de Praga?

SUEGRA. No, dudo de otra cosa: de que tú sepas cómo se pronuncia ¡libertad!

HOMBRE. ¿Me lo dice con segundas?

SUEGRA.   Tú, siempre tú. Y no te preocupes: en cuanto pase el calor me largo.

MARIDO.   *(Cediendo un poco.)* ¡Es que usté me desquicia!

SUEGRA.   Tú a mí no. *(Señalando el periódico.)* A mí me desquicia eso. Y lo que no me explico es que tú, que palpas los hechos aunque sea a golpe de porra, no te aclares. *(A los dos.)* No os aclaréis. Antes le decía a tu mujer que no hay nieto que me una a ti. Pero créeme, te siento de los míos. Si tú hubieras vivido al lado del padre de ésa, ese uniforme, con gorra de plato y todo, no llevaría dentro un autómata [126]. ¿Pero no te das cuenta? ¿Qué es lo que piden todos esos alborotadores o indocumentados o maleantes, que de todas formas los llamáis? ¿Qué es lo que exigen, di? Tú has entrado en sus casas, donde hay niños y mil necesidades. Y esto es lo que les da derecho a gritar [127].

ESPOSA.   *(Tajante.)* ¡No siga, madre! ¡Cállese!, que para viudas ya está usté. Usté se ha quedao sola y las dos hemos pagao las consecuencias. ¡Y ya está bien, madre!, ¡ya está bien! [128].

SUEGRA.   La que estás sola eres tú. Y si algún día palmara éste, tú no te quedarías viuda, te quedarías

---

SUEGRA.   *(Seria.)* No, hijo. Te juro que no.

HOMBRE.   *(A su mujer.)* Escoge: ¡o tu madre, o yo!

[126] A: «... al lado del padre de esa, tú serías socialista, con uniforme, con gorra de plato y todo. Pero te creció la barba mucho después, y no eres más que eso *(Señalando hacia la guerrera.)*: uniforme. *(Yendo hacia él.)* ¿Pero no te das cuenta?...»

[127] A: «¿qué es lo que exigen, di? Poder vivir con dignidad, como seres humanos y con ese cartelito que, una y otra vez, llevan los taxis en el pecho: ¡libres!

[128] A: HOMBRE. *(Con sorna.)* ¿Un taxi libre? Usted delira, abuela.

SUEGRA.   Ya has hecho el chistecito: ¡Y a reír, que sirve de alivio!

HOMBRE.   Usted lo ha dicho, madre. Y cambie el disco, que para viudas está usted. Usted se ha quedado sola, y los dos hemos pagado las consecuencias. ¡Y ya está bien, madre! ¡Y ya está bien!

288

como estás ahora: soltera. Porque vosotros, aunque os hayáis dado el «sí» ante el mismísimo Dios, más que casaos estáis liaos.

MARIDO. *(Grotesco.)* ¡Mi señora es más decente que usté!

SUEGRA. A tu señora, mameluco, me la he sacao de donde yo me sé; y por saberlo, sé lo que me digo. ¿Entendido?

MARIDO. *(Intencionado.)* ¡Ha refrescao!

SUEGRA. Sí, hombre, sí; me largaré y os dejaré con vuestra decencia. Pero antes quiero que me aclares algo.

MARIDO. ¡Si es sólo eso!

SUEGRA. ¡Eso!, ni más ni menos. *(Coge el periódico y ante la expectación del matrimonio, busca la «Sección de sucesos» y se la muestra a su nuero)* [129]. Ahí, en la sección de sucesos.

MARIDO. Ahí, ¿qué?

SUEGRA. Ahí, ¡Eso! Lee.

MARIDO. *(Leyendo.)* En - la - tar... Enlatar [130]...

SUEGRA. *(Ayudándole.)* En la tarde de ayer. Sigue.

MARIDO. En la tarde de ayer se practi, practi...

SUEGRA. Se practicaron varias detenciones. Sáltate lo de alborotadores, indocumentados, y demás y de entre los nombres de los huelguistas lee este.

MARIDO. Ju-an Guti...

SUEGRA. Gutiérrez Sánchez, treinta y cinco años y con un solo delito a sus espaldas: querer darle al pan su peso [131].

MARIDO. *(Comenzando a ponerse el uniforme.)* ¿Y qué más?

---

[129] Nótese la utilización del autor, en una acotación, del término vulgar por yerno. Es curioso hasta qué punto se ha dejado impregnar Lauro Olmo por el lenguaje de sus personajes, aunque no debe olvidarse su origen popular y autodidáctico como parcela de explicación a este singular aspecto de su discurso literario.

[130] A: HOMBRE. *(Deletreando, pues apenas sabe leer.)* En... la...

[131] A: SUEGRA. Gutiérrez Sánchez, treinta y cinco años... Panadero y con un solo delito a sus espaldas...

SUEGRA.   Detenido por un mal nacido.
MARIDO.   ¿Y quién es ése del mal parto? [132].
SUEGRA.   Un arrejuntao.
MARIDO.   A oscuras, abuela; o da la luz o...
SUEGRA.   Tú, mal nacido. Tú.
MARIDO.   Se lo he dicho antes: ¡ha refrescao!
SUEGRA.   ¿Es que no le conocías?
HOMBRE.   A él y al sargento que estaba a mi lao.
SUEGRA.   Y al lao del sargento, un oficial; y al lao de éste [133]...
MARIDO.   (*Autoritario.*) ¡Basta!
SUEGRA.   (*Encarándose con él.*) ¡Los «Ese Ele» y los «Ese A»! [134].
MARIDO.   (*Poniéndose los pantalones.*) Otra vez se ha ido la luz.
SUEGRA.   Y te ha dejao a punto de disciplina: ¡a ciegas! Los «Ese Ele», Sociedad Limitada. Y los «Ese A»...
MARIDO.   (*Cortando con suficiencia.*) ¡Anónima!
SUEGRA.   (*En un rapto de repentino cariño le besa la frente y le dice señalándole a su hija:*) Pregúntaselo, anda; se lo he dicho más de una vez. Tú eres como ella, y como yo. ¡Ay, si viviera tu suegro! (*Besando la guerrera.*) Mira, ¡mira con que entusiasmo te beso también el uniforme! [135]. (*Poniéndole la gorra de plato.*) Y ponte, ponte la gorra, que te sube el guapo

---

[132] A: HOMBRE. (*Que empieza a ponerse las distintas prendas del uniforme.*) Y qué más.
SUEGRA.   Hijo de un compañero de mi marido.
HOMBRE.   ¿Y qué más?
SUEGRA.   Metido en el «jeep» de los detenidos por un mal nacido.
HOMBRE.   ¿Y quién es ese del mal parto?
[133] A: SUEGRA.   Y al lao del sargento, un oficial; y al lao del oficial, un comandante; y al lao del comandante...
[134] A: SUEGRA.   (*Firme, acercándose y encontrándose con él.*) ¡Los «ese ele» y los «ese a»!
[135] A: SUEGRA.   (*Besándole la frente y señalando a su hija, exclama alborozada:*) A esa. Se lo he dicho a esa: ¡Tú eres recuperable! (*Besando la guerrera.*) Mira, te beso también el uniforme.

hasta la bandera. ¡Y viva la Patria!, ¡y viva la madre
que nos parió a todos! Pero a esos, a esos de las «Ese
Ele» y las «Ese A», a esos, ¡ojalá los millones se les
vuelvan calderilla y no les den de comer, ni les dejen
dormir hasta que acaben de contarlos! Porque la muerte, con lo bien que estamos hechos, no se la deseo a
nadie. *(Buscando algo.)* ¿Dónde?, ¿dónde está? *(Al
fin descubre y coge la porra de él. Se la entrega y al
mismo tiempo le suplica:)* ¡Tírala, hijo! *(Abriendo la
ventana.)* Mira: abro la ventanita y tú mandas la porra
a la idem. ¡Hala, guapo! A la una, a las dos, y a...
MARIDO. *(Amenazador.)* ¡Y a largarse de aquí antes
que...!
SUEGRA. *(Enfrentándose con él.)* ¿Qué? *(Despectiva.)*
¿Guapo tú? ¡Si eres más feo que la conciencia de los
«Ese Ele» y los «Ese A»! [136].
MARIDO. *(Autoritario a su mujer.)* ¡La guerrera!
SUEGRA. *(Poniéndose la blusa y luego retocándose para
irse.)* Sí, póntela. *(A él.)* ¿Y sabes que debías hacer?
Largarte a tu pueblo, colocarte en medio de la huerta,
y estirar los brazos en cruz. ¡A espantar! Aunque no
ibas a dar abasto, porque, entérate bien: ¡somos muchos los pájaros! Y ni tú, ni nadie, impedirá que las
piemos. *(Acercándose a él, le suelta rotunda en pleno
rostro:)* ¡Pío, pío, pi! [137].

*(Él, acabando de abrocharse la guerrera, se estira im-
ponente y ya uniformado. Su voz, a partir de ahora,
es dura, tajante, autoritaria. Sigue con la porra en
sus manos.)*

---

[136] A: SUEGRA. *(Yendo hacia él, despectiva.)* ¡Si hasta tu uniforme es gris! Un color que se te va metiendo dentro y te va
nublando: ¡nublao! ¡Que eres un nublao! ¿Guapo tú? ¡Si eres
más feo que la conciencia de los «ese ele» y los «ese a».

[137] En A, puede leerse, a continuación, a pesar de estar tachada, la siguiente frase: «Y él envaina la porra. Y mimándola que
es la única que utiliza bien.»

MARIDO. No es que haya refrescao: ¡es que hace frío!

SUEGRA. Yo diría fresco, pero es una palabra muy leve.

MARIDO. También se dice «la fresca».

SUEGRA. *(Como sorprendida y cariñosa.)* Por fin, hijo. El Señor te bendiga esa ternura. *(Tajante.)* ¡Porque supongo que te refieres a tu mamá! [138].

MARIDO. *(Durísimo.)* ¡Fuera! Y óigame bien; a Juan Guti [139]...

SUEGRA. Gutiérrez Sánchez.

MARIDO. A los hijos de Juan Guti...

SUEGRA. Gutiérrez Sánchez.

MARIDO. *(Señalando a su mujer.)* O al padre de ésa que reviviese, en celdas de castigo los arrojaría yo si los pillase alterando el orden que acrisola y solea los predios patrios [140].

SUEGRA. ¿Los qué has dicho?

MARIDO. ¡Los predios!

SUEGRA. Te había entendido ¡Los precios patrios! [141].

ESPOSA. *(Durísima.)* ¡Ya está bien, madre!

SUEGRA. *(Crispando sus manos sobre el periódico y arrojando éste contra el suelo.)* Sí, hija, ¡ya está bien!

MARIDO. *(Cogiendo a su SUEGRA de un brazo y sacándola de la escena.)* ¡Salga!

SUEGRA. *(Haciendo mutis con su nuero.)* ¡Ya está bien!, ¡ya está bien!

---

[138] Las acotaciones no aparecen en A.

[139] Tampoco está en A.

[140] A: HOMBRE. *(Señalando a su mujer.)* O al padre de esa que reviviese, no en el «jeep», en la misma trena les arrojaría yo si los pillase alterando el sacrosanto orden que, desde hace veinticinco años, acrisola y solea los predios patrios.

[141] En A, la SUEGRA continúa así: «Sigue nublao, sigue. *(Él, impotente, se la queda mirando de un modo agresivo.)* ¿Sólo te has aprendido eso? Aguarda, te echaré una mano. *(Coge el periódico y altisonante, e imitándole a él, lee en primera página.)* Nunca nuestro pueblo ha gozado de un periodo de paz tan largo, ni ha viajado tanto por Alemania, Suiza, Francia...»

(La Esposa *se queda sola. Vuelve a la mesa y se pone a planchar alguna prenda más. Al fin, incontenible mente, rompe en sollozos. Y cae el telón)* [142].

---

[142] El manuscrito A aparece datado así: «L. Olmo. Madrid, unos días de agosto de 1965.»

SEGUNDA PARTE [143]

Se alza el telón de esta Segunda Parte. Teniendo como fondo el telón corto, se repite como siempre, el juego escénico de los VOCEADORES *de prensa. Los cuatro endecasílabos de ahora, son los siguientes.)*

LOS TRES VOCEADORES.   *(Al unísono.)*

> Y ahora el entremés, la antigua manta
> de aquella popular sabiduría
> que de un tirón, ¡loor al que tiraba!,
> tantas tapadas cosas descubría.

(Mutis los tres.)

---

[143] En el manuscrito A se lee: *Segunda Parte.*
Lentamente, vuelve a alzarse el telón. Y vuelve también la voz en off, que dice:
> Sí, era un tiempo extraño
> y un extraño modo de convivir.
> E incluso, en la intimidad
> de los hogares, ocurrían cosas
> mínimas y extraordinarias.

(Escrito a mano, se lee:)
> (Venía a continuación «El tonto útil».)

Voceador 1.º   *¡El Soplo!*
Voceador 2.º   *¡El Soplo!*
Voceador 3.º   *¡El Soplo!*

(*Se alza el telón corto y comienza* De cómo el hombre limpión tiró de la manta.)

DE CÓMO EL HOMBRE LIMPIÓN TIRÓ DE LA MANTA [144]

PERSONAJES [145]

HOMBRE LIMPIÓN	VIEJO JUGLAR
VENDEDOR 1.º	NIÑO
VENDEDOR 2.º	NIÑA
MIMO	COMPRADOR
EXTRAÑA MUJER	MANIQUÍ [146]

---

[144] El primer título de esta pieza parece haber sido «Farsidrama del hombre limpión», que aparece tachado. Hay una nota de Olmo que dice:

«Título: 'De como el hombre limpión tiró de la manta.' Al pasarlo a máquina, he variado este manuscrito, mejorándolo.»

También tenemos constancia de que en algún momento el título fue: «Mercadillo Utópico.» Así consta en una carta de Olmo a A. Berenguer del 15 de enero de 1979.

[145] La lista de personajes de A es la siguiente:

Hombre limpión.
Vendedor 1.º (puesto de periódicos).
Vendedor 2.º (condecoraciones, medallas, es un hombre exaltado, excesivo).
Mimo (caretas y calaveras).
    (maniquí y extraño uniforme).
Prostituta.
Vendedor ciego con guitarra (juglar).
Comprador 1.º.
Comprador 2.º.

[146] Con respecto al Maniquí hay una nota de Olmo en A, tachada, que dice así:

«NOTA: Dentro del maniquí, sin que se note, habrá un actor que, al final, ya con la metralleta en sus manos, cobrará vida.»

*Advertencia: Todo se dirá y se accionará con tonos
y actitudes de pregón popular y callejero, desgarrado
a veces. El aire, será de gran guiñol, y el juego de tonos
en los pregones, constante* [147].

*Estamos en una sugerente y sintética plazuela de mer-
cado. Al lado de un tingladillo de periódicos, vemos al*
Vendedor 1.º *El segundo cuida y arregla su rutilante
puesto de condecoraciones y medallas. El* Mimo, *se halla
al frente de un muestrario de máscaras. En una de sus
manos sostiene una calavera y juega a ir poniéndole máscaras o caretas como para comprobar cuál le sienta mejor.
Es mudo, y sus pasos son de ballet. La* Extraña Mujer
*que viste con restos de indumentaria de prostituta rica,
tiene a sus pies una manta extendida y, sobre ésta, prendas, gorras y botas de antiguos y modernos uniformes.
A su espalda, figura un* Maniquí *desnudo que ella irá
vistiendo hasta conseguir una síntesis bélica de todos los
tiempos. Un poco apartado, se ve al viejo y «ciego»*
Juglar *que, acompañándose de bombo y platillo, cantará
de vez en cuando una extraña canción-romance* [148].

---

[147] A: Todo se dirá y se accionará con tonos y actitudes de
pregón popular y callejero, desganado a veces. Aire de gran
guiñol y constante y constante juego de tonos de voz en los pregones.

[148] A: Estamos en una sugerente plazuela de mercado. Al lado
de un tingladillo de periódicos vemos al vendedor 1.º. El segundo
cuida y arregla su rutilante puesto de condecoraciones y medallas.
El tercero, con graciosa mímica, sostiene una calavera en la mano
y juega a ir poniéndole caretas, como para comprobar cuál le sienta mejor. Este es mudo y un poco bailarín. La vendedora tiene
a sus pies una manta extendida y, sobre ésta, prendas, gorras y
botas de antiguos y modernos uniformes. A su espalda, figura un
maniquí desnudo que ella irá vistiendo hasta conseguir una síntesis bélica de todos los tiempos. A un lado, un viejo ciego, con
bombo y platillo, cantará de vez en cuando un extraño romance.
(En un recuadro de la primera página de A aparece esta nota
tachada:)
«Ya vestido el maniquí por la vendedora —cosa que coincide
con la metralleta ya armada— el hombre limpión se acerca al maniquí, lo mira, se vuelve a apagar la luz y cuando éste vuelve,
el maniquí se ha transformado en el hombre limpión. Todo cambia
y alcanza un tono épico-guerrero. Cuando se ha apagado la luz

Vendedor 1.º *(Voceando.) ¡Remember!*, el semanario gráfico del pasado. *¡Remember!*, alucinantes historias del tiempo antiguo! *¡Remember! (Cambiando el tono.)* ¡Ha salido *El Abrazo Universal*! Lean en la sección de abrazos los distintos abrazos del brazo. *(Con otro tono.)* ¡*El Noticiero Pacífico!*, matutino, vespertino y nocturnino. Lean también la extraordinaria edición en blanco [149].

(En medio de los pregones, entra en escena el Hombre Limpión. Viene con una malla que le cubre todo el cuerpo, lo cual hace que parezca desnudo. Trae al hombro una manta de colores populares y encima un pequeño saco. Se para en el primer término del escenario y en un extremo de éste, extiende la manta en el suelo, coloca el pequeño saco a su lado, se sienta y, una a una, irá sacando piezas de dentro del saco a través de toda la escena y, ya limpias, las irá escondiendo debajo de la manta evitando que tanto el espectador como sus compañeros de escena, descubran de qué se trata. Actuará en silencio, como si fuese mudo. El Viejo juglar, siempre acompañado de su bombo y platillos, rompe a cantar) [150].

Viejo. En los viejos tiempos,
        pum-pum-chin.

---

antes, al volver se ve al hombre limpión en una actitud bélico-defensiva.»

[149] Las acotaciones, exceptuando la primera, no aparecen en A.

[150] A: Entra en escena en medio de los pregones del Vendedor 1.º un hombre vestido sólo con una malla que hace que parezca desnudo. Trae al hombro un pequeño saco y una manta de colores populares. En el primer término del escenario un pequeño saco, del que, una a una, limpiándolas, va sacando piezas, que, ya limpias, oculta debajo de la manta. Extiende ahora la manta, y, sentándose encima, comienza, siempre mudo, a limpiar la primera pieza del arma. Al mismo tiempo, el viejo ciego rompe el silencio que se ha hecho y, acompañado de su bombo y platillo, canta:

Tiempos del estruendo,
pum-pum-chin:
¡Pum!
Tiempos del estruendo,
pum-pum-chin,
que ahora son recuerdos,
pum-pum-chin
¡Pum!
Que ahora son recuerdos,
pum-pum-chin
de tiempos guerreros,
pum-pum-chin
Pum!
De tiempos guerreros,
pum-pum-chin
soldados y clérigos,
pum-pum-chin
¡Pum! [151].

VOCEADOR 1.º ¡Lean en la sección de abrazos los distintos abrazos del brazo!
VOCEADOR 2.º *(Mostrando una condecoración y sacándole brillo.)* ¡Remember! [152].
EXTRAÑA MUJER. *(Colocándole la primera prenda al maniquí.)* ¡Remember!

(Este personaje utiliza siempre un tono lastimero, lacrimoso, llegando a veces al llanto. El MIMO, *que sostiene en sus manos la calavera, le coloca a ésta,*

---

[151] En A aparece una estrofa más tachada:
Soldados y clérigos
pum-pum-chin
De tiempos del estruendo,
pum-pum-chin
¡fum!
[152] A: VENDEDORA. *(Colocándole la primera prenda al maniquí y siempre gimiendo, llorando a veces.)* ¡Remember!

pantomímicamente, la primera máscara alusiva al
pasado clérico-bélico) [153].

VENDEDOR 1.º *¡Remember!* Alucinantes historias del
tiempo antiguo!
VIEJO. *(Bombo y platillo.)* ¡Pum-pum-chin! ¡Pum!

(El HOMBRE LIMPIÓN, *como ajeno a todo, sigue*
limpiando, una a una, sus piezas) [154].

VENDEDOR 2.º *(Cogiendo varias condecoraciones y me-*
dallas, se sube encima de un cajón y pregona.) ¡De
todos los colores! ¡P'al nene! ¡Pa la nena! ¡Hagan
las delicias del abuelito recordándole las nanas del
estruendo! *(Hacia un lateral.)* ¡Oiga, oiga! ¡Pase y
échele una miradita pacífica al género!

(Entra el PRIMER COMPRADOR *y se acerca al puesto.)*

Acérquese, sin miedo. *(Dándole una condecoración.)*
¡El pasado en colorines! *(Refiriéndose a la condecora-*
ción que le ha dado al comprador y que éste observa.)
¡Una reliquia prusiana! Perteneció a un mariscal y la
bendijo un cardenal [155].
VENDEDOR 1.º *(Pregonando.)* *¡Remember!* ¡Lean las
alucinantes historias del tiempo antiguo! [156].

---

[153] En vez de esta acotación que no aparece en A, figura lo
siguiente:
VENDEDOR 3.º *(Pantomímicamente, le coloca a una calavera que*
sostiene en una de sus manos la primera careta alusiva al pasa-
do clérico-bélico.)
[154] A: «El hombre limpión, ajeno a todo, sigue limpiando, una
a una y a través de toda la escena, las piezas de la metralleta.»
[155] A: «Acérquese. (Dándole una medalla.) ¡El pasado en colorines! (Dirigiéndose al comprador y refiriéndose a la medalla que
le ha dado y que éste observa.) ¡Una reliquia prusiana! *(Vocife-*
rando a los cuatro vientos.) ¡Aprovechen! ¡Aprovechen la ocasión
que es de saldo! (Al comprador.) Perteneció a un mariscal y la
bendijo un cardenal.» (Todo el texto en bastardilla está tachado.)
[156] A: VENDEDOR 1.º *(Voceando como siempre.)* ¡Remember! ...

301

VIEJO. *(Bombo y platillos.)* ¡Pum-pum-chin! ¡Pum!

VENDEDOR 2.º *(Al comprador, que ha cogido otra con-decoración.)* Fíjese en los matices del aspa. Y la inscripción, lea la inscripción.

(El HOMBRE LIMPIÓN cesa de limpiar y mira hacia el puesto. El VENDEDOR 1.º exclama.)

¡Stalingrado! *(Breve pausa. Acto seguido, como reaccionando, le muestra otra medalla.)* ¿O prefiere usted ésta de la Guerra de las Galias? *(Cogiendo muchas y soltándolas una a una.)* ¡Salamina! ¡Austerlitz! ¡Peloponeso! ¡Verdun! ¡Lepanto! ¡Varsovia! ¡Las Cruzadas! ¡Vietnam!

VIEJO. Soldados y clérigos,
       pum-pum-chin:
       ¡Pum!

(El HOMBRE LIMPIÓN reanuda su labor. El MIMO atiende a su juego de ir poniéndole y quitándole máscaras a la calavera. La EXTRAÑA MUJER le pone otras prendas —prendas que cepilla o cose previamente— al MANIQUÍ. El VENDEDOR 2.º lanza al aire otro de sus pregones) [157].

VENDEDOR 2.º ¡P'al nene! ¡Pa la nena! ¡Hagan las delicias del abuelito recordándole las nanas del estruendo!

(El COMPRADOR le muestra una condecoración al VENDEDOR como preguntándole el precio) [158].

---

[157] A: «El hombre limpión continúa limpiando. El vendedor tercero atiende a su juego de ir poniendo caretas a la calavera. La vendedora le pone otra prenda, prendas que cepilla y cose previamente, al maniquí. El Vendedor 2.º le suelta otra retahíla a un cliente:»

[158] A: COMPRADOR. *(Mostrándole una medalla al vendedor.)* ¿Cuánto?

A moneda por colorín. Cinco colorines, cinco monedas. ¿Se la envuelvo o se la prendo?

(*Se acerca al* COMPRADOR *y le prende la condecoración. El* MIMO, *pantomímicamente, le cubre la cara con una máscara. La* EXTRAÑA MUJER *le calza una bota. El* VIEJO, *en ritmo de marcha, le da al bombo y los platillos. El* COMPRADOR *da dos o tres pasos prusianos*) [159].

VENDEDOR 1.º   ¡Edición extraordinaria en blanco!

(*El* COMPRADOR, *reaccionando, se quita la condecoración y la bota. El* VENDEDOR, *mostrándole otras medallas, insiste.*)

VENDEDOR 2.º   Cuatro colorines, cuatro monedas. Tres, tres. Dos, dos. ¡Y vea qué maravilla de colorín por una moneda! (*Insinuante, como revelando algo.*) ¿O le prendo la moneda, y dejamos las baratijas del pasado en su sitio? [160].

VENDEDOR 1.º   ¡El huevo, la gallina, la condecoración, la moneda!   ¡Descifren el enigma histórico leyendo *Remember!*

VENDEDOR 2.º   (*Acosando al comprador que se va.*) Dos por una moneda, ¿hace? Tenga tres, son suyas. (*A pun-*

---

[159] A: «(Da la vuelta al puesto y le prende la medalla. El Vendedor 3.º, pantomímicamente le cubre la cara con una máscara. La vendedora le calza una bota. El viejo, en ritmo de marcha, le da al bombo y al platillo. El comprador da dos o tres pasos prusianos. El hombre limpión, cesando de nuevo en su labor, los mira un instante.)»

[160] A: COMPRADOR. (*Deshaciéndose de ellos y devolviendo medalla y bota.*) Niet, niet, niet.
VENDEDOR 2.º (*Insistente, mostrándole otras medallas.*) Cuatro colorines, cuatro monedas, tres: tres, dos: dos. ¡Y vea que maravilla de colorín por una moneda! (*Como revelando algo.*) ¿O le prendo la moneda y dejamos las baratijas del pasado en su sitio?
La palabra «moneda» aparece siempre después de unas tachaduras donde se lee «duro».

to de hacer mutis le mete en una mano las medallas.)
¡Lléveselas, se las regalo!

(*El* Comprador *arroja las condecoraciones al suelo
y hace mutis. El* Vendedor, *recogiéndolas, exclama,
despectivo.)*

¡Paz! ¡Paz! [161].

(*Una de ellas ha caído al lado del* Hombre Limpión,
*que, cesando de limpiar, se queda mirándola. Al ir
a recogerla, se enfrentan las miradas de los dos. Al
fin, el* Vendedor 2.º *regresa al puesto y el* Limpión
reanuda su faena.)

¡De todos los colores! ¡P'al nene! ¡Pa la nena!
Vendedor 1.º   ¡Lean la edición extraordinaria en blan-
co! [162].
Viejo.   (*Bombo y platillos.*)
                Pólvoras e inciensos,
                pum-pum-chin,
                del botafumeiro,
                pum-pum-chin
                ¡Pum!
Extraña Mujer.   (*Gimiendo.*) ¡Pum-pum-chin!: ¡Pum!
(*Tiene un casco con plumas de colores y, mostrándo-
lo, exclama:*) ¡Adivina, adivinanza! [163].

---

[161] A: Vendedor 2.º   (*Acosando al comprador que se va.*) Dos
por una moneda, ¿hace? (Tengo tres, son suyas.)
Comprador.   Niet.
Vendedor 2.º   Tenga tres son suyas.
Comprador.   (*A punto de hacer mutis.*) Niet, niet.
Vendedor 2.º   (*Metiéndoselas en una mano al comprador.*) Lléveselas, se las regalo.
Comprador.   (*Las tira y, haciendo mutis, exclama definitivo:*)
¡niet!
Vendedor 2.º   (*Recogiéndolas, exclama despectivo.*) ¡Paz! ¡Paz!
[162] A: «Vendedor 1.º   ¡Lean el «Noticiero Pacífico»! ¡Edición
extraordinaria en blanco!»
[163] A: «Vendedora.   (*Gimiendo.*) ¡Pum-pum-chin-pum! (*Con*

304

(El Mimo, *como contestación, inicia una pantomima
en que el pase de máscaras cubriendo la calavera va
ganando en rapidez. A cada cambio de máscara, se
oirá un golpe de bombo. Al final, el* Mimo *coge el
casco de manos de la* Extraña Mujer, *y, sin soltar-
lo, lo sitúa encima del cráneo de la calavera sin
máscara, quedando todo como un símbolo de la
muerte. En vez de golpe de bombo, ahora suena
uno de los platillos. La* Extraña Mujer, *como una
plañidera, exclama)* [164].

> De Alejandro
> De Escipión
> Atila
> o Napoleón
> de «Macartur»
> o de Rommel,
> ¿qué más da?
> Todo al fin:
> ¡huesos p'al can!

Vendedor 2.º
> Huesos rellenos
> en vida,
> ¡La vida
> que se chuparon
> Alejandro,
> los Atila,
> y me paro:
> ¡son la tira
> y un pendón!

Extraña Mujer. ¿Y un pendón?

Vendedor 2.º
> Naturalmente
> ¡Un pendón!
> El de Alejandro,

---

*una de las prendas —un casco con plumas de colores— en la ma-
no, pregunta dirigiéndose a los demás:)* ¡Adivina, adivinanza!
(¿A quién perteneció la prenda?)»

[164] En A el «Mimo» es el Vendedor 3.º y la «Extraña Mujer»,
la vendedora. Además, la última frase de la acotación no aparece
en A.

Escipión,
Atila
o Napoleón.

(El eco, hasta perderse en la distancia va repitiendo.)

Eco. ¡Y un pendón! ¡Y un pendón! ¡Y un pendón!
Vendedor 1.º *¡Remember!* ¡Alucínense con los alucinantes!

*(La Extraña Mujer, ha cogido el casco y se lo ha
colocado al Maniquí un poco ladeado. Al verlo así,
el Hombre Limpión se levanta, va hasta el Maniquí
y se lo coloca bien. Todos le miran. Él, siempre en
silencio, vuelve a su sitio y reanuda su labor. El
Viejo se quita las gafas negras y le mira también.
Pasado un instante, se reúnen los cinco (Vendedores, Mimo, Extraña Mujer y Viejo.) en el lado
opuesto al que ocupa el Hombre Limpión y cuchi-
chean entre sí sin dejar de mirar a aquél. Por el
lateral en que están, entran ahora en escena dos
niños —Niña y Niño. El Viejo, al verlos se
pone rápidamente las gafas y volviéndose a hacer
el ciego, da unos pasos hacia su sitio tanteando el
terreno. La Niña lo coge por un brazo y lo lleva
hasta su asiento. El Viejo, al sentarse, exclama.)*

Viejo. El señor de la paz te lo pague, hija mía.
Niña. ¿Y cómo sabe usted que soy una niña?
Viejo. Por... por tu delicadeza al pisar.

*(Cada Vendedor ha ido a su sitio. Lo mismo la
Extraña Mujer y el Niño. El Niño, mirando el
Maniquí, da una vuelta alrededor de él. Luego se
para ante el puesto de las condecoraciones y medallas. La Niña llega a su lado y coge una. El Vendedor 2.º pregona)* [165].

---

[165] A: «Pasado un instante, se reúnen los cinco (vendedores y
viejo) en el lado opuesto al que ocupa el hombre limpión y cu-
chichean entre sí sin dejar de mirar a aquél. Por el lateral en que

VENDEDOR 2.º ¡A moneda por colorín! ¡Cinco colorines, cinco monedas!

NIÑA. *(Cogiendo una condecoración.)* ¿Tres monedas ésta?

VENDEDOR 2.º Justo. *(Pregonando.)* ¡A precio de saldo el símbolo! *(A la* NIÑA.) Tres colorines: tres monedas.

NIÑO. *(Sacándose una medalla del bolsillo.)* ¿Nos la cambia por ésta? La tenemos repetida.

VENDEDOR 2.º *(Cogiendo la del* NIÑO.) ¿Cuatro colorines?

NIÑO. Fíjese en el borde.

VENDEDOR 2.º *(Admirativamente.)* ¡Cinco!

NIÑO. ¡Periodo «Gol-Street»!

VENDEDOR 2.º *(Vociferante.)* ¡Gol! *(Normal.)* Acepto el cambio. Y sólo os cobraré dos colorines por... *(Busca y muestra una.)* por ésta otra de tres.

NIÑO. *(Cogiéndola y observándola.)* Le pagamos uno.

VENDEDOR 2.º *(Indignado.)* ¿Uno?

NIÑO. *(Tratando de leer.)* Es ilegible, ilegible por la gracia de...

VENDEDOR 2.º *(Metiendo la cabeza.)* ¿De quién?

NIÑA. *(Metiendo también la cabeza.)* ¿Quién es?

EXTRAÑA MUJER. ¡Chitsss! *(Los tres miran hacia la* EXTRAÑA MUJER. *(Esta repite.)* ¡Chitsss!

VIEJO. *(Bombo y platillos.)*
Soldados y clérigos

---

están entran ahora en escena dos muchachitos (la niña y el pelele). El viejo, al verlos, se pone rápidamente las gafas y, separándose del grupo, se vuelve a hacer el ciego y, como tanteando, da unos pasos. La niña lo coge por un brazo y lo lleva hasta su asiento. El viejo, al sentarse, exclama:

VIEJO. El señor de la paz te lo pague, hija mía.

Cada vendedor ha ido a su sitio. El niño, mirando el maniquí, da una vuelta alrededor de él. Luego se para ante el puesto de las condecoraciones y medallas. La niña llega a su lado y coge una. Entonces exclama con su voz de pregón el vendedor 2.º»

pum-pum-chin:
¡Pum!

VENDEDOR 1.º   ¡Lean la extraordinaria edición en blanco!

VENDEDOR 2.º   *(Señalando la medalla que tiene el* NIÑO, *exclama definitivo.)* ¡Cuatro monedas!

LOS DOS NIÑOS.   ¿Cuatro? Si nos acaba de pedir...

VENDEDOR 2.º   *(Cortando.)* ¡Es que me he vuelto loco! *(Pregonando vociferante.)* ¡Ni por doce! ¡ni por diez! ¡ni por ocho! ¡Por cuatro monedas me deshago del ejemplar clave del establecimiento! [166]. ¿Y qué me ofrecen? ¿Qué me ofrecen las futuras generaciones? *(Señala a los* NIÑOS.) ¿Qué me ofrecen por el gran símbolo? ¡Ni diez! ¡Ni ocho, ni cuatro! ¡Una! ¿Y qué alegan? ¡Qué es ilegible!

NIÑA.   Ilegible por la gracia de... [167].

VENDEDOR 1.º   ¡En blanco! ¡Lean la edición extraordinaria en blanco!

VIEJO.   *(Bombo y platillo.)*
Pum-pum-chin:
¡Pum!

VENDEDOR 2.º   *(A los* NIÑOS.) ¿Eleváis la oferta?

LOS DOS NIÑOS.   De una moneda no pasamos.

VENDEDOR 2.º   ¡A precio de saldo, niños pacíficos! *(Pregonando.)* ¡Esto es la ganga! ¡Una increíble ganga histórica! ¡Por cuatro monedas! ¿Hay quién dé más? ¡Cuatro monedas a la una!, ¡cuatro monedas a las dos!, ¡y cuatro monedas a las...! [168].

---

[166] A: «... establecimiento! *(Llamando.)* ¡Guardia! ¡A ver esa camisa de fuerza! *(Cogiendo la medalla de manos del niño y mostrándola.)* ¿De quién son estas cejas, estos ojos, esta nariz? ¿Y que me ofrecen?...»

[167] A continuación aparece en A una intervención del Vendedor 2.º que no aparece en B: «¿Y por qué es ilegible? Porque está tachado, limado. Vean. Comprueben la operación perfecta de la brigada de la lima. *(Al niño.)* ¿Y a esto le llamas ilegible?»

[168] A: VENDEDOR 2.º   Por treinta y tres vendieron al Crucificado. Yo vendo al césar por cuatro. ¡A precio de saldo, niños pacíficos! *(Pregonando.)* ¡Esta es la ganga! ¡Una increíble ganga histórica! Por cuatro monedas, la tachadura que parla. ¿Hay quién

308

Niño. *(Cortando.)* Una.

Vendedor 2.° ¿Tres? ¿He oído tres? ¡Tres monedas a la una!, ¡tres monedas a las...!

(La Extraña Mujer *ha medio vestido ya al* Maniquí. *El* Niño, *tirando de la* Niña, *la lleva hasta donde está el* Hombre Limpión *y, durante un instante, observan en silencio a éste. Acaba de limpiar una pieza y, lo mismo que ha ido haciendo con las otras la esconde debajo de la manta)* [169].

Niña. *(Al* Limpión.) ¿Qué escondes?

(El Limpión, *sin hacer caso a la* Niña, *saca otra pieza del saco y, siempre mudo, se pone a limpiarla. La* Niña *le pregunta de nuevo.)*

¿Qué limpias? *(Pausa.)* ¿Por qué estás desnudo?

(Después de otra pausa, la Niña *exclama señalando hacia el* Maniquí.)

Allí hay ropa.

(El Hombre Limpión *cesa por un instante en su labor y mira a la* Niña, *el* Niño *le ·pregunta.)*

Niño. ¿Eres mudo?

Vendedor 1.° ¡En blanco! ¡Lean la edición extraordinaria en blanco!

Niño. ¿Por qué no hablas?

---

dé más? Cuatro monedas a la una. Cuatro monedas a las dos. Y cuatro monedas a las...»

[169] A: «La vendedora ha medio vestido ya al maniquí. El niño, tirando de la niña, la lleva hasta donde está el hombre limpión y, durante un instante, le observan. Él acaba de limpiar una pieza y, lo mismo que ha ido haciendo con las otras, la esconde debajo de la manta.»

(El Hombre Limpión *reanuda su labor. El* Niño *tira de la* Niña *y se la lleva hacia la* Extraña Mujer *y el* Maniquí.*)*

Niña. *(Ingenuamente.)* ¿Le habrá comido la lengua el gato? [170].

Niño. ¿Qué gato...?

(Al pasar por delante del puesto del Vendedor 2.º, *éste les ofrece de nuevo la medalla.)*

Vendedor 2.º Dos y es vuestra.

Niño. Una.

(La Extraña Mujer *tiene ahora una de las prendas bélicas arrimada afectuosamente a su cara llena de lagrimones)* [171].

Niña. ¿Por qué lloras?

Extraña mujer. *(Gimiendo.)*
De Alejandro,
De Escipión,
Atila
o Napoleón
de «Macartur»
o de Rommel,
¿qué más da?

Niño. *(Refiriéndose al* Maniquí.*)* ¿Quién es?

Extraña Mujer. ¡Adivina adivinanza! [172].

Niña. *(Seria.)* Yo lo sé.

Extraña mujer. ¡Chitssss!

---

[170] La acotación no aparece en A.

[171] A: «La vendedora —que viste con restos de indumentaria de prostituta rica— tiene ahora una de las prendas bélicas arrimada afectuosamente a su cara llena de lágrimas.»

[172] A: Niño. *(Refiriéndose al maniquí.)* ¿Quién es?
Vendedora. Fueron.
Niña. *(Extrañada.)* ¿Fueron? Ahí sólo hay uno.
Vendedora. ¡Adivina, adivinanza!

(El Mimo [173] *repite la pantomima de las máscaras sobre la cara sin rostro del* Maniquí. *Termina poniéndole una que representa la muerte. La* Niña *da un grito y se abraza al* Niño. *Este, con la* Niña *asustada, y abrazada a él, se dirige hacia la salida. El* Vendedor 2.º *les sale al encuentro ofreciéndoles la medalla al precio ofrecido por ellos.)*

Vendedor 2.º   ¡Una moneda!

(El Niño *le da un manotazo y la condecoración rueda por el suelo. Hacen mutis. El* Vendedor *recoge la medalla del suelo, y antes de incorporarse, mira hacia el* Hombre Limpión. *Este parece ensimismado en su labor. Al fin, el* Vendedor 2.º *regresa a su puesto exclamando despectivamente como antes)* [174].

  ¡Paz! ¡Paz!
Viejo.   *(Bombo y platillos.)*
          Se fue,
          Pum-pum
          y aún no volvió,
          chin-chin.
Voces coro.   *(Dentro.)*
          ¡Chin-chineando!
Viejo.   Las reliquias
          pum-pum,
          nos dejó
          chin-chin.
Voces coro.   ¡Chin-chineando!
Viejo.   Y un viejo álbum
          pum-pum

---

[173] En A dice: «El vendedor 3.º»
[174] A: «El niño le da un manotazo y la medalla rueda por el suelo. Y hace mutis con la niña. El vendedor recoge la medalla del suelo y regresa a su puesto exclamando despectivamente como antes:»

	vieja vitrina,
	chin-chin.
VOCES CORO.	¡Chin-chineando!
VIEJO.	Con las reliquias,
	pum-pum,
	se llenó,
	chin-chin.
VOCES CORO.	¡Chin-chineando!
VIEJO.	¿Volverá?
	pum-pum
	¿«Qui lo sa»?
	chin-chin.
VOCES CORO.	¡Chin-chineando!
VIEJO.	Las ruinas,
	pum-pum,
	viejos recuerdos,
	chin-chin.
	Ahí están.
	Pum-pum.
	Y de las ruinas
	chin-chin.
VOCES CORO.	¡Chin-chineando!
VIEJO.	Resultó
	pum-pum,
	que como el ave,
	chin-chin.
VOCES CORO.	¡Chin-chineando!
VIEJO.	El «ave fénix»
	pum-pum,
	el viejo Marte,
	chin-chin.
VOCES CORO.	¡Chin-chineando!
VIEJO.	Resucitó:
	¡pum-pum! [175].

---

[175] En A, entre la séptima y la octava estrofas, aparece esta otra:

Ahí están
pum-pum

Vendedor 1.º ¡*Remember!* ¡Alucinantes historias del tiempo antiguo! ¡Héroes! ¡Heroínas! ¡Desde la pedrada histórica hasta Hiroshima! ¡P'al nene! ¡Pa la nena! ¡Hagan las delicias del abuelito recordándole las nanas del estruendo!

Viejo. (*Bombo y platillos.*)
    Pum-pum-chin:
    ¡Pum!

Vendedor 2.º (*Cogiendo muchas medallas y soltándolas una a una.*) ¡Encomiendas, lazos, grandes cruces, pasadores! ¡Baratito el Arco Iris! (*Una de las medallas se le cae al suelo.*)

Vendedor 1.º ¡Lean también la edición extraordinaria en blanco!

(*El* Vendedor 2.º *busca la medalla que se le ha caído y no la encuentra. Al fin, se levanta el* Viejo *«ciego», coge la perdida medalla y, después de levantarse las gafas y mirarla, se la entrega al* Vendedor 2.º. *Antes se ha cerciorado de que el* Hombre Limpión *no le ve. Al entregar la medalla pregunta.*)

Viejo. ¿Quién es?

(*El* Vendedor 2.º *hace que le va a decir algo al oído, pero la* Extraña Mujer *lo impide*) [176].

Extraña Mujer. ¡Chitsss!

Viejo. (*Bajándose las gafas a los ojos, vuelve a su si-*

---

y de las ruinas
chin-chin
¡Chin-chineando!

Nótese la parodia del autor, que utiliza el *slogan* (¡chin-chin, chinchineando!) de la marca italiana de vermú Cinzano, tan popular en aquellos y estos años.

[176] A: Viejo. ¿Quién es?
Vendedor 2.º (*Cogiendo la medalla.*) Es... ¿sabes quién?
Vendedora. ¡Chitsss!
(*El hombre limpión mira hacia ellos.*)

tio tanteando y exclamando.) ¡Dichosos los que tenéis ojos y veis! ¡Nada hay comparable al prodigioso prodigio de ver!

(*Mientras el* VIEJO *va hacia su sitio, el* MIMO *repite con él su pantomima de ir poniéndole y quitándole máscaras)* [177].

VENDEDOR 2.º *(Pregonando.)* ¡La vista es la que trabaja! ¡Colorines para ver! ¡A moneda, a moneda por colorín!

VENDEDOR 1.º *(Rápido.)* ¡Remember!
VENDEDOR 2.º *(Rápido.)* ¡Stalingrado!
VIEJO. *(Rápido.)* ¡Pum!
VENDEDOR 1.º *¡Remember!*
VENDEDOR 2.º ¡Salamina!
VIEJO. ¡Chin!
VENDEDOR 1.º *¡Remember!*
VENDEDOR 2.º ¡Austerlitz!
VIEJO. ¡Pum!
VENDEDOR 1.º *¡Remember!*
VENDEDOR 2.º ¡Peloponeso.
VIEJO. ¡Chin!
VENDEDOR 1.º *¡Remember!*
VENDEDOR 2.º ¡Verdun!
VIEJO. ¡Pum!
VENDEDOR 1.º *¡Remember!*
VENDEDOR 2.º ¡Lepanto!
VIEJO. ¡Chin!
VENDEDOR 1.º *¡Remember!*
VENDEDOR 2.º ¡Varsovia!
VIEJO. ¡Pum!
VENDEDOR 1.º *¡Remember!*
VENDEDOR 2.º ¡Las Cruzadas!
VIEJO. ¡Chin!
VENDEDOR 2.º. ¡Vietnam!

---

[177] A: El vendedor 3.º repite con el viejo su pantomima de ir poniéndole y quitándole máscaras según va hacia su sitio.

Viejo. ¡Pum! [178].

Vendedor 1.º ¡Hagan las delicias del abuelito recordándole las nanas del estruendo!

(*El vertiginoso ritornelo anterior, lo ha ido secundando la* Extraña Mujer *poniéndole las últimas prendas al* Maniquí. *El* Mimo *ha ido pasando máscaras por los rostros de los dos* Vendedores *y de la* Extraña Mujer. *El* Hombre Limpión, *ya limpias las piezas, ha estado manipulando debajo de la manta. Tira ahora de ésta y aparece una metralleta. La empuña, y enfrentándose con todos, ordena enérgico.*)

Hombre Limpión. ¡De cara a la pared! ¡Vamos! ¡Todo el mundo!

(*Todos obedecen, menos el* Mimo. *Este se aparta, como si con él no fuera nada. El* Hombre Limpión, *acercándose al puesto del* Vendedor 2.º *lo tira por el suelo de un empellón con el pie. Ahora llama al* Vendedor 1.º.)

¡Tú, el de la prensa! ¡Coge un ejemplar de la edición en blanco! ¿Me has oído? ¡Rápido!

(*El* Vendedor 1.º *va hasta su puesto de periódicos y coge un ejemplar totalmente en blanco. El* Hombre Limpión *le ordena.*)

Escribe: ¡Pe mayúscula! ¡A mayúscula! ¡Zeta mayúscula!

Vendedor 1.º (*Escribiendo, exclama.*) ¡Pe, a, zeta! : ¡PAZ!

Hombre Limpión. ¡Vuelve a tu sitio! [179].

---

[178] En A el viejo dice «pon» en vez de «pum».
[179] A:
(*El vertiginoso ritornelo, lo ha ido secundando la vendedora*

(El Vendedor 1.° *vuelve al lado de los otros y,
como ellos, se coloca de cara a la pared. El* Hombre
Limpión *avanza hacia el* Maniquí. *Este, imponente
en su aspecto bélico, avanza a su vez hacia el* Hombre Limpión, *que empuñando la metralleta, se dispone a disparar una ráfaga sobre el monstruo. El
arma se encasquilla. Entonces el* Hombre Limpión
*la arroja al suelo, coge el ejemplar de periódico en
blanco con la palabra «PAZ», hace rápido una especie de pelota con él y tira ésta contra el monstruo. Este se derrumba estrepitosamente. Los que
están cara a la pared, se vuelven y le miran. Las
caras de todos estos aparecen cubiertas por máscaras que representan la muerte. Al fin, los dos* Vendedores *se acercan al monstruo y se lo echan sobre
los hombros. El* Viejo *se coloca el bombo y los
platillos, y, con un «pum-pum-chin» monótono y
fúnebre, improvisan un entierro. Seguidos por la*
Extraña Mujer, *que ahora, y como siempre, actúa
de plañidera, salen de escena. Una vez desaparecidos
los anteriores, el* Mimo *suelta una paloma blanca al
aire y, acto seguido, hace mutis por el lateral opuesto. El* Hombre Limpión *coge los ejemplares de la*

---

*poniéndole las últimas prendas al maniquí. El vendedor 3.°
ha ido pasando máscaras de rostro en rostro de vendedor 1.°,
vendedor 2.° y vendedora. El hombre limpión que, ya limpias las piezas, ha estado manipulando debajo de la manta,
tira ahora de éste y aparece una metralleta. La coge y, enfrentándose con todos, ordena enérgico:)*

Hombre limpión. ¡Todo el mundo de cara a la pared!

(*Todos obedecen. El hombre limpión, acercándose al puesto
del vendedor 2.°, lo tira por el suelo de un empellón con el
pié. Ahora llama al vendedor 1.°*)

¡Tú, el de los periódicos! ¡Dame un ejemplar de la edición en
blanco! ¿Me has oído?

(*El vendedor 1.° va hasta su puesto y coge un ejemplar totalmente en blanco. El hombre limpión le ordena:*)

Escuche: Pe mayúscula. A mayúscula. Zeta mayúscula.

Vendedor 1.° (*Escuchando, exclama.*) PAZ.

Hombre limpión. (*Al vendedor 1.°*) Vuelve a tu sitio.

316

edición en blanco —edición extraordinaria— y pre-
gonando como un vendedor se dirige hacia el pú-
blico.)

¡El *Noticiero Pacífico!* ¡Lean el *Noticiero Pacífico!*
¡Paz! ¡Paz a toda plana!

(Al mismo tiempo va bajando el telón) [180].
(Caído el telón corto de De cómo el Hombre Limpión tiró de la manta, *vuelve a repetirse el juego*
escénico de los tres VOCEADORES. *Los cuatro ende-*
casílabos con los que ya finalizan los pregones, son
los siguientes.)

LOS TRES VOCEADORES. *(Al unísono.)*
¡Llegó Montiel! ¡Arriba todo el mundo!
Todos sin distinción: ¡A la Plazuela!
Chicos y grandes: ¡Vuelve el Gran Guiñol
a la gran ciudad de Tontonela!

(Mutis los tres.)

VOCEADOR 1.º   *¡El Soplo!*
VOCEADOR 2.º   *¡El Soplo!*

---

[180] A: «El vendedor 2.º vuelve al lado de los otros, cara a la
pared. El hombre limpión avanza hacia el maniquí. Este, imponente
en su aspecto bélico, avanza hacia el hombre limpión. Este empuña la metralleta y se dispone a disparar una ráfaga sobre el
monstruo. Pero el arma se encasquilla. Entonces el hombre limpión la arroja al suelo, coge el ejemplar de periódico en blanco,
con la palabra PAZ, hace, rápido, una pelota con él y arroja ésta
contra el monstruo. Este se derrumba estrepitosamente al suelo.
Los que están cara a la pared, se vuelven a mirarle. Las caras de
todos estos están cubiertas por máscaras simbolizando la muerte.
El hombre limpión va hasta el puesto de periódicos, coge los ejemplares de la edición en blanco, se sienta donde antes, y sobre los
ejemplares escribe y exclama:
HOMBRE LIMPIÓN. P mayúscula. A mayúscula. Zeta mayúscula.
(Al mismo tiempo va bajando el telón.)
El manuscrito está firmado así: «Lauro Olmo. Madrid, noviem-
bre 1966.»

VOCEADOR 3.º   *¡El Soplo!* [181].

(Se alza el telón corto y da comienzo la crónica titulada Nuevo retablo de las maravillas y olé.*)*

---

[181] El juego de los voceadores es, de nuevo, distinto:

Cuarta y última intervención de LOS VOCEADORES:

Caído el telón corto de *La metamorfosis de un hombre vestido de gris,* entra por el lateral derecha el primer voceador:

VOCEADOR 1.º   ¡El Soplo!
VOCEADOR 2.º   ¡El Soplo!
VOCEADOR 3.º   *(Por el patio de butacas.)* ¡Compren El Soplo con la escalofriante noticia del resultado de los partidos! *(Sube al escenario.)*
VOCEADOR 1.º   ¡El Soplo!
VOCEADOR 2.º   ¡El Soplo!
VOCEADOR 3.º   ¡El Soplo!
VOCEADOR 1.º   ¡Noticia sensacional!
VOCEADOR 2.º   ¡Jugadores de ventaja!
VOCEADOR 3.º   ¡Decreto ministerial!
LOS TRES.   ¡La manga es la que trabaja!
VOCEADOR 1.º   ¡El Soplo!
VOCEADOR 2.º   ¡Órgano de la demo A.!
VOCEADOR 1.º   ¡El Soplo!
VOCEADOR 2.º   ¡Órgano de la Demo B.!
VOCEADOR 1.º   ¡El Soplo!
VOCEADOR 2.º   ¡Órgano de la Demo C.!
VOCEADOR 1.º   ¡El Soplo!
VOCEADOR 2.º   ¡Órgano de la Demo Deee! *(Con el tono de siempre.)*
VOCEADOR 3.º   ¡Compren El Soplo con la escalofriante noticia del resultado de los partidos!
LOS TRES.   *(Como antes.)* ¡Alabí, alabá... etc., etc., etc.

(Haciendo el mutis como en veces anteriores:)

VOCEADOR 1.º   ¡El Soplo!
VOCEADOR 2.º   ¡El Soplo!
VOCEADOR 3.º   ¡El Soplo!

(Se alza el telón corto y comienza la crónica final titulada «Nuevo retablo de las maravillas y olé».)

NUEVO RETABLO DE LAS MARAVILLAS
Y OLÉ

Personajes [182]

Curioso 1.º
Curioso 2.º
Curioso 3.º
Curioso X
Mujer
Campesino
Muchacho
Turista varón
Turista hembra
D. Severo ⎫
'D. Pum-Crak ⎬(Trío de Gran Guiñol)
D. Humo ⎭
Montiel
Sánchez y
Voz en off, y Multitud en off [183]

---

[182] La lista de personajes no aparece en A.

[183] En A aparecen dos citas de Cervantes que no figuran en B:

«¿Qué diablos puede ser esto, que aún no me ha tocado una gota, donde todos se ahogan? Más, ¿si viniera yo a ser bastardo entre tantos legítimos?»

Cervantes

(Al alzarse el telón, se ven tres o cuatro fachadas sintéticas simulando, en semicírculo, una plazuela popular. En una de las fachadas, figura un balconcillo adornado con una vistosa y coloreada mantilla. Unos cuantos curiosos comentan animadamente entre sí.)

CURIOSO 1.º   Dicen que es sensacional.

CURIOSO 2.º   ¿Pero de qué se trata?

CURIOSO X.   Eso dicen. ¡Sensacional! Y lo confirmo.

CURIOSO 2.º   ¿Pero de qué hablan ustedes?

CURIOSO 1.º   *(Al X.)* ¿Usted...? [184].

CURIOSO X.   ¿Y quién no? [185].

CURIOSO 2.º   ¿Se puede saber de qué hablan? [186].

CURIOSO X.   *(Ilusionado.)* ¡Es maravilloso! ¡Todo lo que dice es maravilloso! *(A los dos.)* ¿Han oído hablar ustedes del Sabio Tontonelo?

CURIOSO 2.º   ¿Del Sabio qué?

CURIOSO X.   *(Altisonante.)* Ni ayer, ni hoy, ni mañana existirá poder semejante al suyo. Y a todos alcanza: altos, bajos, gordos y flacos. Nadie escapa al sumo poder del Sabio Tontonelo.

VOZ ANTIGUA EN OFF.   «Por las maravillosas cosas que en él se enseñan y muestran, viene a ser llamado Retablo de las Maravillas, el cual fabricó y compuso el sabio Tontonelo de debajo de tales paralelos, rumbos, astros y estrellas, con tales puntos, caracteres y observaciones, que ninguno puede ver las cosas que en él se muestran, que tenga alguna raza de confeso, o no sea habido y procreado de sus padres de legítimo matrimonio; y el que fuera contagiado destas dos tan usadas enfermedades, despídase de ver las cosas, jamás vistas ni oídas, de mi retablo.»

Del «Retablo de las Maravillas». CERVANTES.

[184] A: CURIOSO 1.º *(Al 3.º)* ¿Y usted...?
[185] A: CURIOSO X. Sí. ¿Quién no? (No hay más que abrir los ojos y...
CURIOSO 1.º *(Con ansia.)* ¿y...?)
[186] En A figura, a continuación y tachado, lo siguiente:
CURIOSO 3.º *(Al 1.º, sin hacer caso al 2.º)* Y no cerrarlos.
CURIOSO 2.º *(Con despecho.)* ¡Resultará cansado!
CURIOSO 1.º *(Retador.)* ¿Usted que sabe?

Curioso 2.º   Simple me parecía.

Curioso X.   ¿El qué?

Curioso 2.º   El nombre.

Curioso X.   No diga simple, diga llano. *(El* Curioso 1.º *se acerca al lateral derecha y otea el horizonte.)* ¿Lo llamaría usted de otro modo?

Curioso 2.º   Más sabio parecería.

Curioso X.   Su sabiduría es especial.

Curioso 2.º   ¡Ah!

Curioso X.   ¿Cómo dice?

Curioso 2.º   He dicho: ¡Ah!

Curioso X.   ¡Ah, creí que...!

Curioso 2.º   ¿Qué creyó?

Curioso X.   No, nada. La imaginación que a veces... [187].

Curioso 1.º   *(Viniendo del lateral.)* Sí, sensacional.

Curioso X.   Todo lo que dice se repite, y se repite, y se repite: de ojo en ojo, de boca en boca.

(Entra otro Curioso *por el lateral izquierda. Viene corriendo y, jadeante, pregunta.)*

Curioso 3.º   ¡La hora, por favor! [188].

Curioso X.   *(Mirándose el reloj.)* Ya queda poco. Pronto hará su aparición Montiel y nos mostrará el portento.

Curioso 3.º   Creí que no llegaba. ¿Es tan maravilloso como dicen?

Curioso X.   ¡Y como no dicen! [189].

Curioso 3.º   No se oye hablar de otra cosa. Pero somos pocos, ¿no? Me imaginé la plaza llena.

Curioso X.   Pues la imaginación no miente.

Curioso 3.º   Explíquese.

---

[187] A: Curioso X. No, nada. La imaginación, ¿sabe?

[188] Aunque tachado, se lee aquí en A: «¿Qué hora tienen, señores?»

[189] A continuación, y rayado, se lee en A:
Curioso 4.º   Hable. No le entiendo.

CURIOSO X.   ¿No será usted católico progresista?
CURIOSO 3.°   No.
CURIOSO X.   ¿O socialista?
CURIOSO 3.°   No.
CURIOSO X.   ¿O comunista?
CURIOSO 3.°   (*Como ofendido.*) ¡Caballero! ¿Por quién me ha tomado?
CURIOSO X.   ¡Pues la plaza está llena, hombre de poca fe!

(El CURIOSO 3.°, *como si la plaza estuviese realmente llena, pide disculpas a una señora y luego charla con un señor imaginario.)*

CURIOSO 3.°   Perdón, señora: no la había visto. ¿Cómo dice, señor? ¿Que si le puedo dar lumbre? Naturalmente que sí.

(Saca un mechero y da lumbre al aire. Y se oye una VOZ EN OFF, *grave y honda, que exclama:)*

VOZ EN OFF.   ¡Gracias!
CURIOSO 3.°   (*Apartándose asustado.*) No hay de qué. *(Pidiendo disculpas a otro ser imaginario.)* Perdón, amigo, le he pisado sin querer. *(Señalándose un zapato.)* Pie grande. Un cuarenta y cinco. Perdón.
VOZ EN OFF.   ¡Viva Montiel!
MULTITUD EN OFF Y CURIOSOS.   ¡Viva! [190].
CURIOSO 3.°   (*Plantándose exigente ante el* CURIOSO X.) ¡Católico progresista! ¡O socialista! ¡O comunista! *(Alzando el tono.)* ¡Me ha injuriado, caballero! ¡Sólo con la sospecha me ha injuriado! *(Alzando más el tono.)* ¡Soy de Ávila! ¿Se entera? *(Bajando de repente el tono y volviendo a pedir disculpas al ser imaginario.)* Pie grande. Un cuarenta y cinco. Perdón.

---

[190] En A leemos a continuación: «De nuevo, el silencio. El curioso 3.° se planta, exigente, ante el curioso X:»

CURIOSO 1.º   ¿Oyen algo?

(Los cuatro escuchan. De pronto, los cuatro corren hacia el lateral derecha y otean el horizonte. A los pocos instantes regresan comentando.)

CURIOSO 3.º   Nada.
CURIOSO 1.º   Parecía el mar.
CURIOSO 2.º   ¿Qué mar?
CURIOSO X.   *(Firme.)* ¡El mar!
CURIOSO 2.º   *(Accediendo tímidamente.)* Naturalmente, el mar.
CURIOSO 3.º   *(Rápido.)* ¡Sí, sí, sí! ¡Parecía el mar!
CURIOSO 2.º   *(Al oído del* CURIOSO X.*)* Cristiano viejo.
CURIOSO X.   ¿Cómo?
CURIOSO 2.º   ¡Que soy cristiano viejo!
CURIOSO 1.º   *(Al* CURIOSO 2.º*)* ¿Estuvo usted en el...? [191].
CURIOSO 2.º   *(Al* CURIOSO 1.º*)* No le entiendo.
CURIOSO X.   *(Al* CURIOSO 2.º*)* ¿Que si estuvo en la batalla del...? [192].
CURIOSO 3.º   ¡Un momento!... ¡El mar! Se acerca, ¿no lo oyen?

(Corren de nuevo hacia el lateral derecho y vuelven a otear. El CURIOSO 3.º *se para, saca el mechero y le da otra vez lumbre al aire. Se oye de nuevo la* VOZ EN OFF.*)*

VOZ EN OFF.   ¡Gracias!
CURIOSO 3.º   *(Como cubriéndose de un posible golpe.)* No hay de qué.
VOZ EN OFF.   ¡Viva Montiel!
MULTITUD EN OFF Y CURIOSOS.   ¡Viva!
CURIOSO 1.º   *(Señalando.)* Allí, a lo lejos, ¿no lo ven?

---

[191] A: CURIOSO 1.º   *(Al* 2.º*)* ¿Estuvo ested en el Ebro?
[192] A: CURIOSO X.   *(Al* 2.º*)* ¿Que si estuvo usted en la batalla del Ebro?

Curioso 2.º   Como una nubecilla de polvo.
Curioso X.   Sin como: Una nubecilla de polvo y delante...
Curioso 3.º   ¿Montiel?

(De una de las fachadas se abre una ventana y una mujer saca la cabeza y pregunta.)

Mujer.   ¿Viene ya?
Curioso 3.º   *(A la Mujer.)* Allí, a lo lejos, ¿no le ve?
Mujer.   *(Sacando más la cabeza.)* Son varios.
Curioso 2.º   ¡Y qué extraña indumentaria!
Curioso 3.º   ¿Cómicos?
Curioso X.   ¿Cómo se atreve? ¡El primero es un juez!
Curioso 1.º   Y a su lado viene un... ¿Un qué?
Curioso 3.º   Y el otro... ¡Vaya un sable!

(Por el lateral izquierda entra un Viejo Campesino vestido según la época de Cervantes. Le acompaña un Muchacho, su hijo, vestido humildemente con indumentaria dominguera y actual.)

Campesino.   *(Saludando al entrar.)* ¡A la paz de Dios! [193].

(Los demás, atentos a los que llegan, no le hacen caso. Padre e hijo se sientan, en un extremo del primer término. Y sacando de unas alforjas tomates, sal y navaja, se ponen a comer despreocupados también de lo que les rodea.)

Campesino.   ¡Echarás de menos estos tomates, hijo!
Muchacho.   ¡Esta miseria!
Campesino.   No dejes de escribir. Tu madre...
Muchacho.   *(Ensimismado.)* ¡Esta miseria!

---

[193] La acotación no aparece en A.

CAMPESINO.   Dicen que donde vas no hay sol, pero...
MUCHACHO.   *(Cortando.)* El sol es la muerte, padre [194].
CAMPESINO.   ¿Qué dices, muchacho?
MUCHACHO.   *(Explotando.)* ¡Yo me cago en el sol!, ¿me oye usted? *(Gritando.)* ¡Me cago en el sol!

(Todos miran hacia el MUCHACHO *y parecen no ver ni a éste ni al padre.)*

CURIOSO 3.º   *(A los demás.)* ¿Qué ha sido eso? *(Los demás se miran entre sí como inquiriendo qué ha podido ser.)* Ha sido como un grito.
CURIOSO X.   *(Tajante.)* ¡Alucinaciones!
MUJER.   ¡Viva Montiel!
MULTITUD EN OFF Y CURIOSOS.   ¡Viva!

(Los CURIOSOS *vuelven a sus puestos de oteadores.)*

CAMPESINO.   ¿Quiénes serán ésos?
MUCHACHO.   *(Con desprecio.)* Tomadores de sol.
CAMPESINO.   ¿Y no puedes esperar unos días? ¡Falta tan poco para las Fiestas del Cristo! Lo digo por tu madre. Más conforme se quedaría si ayudaras a sacar el Cristo en procesión. Ella cree que así no te faltaría el apoyo del Hijo de Dios.
MUCHACHO.   *(Mirando fijamente a su padre.)* ¿Y usted qué cree, padre?
CAMPESINO.   Yo soy un hombre acabado. Yo ya no cuento. ¿Qué puede importarte mi opinión?
MUCHACHO.   ¡Me importa!
CAMPESINO.   ¿Has oído hablar de Montiel? ¿Nunca te hablé del Retablo de las Maravillas?
MUCHACHO.   ¿Y qué tiene que ver eso con Cristo?
CAMPESINO.   Con Él, nada.
MUCHACHO.   *(Firme.)* Me iré, padre. ¡Quiero vivir!
CAMPESINO.   ¡Cuidado con Montiel, hijo! Su retablo

---

[194] Tampoco se lee ésta en el manuscrito original.

es amplio y poderoso. (*Alargándole un trozo de tomate.*) Come, anda. (*Alargándole ahora la sal.*) Y toma, no se te olvide la sal.

MUCHACHO. (*Entusiasmado.*) Padre, son países maravillosos. ¡Tanto trabajas, tanto te pagan! Y puedes ver lo que quieras, todo lo que quieras.

CAMPESINO. ¡Cuidado con Montiel, hijo!

MUCHACHO. (*Igual.*) Nadie que te diga: ¡No hagas eso, muchacho! Mientras el que te lo dice se encharca y se revuelca.

CAMPESINO. ¡Cuidado con Montiel! [195].

MUCHACHO. (*Igual.*) ¡Y las muchachas, padre! ¡Las muchachas!... ¡Cómo le diría? ¡Todo es...!

CAMPESINO. Como un retablo de las maravillas, ¿verdad, hijo?

MUCHACHO. ¡Quiero vivir! (*Comen en silencio.*)

(*Lejano se oye.*)

VOZ LEJANA. ¡Viva Montiel! [196].

MUJER. ¡Viva el señor Juez! ¡Viva el señor botafumeiro y la compañía! [197].

(*Cantan todos, menos* CAMPESINO *e* HIJO, *con la conocida música de «Tres eran tres las hijas de Elena».*)

TODOS. (*Cantan.*)
Tres eran tres
los autoritarios
tres eran tres
y los tres eran...

---

[195] A: CAMPESINO. ¡Cuidado!

[196] En A aparece, tachada, esta acotación: «Y lejano, comienza a oírse un pasodoble que, poco a poco, se va acercando.»

[197] A: «¡Viva el señor Juez! ¡Viva el señor (alcalde) botafumeiro y la autoridad uniformada!» La palabra alcalde, según indica el paréntesis, estaba rayada en A.

CURIOSO X.   (*Recitado.*)
              ¡Cuidado!
              que a veces la rima
              la pone el diablo.
TODOS.   (*Menos* CAMPESINO e HIJO.)
              Tres eran tres
              los autoritarios,
              tres eran tres
              y los tres eran *buenos.*
MUJER.   ¡Viva el señor Juez! ¡Viva el señor bota-
              fumeiro y la compaña! [198].

(*Entran en escena* D. SEVERO, *con su maza;* DON
PUM-CRAK, *con su sable, y* D. HUMO, *con su incensario.*)

LOS TRES.   ¡Viva Montiel!
TODOS.   (*Menos* CAMPESINO e HIJO.) ¡Viva!
             (*Cantan.*)
             Tres eran tres
             los autoritarios,
             tres eran tres
             y los tres eran...
CURIOSO X.   ¡Cuidado! [199].
TODOS.   (*Menos* CAMPESINO e HIJO.) ¡Y los tres eran
buenos!

(*En el balconcillo de la mantilla, hacen su aparición
una pareja de* TURISTAS *vestidos al mínimo, sobre
todo ella: nórdica, exuberante. Él exclama.*)

TURISTA VARÓN.   ¡Oh, typical! [200].

---

[198] A: igual que en la nota 197.
[199] A: CURIOSO. (*Enérgico.*) ¡Cuidado!
[200] A: «TURISTA VARÓN. ¡Oh "typical Spanish"!» Nótese
cómo, a diferencia de *La camisa,* donde la alusión foránea está
remitida siempre al francés, en *El cuarto poder* Olmo recurre al
inglés, en una tendencia que ampliará más tarde, en 1967, con
English Spoken.

327

Turista hembra. *(Apostillando rápida.)* ¡Y olé!

Muchacho. *(Contemplando extasiado a la* Turista hembra.*)* ¡Mire, padre!

Campesino. ¿Que mire qué?

Muchacho. ¿Se ha encontrado usted algo igual entre los terrones ? ¡Toda la vida arando, pero nunca la tierra le ha ofrecido algo parecido!

Campesino. Desvarías, hijo.

Muchacho. ¡Mire, mire!

Campesino. *(Sin mirar.)* ¡Desvarías! ...

(Los otros que parecen marionetas, se quedan estáticos, mirando, oteando a lo lejos cada vez que el Campesino *y su* Hijo, *los únicos que parecen reales, toman la palabra. Cuando éstos enmudecen, los otros recobran el movimiento de un modo automático.)*

Curioso X. *(Dirigiéndose a* D. Severo, D. Pum-Crak *y* D. Humo.*)* «A tener yo dos onzas de entendimiento, hubiera echado de ver que esas peripatéticas y anchurosas presencias no podían ser de otros que de los dignísimos Gobernadores deste honrado pueblo» [201].

Turistas. *(A la vez.)* ¡Y olé!

(Aplauden a continuación. Los tres de la autoridad se inclinan, respetuosos, ante los Turistas.*)*

Curioso X. *(Canta.)*
Tres eran tres
los autoritarios
tres eran tres
y los tres eran...

Todos. *(Al unísono, menos* Campesino *e* Hijo.*)* ¡Buenos!

Turistas. *(Con entusiasmo.)* ¡Oh, typical, typical!

---

[201] Olmo aclara al final de A: «Los párrafos entrecomillados pertenecen al *Retablo de las Maravillas* de Cervantes.»

Campesino.   (*Levantándose y enfrentándose con* Todos,
exclama con rabia infinita.) ¡Y olé!

(*Se hace un silencio total. Luego, como si nadie hubiera visto ni oído nada,* D. Severo *inquiere.*)

D. Severo.   ¿Qué ha sido eso?
D. Pum-Crak.   (*Igual.*) ¿Qué ha sido? [202].
D. Humo.   (*Igual.*) ¿Qué?
Curioso X.   (*Tajante.*) ¡Alucinaciones!
Mujer.   (*Desde su ventana.*) ¡Viva Montiel!

(*Lejano, comienza a oírse un pasodoble. El* Campesino, *con un gran cansancio en el gesto, se sienta
de nuevo al lado de su hijo, y sigue, como ensimismado, comiendo. El* Hijo *contempla a la* Turista.)

Curioso X.   (*Altisonante a los tres de la autoridad.*)
«Honrados días vivan vuestras mercedes, que así nos
honran: en fin, la encina da bellotas; el pero, peras;
la parra, uvas, y el honrado honra, sin poder hacer
otra cosa.»

(*Al* Campesino, *se le escapa un sollozo* [203]. *El* Hijo,
dejando de mirar a la Turista, *pone una mano sobre el hombro de su padre e inquiere.*)

Muchacho.   ¿Qué le pasa, padre?
Campesino.   (*Serio, mirando a su* Hijo.) « ¡Sentencia
‘ciceroniana’, sin quitar ni poner un punto! »
Muchacho.   Cicero… ¿Cómo ha dicho?
Campesino.   ¡Qué más da! …

(*El pasodoble ya se oye cerca. La* Mujer *desde su
ventana, exclama alborozada.*)

---

[202] A: D. Pum-Crak. (*Inmediatamente.*) ¿Qué ha sido?
[203] A: Al campesino, se le escapan uno o dos sollozos.

MUJER.   Ahí, ahí, ahí está Montiel.
TURISTA VARÓN.   ¡Oh, typical! [204].
TURISTA HEMBRA.   ¡Y olé!
TURISTA VARÓN.   *(Como asustado por lo del* CAMPESI-
NO.*)* ¡Chitsss! [205].

> *(D.* PUM-CRAK, *sable desenvainado, echa hacia atrás
> a los curiosos. La* MUJER *de la ventana ha bajado y
> se suma al grupo.)*

D. PUM-CRAK.   ¡Atrás, atrás!   ¡Abran paso!

> *(Entra en escena una charanga —bombo y trompe-
> ta— interpretando el pasodoble. Se sitúa a un lado,
> pero enfrente de los curiosos. Entonces, D.* SEVERO
> *exclama otra vez.)*

D. SEVERO.   ¡Viva Montiel!

> *(Y entre vítores, hace su entrada* MONTIEL *director
> de periódicos [206]. Ceremonioso y entre aplausos, sa-
> luda a los tres de la autoridad. Luego, dirigiéndose
> a los músicos, pide silencio. A continuación, ex-
> clama.)*

MONTIEL.   «Yo, señores míos, soy Montiel, el que trae
el Retablo de las Maravillas, que viene a ser llamado
así, por las maravillosas cosas que en él se enseñan y
muestran, el cual fabricó y compuso el sabio Tontonelo
debajo de tales paralelos, rumbos, astros y estrellas,
con tales puntos, caracteres y observaciones, que ninguno puede ver las cosas que en él se muestran, que
tenga algún ribete de católico progresista, socialista o

---

[204] A: TURISTA VARÓN.   ¡Oh, typical spanish!
[205] A: TURISTA VARÓN.   *(Como asustado, a su compañera.)*
¡Chitsss!
[206] A: Y entre vítores, hace su entrada Montiel, que es el director de periódico de «Ceros a la izquierda».

comunista, o no sea habido y procreado de sus padres de legítimo matrimonio. Y el que fuere contagiado destas tan usadas enfermedades, despídase de ver las cosas, jamás vistas ni oídas, de mi retablo.»

TURISTA VARÓN. *(A su compañera.)* «Ahora echo de ver que cada día se ven en el mundo cosas nuevas. *(A* MONTIEL.*)* Y qué, ¿se llama Tontonelo el sabio que el retablo compuso?»

MONTIEL. *(A los* TURISTAS.*)* Tontonelo se llamaba, nacido en la ciudad de Tontonela. *(A los* TRES DE LA AUTORIDAD.*)* «Señores, cuando vuestras peripatéticas y anchurosas presencias digan, que todo está a punto, y no falta más que comenzar.»

D. SEVERO. *(A* TODOS.*)* ¿Dispuestos? Antes de que el gran Montiel comience.

LOS TRES. *(Al unísono.)* Advertimos: Que a nadie «se le pase de las mientes las calidades que han de tener los que se atrevieren a mirar el maravilloso retablo».

CURIOSO X. «A mi cargo queda eso, y seles decir que, por mi parte, puedo ir seguro a juicio, pues tengo el padre alcalde; cuatro dedos de enjundia de cristiano viejo rancioso tengo sobre los cuatro costados de mi linaje: ¡miren si veré el tal Retablo! » [207]

MUJER. «Todos le pensamos ver. Tan cierto tuviera yo el cielo como tengo cierto ver todo aquello que el Retablo mostrare.»

CURIOSO 1.º «No nacimos acá en las malvas.»

D. SEVERO. *(Para sí.)* «Todo será menester según viendo.» ¡Pues adelante el gran Montiel! *(A* TODOS.*)* «Y no digo más, en abono y seguro que podremos ponernos cara a cara, y a pie quedo delante del referido retablo.»

MONTIEL. ¡Siéntense todos! ; el Retablo ha de estar aquí, en el punto dominante. *(A los* MÚSICOS.*)* Y atentos los de la música *(A* D. SEVERO.*)* «que en verdad

---

[207] La cita de Cervantes continúa así en A: «Por el cielo de mi madre, que me sacase los mismos ojos de mi cara, si alguna desgracia me aconteciese. ¡Bonita soy yo para eso! »

que son muy buenos cristianos e hidalgos de solar conocido».

D. Severo.   «¡Calidades son bien necesarias para ser
buen músico! »

Turista varón.   ¡Oh, typical! [208].

Turista hembra.   ¡Y olé!

(Montiel *se acerca al lateral derecha y dando unas
palmadas exclama.*)

Montiel.   ¡Sánchez! (*Breve pausa.*) ¡Sánchez! ¡Adelante con el portento!

(*Todos expectantes, miran hacia el lateral. Al fin,
entra* Sánchez, *el redactor. Viene en mangas de camisa, y con una visera y manguito de redactor de
periódicos. Trae sobre un trípode un escenario de
guiñol cerrado por unas cortinillas de colorines*) [209].

Turista varón.   «Poca balumba trae este autor para
tan gran Retablo.»

Turista hembra.   « ¡Todo debe de ser de maravilla! »

Campesino.   Un consejo, hijo: «Haz siempre que te
hablen a derechas y así entenderás a pie llano. Estas
algarabías de allende déjalas para los que son leídos
y escribidos» [210].

(*Hasta que se avise, todo lo que viene será en mudo.
El* Campesino *y el* Hijo *ya permanecen como ajenos
a todo lo que ocurre. Entre* Montiel *y* Sánchez,
han colocado el trípode o caballete en el punto domi-

---

[208] A: Turista varón.   ¡Oh, tipycal spanish!

[209] A: «Todos expectantes, miran hacia el Lateral. Al fin, entra
Sánchez, el redactor de «Ceros a la izquierda». Viene en mangas
de camisa y con una visera y manguitos de redactor de periódicos
a la americana. Trae, sobre un trípode, un escenario de guiñol cerrado por unas cortinillas de colorines.»

[210] Estas tres intervenciones aparecen en A después de la acotación que viene de seguido.

nante. Todos, estáticos, siguen la operación sin per-
der detalle y en un silencio casi religioso. De pronto,
altisonante exclama MONTIEL) [211].

MONTIEL. Atención señores, que comienzo: «¡Oh, tú,
quien quiera que fuiste que fabricaste este Retablo
con tan maravilloso artificio, que alcanzó renombre de
las maravillas: por la virtud que en él se encierra, te
conjuro, apremio y mando que luego incontinenti mues-
tres a estos señores algunas de las tus maravillosas
maravillas, para que se regocijen y tomen placer, sin
escándalo alguno!» (*Al* REDACTOR *cambiando el tono.*)
Sánchez: ¡la cortinilla!

(*El* REDACTOR *tira del cordón de la cortinilla del*
guiñol, que, abriéndose, deja al descubierto un pe-
riódico titulado EL CUARTO PODER *[letras gran-*
des, de pintura luminosa, iluminadas por un foco].
D. PUM-CRAK *se sitúa al lado del guiñol y, sable*
desenvainado, presenta armas. D. HUMO, *ceremo-*
nioso le echa al periódico el incienso. D. SEVERO
vigila con la maza dispuesta. Los CURIOSOS *que han*
estirado sus cabezas para mejor ver el portento,

---

[211] En A se lee: «Entre Montiel y Sánchez, han colocado el
trípode o caballete en el punto dominante. Todos, estáticos, siguen
la operación sin perder detalle y en un silencio casi religioso. Por
el lateral izquierda, entra un soldado norteamericano con metralleta al hombro y casco. Se para en medio del primer término del
escenario, saca una cajetilla de tabaco rubio, se lleva un cigarrillo
a la boca y luego, inútilmente, se busca lumbre. Mientras Don
Severo se levanta y va a darle lumbre, D. Pum-Crak también
se pone en pie. Y, sable en mano, se dispone a contener una
posible protesta de los curiosos. Ya con el cigarro encendido, el
soldado aspira una gran bocanada de humo. Entonces llega D. Humo, abre el incensario y dentro de él expele el humo al soldado.
Haciendo reverencias, los tres de la Autoridad regresan a sus sitios. Y el soldado norteamericano, antes de salir, arroja los ciga-
rrillos que le quedan a los curiosos. Entonces es cuando, altisonante, exclama Montiel:»

aplauden a continuación, aunque tímidamente al principio) [212].

TURISTA VARÓN.   *(Altisonante.)* ¡El cuarto poder!
TURISTA HEMBRA.   *(Apostillando rápida.)* ¡Y olé! [213].

(A partir de aquí, el REDACTOR *comienza a pasar una a una, y como si fueran naturales toreros, las hojas del periódico. A cada pase, los concurrentes, y sumándose a ellos la* MULTITUD EN OFF, *exclaman rítmica y potentemente.)*

TODOS Y MULTITUD EN OFF.   ¡Y olé! *(Pase de hoja.)* ¡Y olé! *(Pase de hoja.)* ¡Y olé! *(Pase de hoja.)* ¡Y olé!, etc.

(La charanga, con menor potencia, acompaña todo esto con su eterno pasodoble. Poco a poco, todo va perdiendo intensidad hasta quedar reducido a ruido de fondo, ya que las voces de CAMPESINO *e* HIJO *pasan a primer término. Y esta vez los dos, con infinita rabia y tristeza en el matiz, se van hacia el lateral derecha exclamando a su modo.)*

CAMPESINO Y MUCHACHO.   ¡Y olé! ¡Y olé! ¡Y olé!

(Antes de salir, el MUCHACHO *mira una vez más a la* TURISTA HEMBRA. *Y el* CAMPESINO, *apenas conte-*

---

[212] A: «... un periódico titulado *ABC de Tontonela*. Los tres de la autoridad hacen lo siguiente. D. Pum-Crak se situa al lado del «guiñol» y, sable desenvainado, presenta armas. D. Humo, ceremonioso y con el incensario en funciones, le echa al periódico el humo del cigarrillo del soldado norteamericano. D. Severo vigila con su maza dispuesta. Los curiosos que han estirado sus cabezas para mejor ver el portento, aplauden a continuación, aunque tímidamente al principio.»

[213] A: TURISTA VARÓN.   ¡Es la prensa! *(Deletreando.)* A, be, ce, de, Tonto-nela.
TURISTA HEMBRA.   ¡Y olé!

334

niendo un sollozo saca a su hijo del escenario.
Y cae el

TELÓN) [214].

(*Nota del autor:* Los párrafos entrecomillados pertenecen al «Retablo de las Maravillas», de Cervantes.)

(*Caído el telón corto del* Nuevo retablo de las maravillas, *vuelve a repetirse el juego escénico de los* Voceadores *de prensa* [215]. *Los cuatro endecasílabos que preceden a la siguiente crónica, son los siguientes.*)

---

[214] El manuscrito A aparece fechado así: «L. Olmo. Madrid. Unos días de agosto de 1965.»

[215] En A este juego es distinto:

Segunda intervención de Los voceadores:

(*Caído el telón corto de* La Niña y el Pelele, *entra por un lateral izquierda el primer voceador.*)
Voceador 1.º   ¡El Soplo!
(*Por el lateral derecha —y siempre con el ritmo ágil y nervioso de la primera intervención— entra el segundo voceador:*)
Voceador 2.º   ¡El Soplo!
(*Igual que antes, entra el tercero por el patio de butacas:*)
Voceador 3.º   ¡Compren El Soplo con la escalofriante noticia del resultado de los partidos! (*Sube las escalerillas.*)
Voceador 1.º   ¡El Soplo!
Voceador 2.º   ¡El Soplo!
Voceador 3.º   ¡El Soplo!
Voceador 1.º   ¡Dos ministros suben!
Voceador 2.º   ¡Dos ministros bajan!
Voceador 3.º   ¡Dos, que son más cucos, preparan sus mangas!
Voceador 1.º   ¡El Soplo!
Voceador 2.º   ¡Órgano de la demo A.!
Voceador 1.º   ¡El Soplo!
Voceador 2.º   ¡Órgano de la Demo B.!
Voceador 1.º   ¡El Soplo!
Voceador 2.º   ¡Órgano de la Demo C.!
Voceador 1.º   ¡El Soplo!
Voceador 2.º   (*Con tono dandy.*) ¡Órgano de la Demodeee!

Los tres voceadores. *(Al unísono.)*
    Y ahora, lector, un puro disparate;
    de muchos es y para muchos vale.
    Que cada cual con su cristal lo mire.
    ¡No ha de faltar quien el cristal ahumare!

    (Mutis de los Tres.*)*

Voceador 1.º   *¡El Soplo!*
Voceador 2.º   *¡El Soplo!*
Voceador 3.º   *¡El Soplo!*

    (Se alza el telón corto y comienza Ceros a la izquierda.)*

Voceador 3.º ¡Compren El Soplo con la escalofriante noticia
    del resultado de los partidos!
Los tres.   ¡Alabí,
                alabá,
                alabim
                bom
                bá!
                ¡El Soplo!
                ¡El Soplo!
                ¿Qué nos soplará?
    *(Hacen mutis los tres en fila india por lateral distinto al de
    la vez anterior y, como antes, vocean:)*
Voceador 1.º   ¡El Soplo!
Voceador 2.º   ¡El Soplo!
Voceador 3.º   ¡El Soplo!
    (Se alza el telón corto y comienza Ceros a la izquierda.)*

CEROS A LA IZQUIERDA [216]

PERSONAJES [217]

EL SEÑOR DIRECTOR   EL JOVEN ASPIRANTE
EL REDACTOR

(Al levantarse el telón corto, se ve una mesa de despacho con seis teléfonos encima. En el suelo, una papelera rebosante de telegramas. Sobre el centro de la mesa se eleva un montón de éstos, que tam-

---

[216] Esta pieza ocupaba originalmente el tercer lugar. En una carta a Ángel Berenguer, fechada en noviembre de 1971, Olmo dice:

«*Ceros a la izquierda* pasa al final. El juego de los voceadores de prensa cambia también, pasando el que da entrada a *Ceros a la izquierda* a su nuevo sitio e incluyendo en el suyo el de *Conflicto a la hora de la siesta.*»

En cuanto al título de la obra, en A aparecen varias opciones: «La metamórfosis del señor Director», «Hacia la hache general» y el definitivo «Ceros a la izquierda», con una variante que no aparece en B: «o los redondos ceros del norte».

[217] El orden de personajes es distinto en A:
El Señor Director.
El Joven Aspirante.
El Redactor.

bién cubren parte del suelo. Un poco al fondo, una
ventana da a la calle.)
(El Señor Director*, de pie tras de su mesa de des-*
pacho, lee para sí un telegrama al mismo tiempo
que, forzadamente jovial, va exclamando por uno
de los auriculares de cualquier teléfono) [218].

Director.   No importa, no importa. Las últimas noticias son decisivas, abrumadoramente decisivas. Ya sé,
ya sé que aún quedan cartas por jugar, pero es pan comido, y si me apura usted... Sí, sí; no sea modesto
y delo por hecho. La breva madura al «sprint». ¡Gran
misterio la sicología del héroe! Pero nadie, ni usted
mismo podrá evitar los titulares de mañana. Recuerda
lo de: «¿Quién fue primero?, ¿la gallina o el héroe?»
(Rápido.) Perdón, quise decir el huevo. Dilema vulgar
ante este otro: ¿Quién fue primero? ¿La Patria o el
huevo?, ¡digo el héroe! *(Altisonante.)* ¡Ya oigo el
himno! ¿Lo oye usted? [219].

---

[218] «(Al alzarse el teloncillo se ve una mesa de despacho con
seis teléfonos encima. En el suelo, una papelera rebosante de
telegramas. Estos cubren también el suelo. Sobre el centro de la
mesa, se eleva un montón. Un poco al fondo, una ventana da a la
calle. Sobre la mesa desciende un cono de luz. El Señor Director,
lee para sí un telegrama al mismo tiempo que, forzadamente jovial, va exclamando por uno de los auriculares de cualquier teléfono:).»

[219] A: Señor Director.   No importa, no importa. Las últimas
noticias son decisivas, mi querido general. ¡Abrumadoramente decisivas! Ya sé, ya sé que aún quedan cartas por jugar, pero es
pan comido, y si me apura usted, mi teniente general... Sí, sí:
delo por hecho. La breva madura al sprint. Y digo sólo teniente
general, porque me intimida su natural modestia. ¡Gran misterio
la sicología del héroe! Pero nadie, ni usted mismo podrá evitar
los titulares de mañana. Recuerda lo de: «¿quién fue primero?
¿La patria o el héroe?» No, no cuelgue. Por favor, escuche. ¡Mi
general! ¡Mi teniente general! ¡Mi...! ¿Está usted ahí? *(Breve
pausa.)* ¡Ah, creí que me había colgado! Pues sí: ¡titulares en-
hiestos como fortalezas! ¡Toda la prensa romanceando al ínclito!
¿Cómo? No, no, mi general; he dicho ínclito. *(Recalcando.)*
ín-cli-to. Naturalmente, mi teniente general: palabras serias. Nada
de calderilla expresiva. (Usted no es Puskas. Una cosa son las

*(Algo alejado, empieza a oírse un himno vibrante.
El señor* DIRECTOR, *en actitud de éxtasis, parece
escucharlo)* [220].

¡Qué momento! ¡Qué momento! ¿Lo oye usted?
¡Oiga! ¿No me oye? Soy yo: ¡El señor Director!
Nada, el tío me ha colgado [221].

(El señor DIRECTOR *cuelga a su vez y coge de nuevo
el telegrama que tenía antes. Lee en voz alta:)*

Diez mil más. *(Para sí.)* Diez mil más que sumados a
los de ayer son... ¡Me desesperan los ceros! *(Llamando.)* ¡Sánchez! *(Para sí.)* Hay que tener cuidado con
los ceros, ruedan, ruedan y nunca se sabe a dónde pueden llegar. *(Llamando de nuevo.)* ¡Sánchez! [222].

(Entra un REDACTOR *con varios telegramas en la
mano.)*

REDACTOR. *(Echando los telegramas uno a uno, sobre
la mesa.)* Uno, dos, tres, cuatro, cinco. De seguir esta
endemia de telegramosis el país quedará abatido por
la Hache [223].

---

porterías y otra los arcos de triunfo.) Ya oigo el himno. ¿Lo oye
usted?

[220] A: «Algo alejado, empieza a oírse un himno patriótico vibrante. El Señor Director, en actitud de éxtasis visionario, parece
escucharlo.»

[221] A: «¡Qué momento, mi teniente general! ¡Qué momento!
¿Lo oye usted? ¡Oiga! ¿No me oye? Ramírez. ¡General Ramírez!
Soy yo: ¡el señor Director! Nada: el tío me ha 'colgao'.»

[222] A: «Diez mil más no han acudido al trabajo esta mañana.
(Para sí.) Diez mil que, sumados a los de ayer, son... ¡Me desesperan los ceros! *(Llamando.)* ¡Sánchez! *(Para sí.)* Hay que tener
cuidado con los ceros. Los ceros ruedan, ruedan y nunca se sabe
a dónde pueden llegar. *(Llamando de nuevo.)* ¡Sánchez!»

[223] A: REDACTOR. *(Echa los telegramas uno a uno sobre la
mesa.)* Uno dos, tres, cuatro, cinco más. Dos cuencas mineras,
dos grandes fábricas y un complejo siderometalúrgico. A seguir

DIRECTOR. ¿La Hache?

REDACTOR. Son órdenes denominativas del Departamento de Orientación.

DIRECTOR. La hache. ¡La maldita hache! [224].

REDACTOR. El joven aspirante sigue ahí fuera. ¿Le hago pasar?

DIRECTOR. (*Tajante.*) Sigan quitando ceros, ¿entendido?

REDACTOR. Quitar no, señor Director. Hay que evitar responsabilidades. Lo que hacemos es colocarlos a la izquierda.

DIRECTOR. ¿A la izquierda? ¡Ni ceros les daba yo! Pero, en fin, salvemos las apariencias. (*Cogiendo y leyendo para sí uno de los nuevos telegramas.*) Haga pasar al joven ese. (*El* REDACTOR *da unos pasos.*) Un momento, Sánchez. Hay que pensar en los titulares. En primera página y con caracteres sensacionalistas —nunca hay que olvidarse de nuestra obra maestra: la estupidez receptiva de un determinado y mayoritario tipo de lector— quiero que se lea...

REDACTOR. (*Cortando.*) Más allá del «telón de acero»: los países socialistas y, al frente de ellos, la URSS, gestionan una gira del... (*Se corta.*) ¿No? La noticia en sí es inofensiva, pero tiene un tufillo a relaciones internacionales muy eficaz. Incluso se podría suprimir lo de «telón de acero» y dejarlo sólo en «telón», palabra que, para un pueblo imaginativo como el nuestro, tanto puede significar que se baja como que se alza. (*Pícaro.*) ¡Sagaz ambivalencia! ¿eh, señor Director? Y así conseguiríamos otra cosa no manca: que los «rubios del chicle» no se mosquearan demasiado [225].

---

esta endemia de telegramosis el país quedará abatido por la hache general.

[224] A: SEÑOR DIRECTOR. ¡Oh, ya! Claro, la hache; ¡la maldita hache general!

[225] A: REDACTOR. (*Cortando.*) El príncipe Eusebio. ¿Otra vez la Emperatriz? ¡Sorprendente flirt en las soleadas costas *andaluzas!* Nuestro país, que tan destacados éxitos viene cosechando en el terreno internacional... (*Ante un gesto de duda del Señor Director, se corta y pregunta:*) ¿No? Una de nuestras máximas

DIRECTOR. ¿Cuántos telegramas han traído ahora?

REDACTOR. *(Cogiéndolos y soltándolos.)* Cinco más, que suman en total...

DIRECTOR. *(Cortando enérgico.)* ¡Está bien! ¿Dónde le enseñaron a contar? Ya sé, ya sé que para usted dos y dos equivalen todavía a cuatro. Pero eso no es educar, eso no es más que incitar a las gentes a una visión materialista del devenir histórico. *(Altisonante.)* Dos y dos, Sánchez, equivalen a: ¡Viva la Patria! ¡Viva el Municipio! ¡Viva la Familia! *(Breve pausa.)* ¿Habrá adivinado lo que quiero que se lea? Y no olvide lo de los caracteres sensacionalistas: ¡en primera página! [226].

---

figuras del... *toreo (da un pase torero)* y una emperatriz! Piénselo, Señor Director.

SEÑOR DIRECTOR. No, no.

REDACTOR. Y sin abandonar el seguro terreno de la realeza. ¿Qué le parece este otro encabezamiento?: («Los países socialistas.» «Más allá del telón de acero. Los países socialistas y al frente de ellos la URSS gestionan una gira futbolística del Real... Madrid.») *(Se corta.)* ¿Tampoco? La oficina de orientación denominadora nos aplaudiría. La noticia es en sí inofensiva, pero tiene en sí un tufillo a relaciones internacionales muy eficaz. Incluso se podría suprimir lo de «telón de acero» y dejarlo sólo en telón, palabra que, para un pueblo imaginativo como el nuestro, tanto puede significar que se baja como que se alza. *(Pícaro.)* ¡Sagaz ambivalencia! ¿Eh, Señor Director? Así los rubios del chicle no se mosquearían demasiado.

[226] A: SEÑOR DIRECTOR. ¿Qué me había dicho antes? Dos cuencas mineras, dos grandes fábricas y...

REDACTOR. Un complejo sidero-metalúrgico, que sumados a los... digamos cien mil huelguistas de hace dos días...

SEÑOR DIRECTOR. *(Cortando.)* Esta bien, Sánchez.

REDACTOR. Y la cosa no ha hecho más que empezar.

SEÑOR DIRECTOR. ¡He dicho que está bien! ¿Dónde le enseñaron a contar?

REDACTOR. En un colegio del Ayuntamiento, señor Director.

SEÑOR DIRECTOR. ¿Y cuántos años tiene usted?

REDACTOR. Voy a cumplir cuarenta y ocho.

SEÑOR DIRECTOR. ¡Demasiados! Habría que restar veintitrés y dejarlos en veinticinco, cifra redonda y pacífica. Ayuntamientos los de ahora, preocupados seriamente por la formación de la infancia. Ya sé, ya sé que para usted dos y dos equivalen to-

REDACTOR. Sí, señor Director.
DIRECTOR. *(Tajante.)* ¡Pues largo!

(Se pone a leer otro telegrama. Y a punto de hacer mutis y desde el mismo lateral, el REDACTOR *se vuelve y exclama avanzando hacia la mesa.)*

REDACTOR. ¡Ya está! *(Hace un gesto ampuloso con la mano, como si escribiera en un periódico imaginario.)* «Hazaña espacial. Rusos y norteamericanos han flotado en el infinito, sí. ¿Pero qué sorpresa se reserva el alto mando de los «rubios del chicle» para acabar de desacreditar el original impacto causado por los marxistas-leninistas? [227]. ¿Un desembarco de marines en Marte? *(Ante el gesto irritado del* DIRECTOR.*)* No, ya veo que no. Tocan titulares nacionales. *(Repite el gesto ampuloso sobre el periódico imaginario.)* Por ejemplo...

DIRECTOR. Etcétera, etcétera, etcétera... *(Cuando el* REDACTOR *está a punto de salir, el señor* DIRECTOR *recalca.)* ¡Ah!, y en la página de sucesos, lo de la marejadilla laboral.

REDACTOR. En esa reunión, ¿qué se va a tomar? ¿Copa de vinillo y olé? [228].

---

davía a cuatro. Pero eso no es educar, eso no es más que incitar a las gentes a una visión materialista del devenir histórico. *(Altisonante.)* Dos y dos, Sánchez, equivalen a: *(En plan de vítores.)* ¡Viva la familia! *(Breve pausa. Con otro tono de voz.)* ¿Habrá adivinado lo que quiero que se lea? Y no olvide lo de los caracteres sensacionalistas: ¡en primera página!

[227] A: «... Hazaña espacial: un ruso y un norteamericano han flotado en el infinito, sí. ¿Pero qué sorpresa se reserva el alto mando norteamericano para desacreditar el impacto causado por el marxista-leninista?»

[228] A: SEÑOR DIRECTOR. *(Cortando.)* Etcétera, etcétera. *(Se enfrenta con el Redactor y, cogiéndole por los hombros, lo atrae hacia sí hasta casi juntarse las puntas de la nariz. Al mismo tiempo le ordena.)* ¡Míreme! ¡Lea en mis ojos! *(Pausa.)* ¿Ha leído ya? (El Redactor hace un gesto afirmativo con la cabeza.)* ¡Pues a ponerlo en primera página! *(Cuando el redactor está a punto de hacer mutis, el señor Director exclama.)* ¡Ah! y en la página de sucesos, lo de la marejadilla laboral.

DIRECTOR.   Se reunirán tarde, a la caída del sol.
REDACTOR.   ¿The, entonces? Claro que si acude...
DIRECTOR.   (Afirmativo.) ¡Acudirá!
REDACTOR.   Pues habrá que poner algún picatoste con chocolate, ¿eh? [229].
DIRECTOR.   (Tajante.) ¡Ponga whisky para todos! ¡Y lárguese ya!
REDACTOR.   ¡Whisky! (Haciendo mutis.) ¡Usted sí que es un político, señor Director!

(Suena un teléfono. El señor DIRECTOR descuelga e inquiere.)

DIRECTOR.   Diga. Sí, soy yo: el señor Director. ¿Con quién hablo? ¿Cómo? ¡Ah, conferencia! Sí, sí: el señor Director al aparato. Le oigo muy mal. ¡Coja aire y grite! ¿Qué dice usted? ¡Imposible! (Tajante.) ¿Dónde le enseñaron a contar? ¿Que no me entiende? Pues escuche: ¡Viva la Patria! ¡Viva el Municipio! ¡Viva la Familia! ¡Y·dimita, necio!

(Cuelga, irritado. Descuelga otro teléfono y comienza a marcar un número. Suena otro teléfono. Cuelga el que tiene sin acabar de marcar, y descolgando el que suena ahora, exclama irritado.)

¡Le he dicho que dimita! ¿Cómo? Perdón, mi... He sufrido una confusión, una lamentable... No, no, por Dios, sería una catástrofe. Usted en su sitio. La Historia tiene sus exigencias. ¿Antes me colgó, eh? ¿Qué dice? Con seguro vitalicio o sin él, estoy siempre a sus órdenes, mi... ¿Cómo? ¿Jóvenes sacerdotes también? No sea usted ingenuo, mi... Hábleles en latín y verá con qué tonillo le contestan. Nada de tonillo a Roma,

REDACTOR.   ¿En esa reunión convocada por el general, qué se va a beber? ¿Copa de vinillo del país?
[229] A: REDACTOR. Pues habrá que poner algún bizcochito con chocolate, ¿eh?

mi... ¡Tonillo a Praga! Sí, sí, Praga: Checoslovaquia, mi... *(Tajante.)* ¡Mierda! ¿De dónde? ¿De dónde van a salir todos ésos? Eso sería la gran hache, y entonces sí, entonces los *(Le da un chut a un balón imaginario.)* y además serían expulsados de la primera página. ¡Y eso no, mi...! La conquista de la primera página ha costado mucha y muy noble sangre. Naturalmente mi... Hay dos cosas sagradas: la primera página y la sección financiera. Por eso, mi... Todo, todo menos la gran hache. ¿Cómo? Sí, sí, mis órdenes son tajantes: ¡ceros a la izquierda! No, no se preocupe; son muy pocos, escasísimos los que saben leer entre líneas. ¿No le hablé ya de nuestra obra maestra? No, no: me refiero a la estupidez receptiva de... ¡Ah, ya le hablé! Fundamental y fundacional. Claro, claro.

(Del techo caen tres o cuatro telegramas. A uno de ellos, el señor DIRECTOR *trata de darle un cabezazo futbolístico. Esto sin dejar de hablar.)*

Las guerras, mi... Reconozca que se van haciendo imposibles, sobre todo en gran escala. Pero la guerra con tipos negros... No, no me refiero a esos; quiero decir tipos de imprenta: batallas sicológicas, mi... ¡Mierda! Los chupatintas, como usted dice, son los verdaderos estrategas del mundo de hoy. No hay supersónico que alcance la velocidad y el poder destructivo de una noticia debidamente utilizada. Usted pegue tres tiros donde quiera, pero si estos tiros no suenan en primera página, son balas perdidas. No, no; si no me enfado, ¡pero cada uno en su sitio!

(Entra en escena el JOVEN ASPIRANTE. *Se queda a una distancia de respeto. Ve caer dos o tres telegramas más del techo. El señor* DIRECTOR, *que no ha cesado de hablar, mira un instante al* JOVEN ASPIRANTE.)*

Una cosa que quería preguntarle: ¿En la reunión de mañana que van a tomar? ¿The?... ¿Y qué? ¿Picatostes con chocolate? Disiento, disiento. La bebida base debe ser whisky. Naturalmente. Si dejamos que predomine el chocolatito y los picatostes, estamos perdidos. Hoy por hoy, el chocolate empieza a ser subversivo. ¡Whisky! ¿De acuerdo? ¡Pues whisky! Sí, sí, naturalmente: descuide y piense en nuestra obra maestra. Exacto: sin ese tipo mayoritario de lector, y dicho con todo respeto, a usted y a mí ya nos podían ir dando por donde amargan los pepinos. ¡Oiga! ¡Oiga! ¿Me oye usted, mi...?

(Del techo caen otros telegramas. El señor DIRECTOR *cuelga el teléfono y encarándose con el* JOVEN ASPIRANTE, *inquiere.)*

¿Usted es...? [230].

---

[230] SEÑOR DIRECTOR. Diga. Sí, soy yo: el Director. ¿Con quién hablo? ¿Cómo? ¡Ah, conferencia! Sí, sí, el Director al aparato. Le oigo muy mal, coja aire y grite. ¿Qué dice usted? ¡Imposible! ¿De dónde van a salir ciento ochenta mil? ¿Cuántos años tiene usted? ¿Cuántos? *(Tajante.)* ¡Le sobran veinte! ¿Que no me entiende? Pues escuche: ¡Viva la Patria! ¡Viva el Municipio! ¡Viva la familia! No, no me pasa nada. ¿Qué número tiene su carnet de periodista? ¿Qué no ha pasado usted por la Escuela Oficial? ¡Pues dimite, necio! *(Cuelga irritado. Comenta para sí.)* Ciento ochenta mil. *(Descuelga otro teléfono y comienza a marcar un número.)* Lo he dicho siempre: aceleren la emigración. *(Suena otro teléfono. Cuelga el que tiene sin acabar de marcar el número y, descolgando el que suena ahora, exclama irritado.)* ¡Le he dicho que dimita! ¿Cómo? Perdón, mi teniente general. He sufrido una confusión, una lamentable... No, no, por Dios, sería una catástrofe. Usted en su sitio. La historia tiene sus exigencias. ¿Antes me colgó, eh? ¿Qué dice? Con seguro vitalicio o sin él, estoy siempre a sus órdenes, mi... No, no, esa cifra es exagerada; maniobra de los infiltrados, mi... ¿Cómo? ¿Jóvenes sacerdotes también? No sea usted ingenuo, mi... Hábleles en latín y verá con qué tonillo le contestan. Nada de Roma, mi... Tonillo a Praga. Sí, sí: Praga, Checoslovaquia, mi... ¡Mierda, mi general! ¿De dónde ¿de dónde van a salir doscientos mil huelguistas? Eso casi sería la hache general, y en-

345

JOVEN. El Joven Aspirante, señor Director.

DIRECTOR. *(Tajante.)* Dígame: ¿Por dónde amargan los pepinos? [231].

---

tonces sí, entonces las emperatrices, los *(Da un pase torero.)* y demás héroes nacionales serían expulsados de la primera página. ¡Y eso no, mi...! La conquista de la primera página ha costado mucha y muy noble sangre. Naturalmente, mi... Hay dos cosas sagradas: la primera página y la sección financiera. Por eso, mi... Todo, todo menos la hache general. Naturalmente, mi... La hache general no supondría una evolución, sino la revolución. ¿Cómo? Sí, sí, mis órdenes son tajantes: ¡Ceros a la izquierda! Muy pocos, mi... Escasísimos los que saben leer entre líneas. ¿No le hablé ya de nuestra obra maestra? No, no. Me refiero a la estupidez receptiva de... ¡Ah, ya le hablé! Fundamental, mi... Claro, claro, sin cierta dosis de estupidez nacional... *(Del techo, llueven tres o cuatro telegramas. A uno de ellos el señor Director trata de darle un cabezazo futbolístico. Esto sin dejar de hablar.)* Las guerras, mi... Reconozca que se van haciendo imposibles, sobre todo en gran escala. Pero la guerra con tipos negros... No, no me refiero a esos. Quiero decir tipos de imprenta: batallas sicológicas, mi... ¡Mierda, mi general! Los chupatintas, como usted dice, son los verdaderos estrategas del mundo de hoy. No hay supersónico que alcance la velocidad y el poder destructivo de una noticia debidamente utilizada. Usted pegue tres tiros donde quiera... (...) ¿En la reunión de mañana, qué van a tomar? ¿Té?... ¿Y qué? ¿Bizcochos con chocolate? Disiento, disiento. La bebida debe ser whisky. Naturalmente, mi teniente general. Si dejamos que predomine el chocolatito y los bizcochos, estamos perdidos. Hoy por hoy, el chocolate empieza a ser subversivo. ¡Whisky! ¿De acuerdo? ¡Pues whisky! A sus órdenes, Excelencia. Sí, sí, naturalmente, descuide, y piense en nuestra obra maestra. Exacto: sin ese tipo mayoritario de lector, y dicho con todo respeto, mi querido teniente general, a usted y a mí ya nos podían ir dando por donde amargan los pepinos. ¡Oiga! ¡Oiga! ¿Me oye usted, mi...? *(Del techo caen otros telegramas. El señor Director cuelga el teléfono, y encarándose con el joven aspirante, inquiere:)* ¿Usted es...?

[231] A continuación aparece en A el diálogo siguiente:

SEÑOR DIRECTOR. ¿Qué sabe de la Reforma agraria?

JOVEN. Que el Real *Madrid* Capital Club de Futbol, al clasificarse campeón de liga, podrá aspirar a la undécima Copa de Europa, señor Director.

SEÑOR DIRECTOR. Nómbreme una figura clave dentro de la política actual.

JOVEN. ¿Masculina o femenina?

JOVEN. (*Desconcertado.*) Señor, yo... ¿Ha dicho pepinos?

DIRECTOR. ¡Pepinos, sí!

JOVEN. Perdóneme, señor Director, pero no acabo de entender... [232].

DIRECTOR. ¿Dónde le enseñaron a contar?

JOVEN. (*Altisonante.*) ¡Viva la Patria! ¡Viva el Municipio! ¡Viva la Familia!

DIRECTOR. ¿Sabe colocar ceros a la izquierda?

JOVEN. Sí, señor Director.

DIRECTOR. Pues empiece a recoger telegramas [233].

(*El* JOVEN ASPIRANTE *empieza a recoger telegramas del suelo. Por la ventana, y como alejado se ve un resplandor rojizo. El* JOVEN ASPIRANTE *se yergue con unos cuantos telegramas y mira hacia la ventana. El señor* DIRECTOR *le mira a él y pregunta.*)

¿Qué mira usted?

SEÑOR DIRECTOR. Masculina y para la primera página.

JOVEN. El Cordobés.

SEÑOR DIRECTOR. ¿Femenina?

JOVEN. ...

SEÑOR DIRECTOR. ¿Y de ambos sexos?

JOVEN. No sé si he comprendido bien, señor Director, pero...)

[232] A: SEÑOR DIRECTOR. ¡Pepinos, sí! Productos del campo, joven.

JOVEN. ¿Y tiene eso que ver con la reforma agraria?

SEÑOR DIRECTOR. Precisando: ¡el sitio por donde amargan, sí!

JOVEN. Perdóneme, señor Director, pero no acabo de entender...

[233] A: SEÑOR DIRECTOR. ¿Cuántos años tiene usted?

JOVEN. (*Altisonante, en plan de vítores.*) ¡Viva la Patria! ¡Viva el municipio! ¡Viva la familia!

SEÑOR DIRECTOR. (*Concluyente.*) ¡Veinticinco años! Admitido, joven. ¿Sabe restar?

JOVEN. Sí, señor Director.

SEÑOR DIRECTOR. Pues empiece a recoger telegramas y reste.

(JOVEN. (*Recogiendo unos cuantos telegramas del suelo, lee para sí uno de ellos y pregunta.*) ¿Se refiere a goles, señor Director?

SEÑOR DIRECTOR. No hay que exagerar, joven. La estupidez nacional tiene un límite. Reste, calle. Y vaya pensando en su primer artículo sobre «El Reforma Agraria Club».)

nando totalmente de rojo. El tercer teléfono sigue sonando. El señor DIRECTOR *cuelga los dos auriculares, lento, preocupado, y, situándose detrás del* JOVEN ASPIRANTE, *adquiere la postura de antes* [236]. *El resplandor rojizo se refleja cada vez más en sus caras. Al mismo tiempo, se viene acercando un rumor de marea humana. Del techo siguen cayendo telegramas. Al fin, entra Sánchez, el* REDACTOR, *con unos cuantos telegramas más en las manos.)*

REDACTOR. ¡Más ceros, señor Director! *(Echando los telegramas sobre la mesa.)* ¡Ceros en el norte!, ¡ceros en el centro!, ¡ceros en el sur!

(El señor DIRECTOR *deja al* JOVEN ASPIRANTE *con su inmóvil postura y, acercándose al* REDACTOR, *le replica tajante.)*

DIRECTOR. ¡Ceros a la izquierda!
REDACTOR. ¡Y tan a la izquierda!
DIRECTOR. ¿Qué quiere usted decir?
REDACTOR. ¡Que empiezan a rodar por su cuenta, señor Director!
DIRECTOR. La gran hache todavía está lejos [237].
REDACTOR. Pero de seguir así...
DIRECTOR. ¡De seguir así! : ¡Whisky! Mucho whisky en la reunión de mañana [238].
REDACTOR. Por usted se suprimiría el chocolatito, ¿a que sí? [239].

---

[236] A: «El Señor Director cuelga los dos auriculares, lento, preocupado y, sin descolgar el que suena, vuelve a la ventana y, situándose detrás del joven aspirante, adquiere la postura de antes.»
[237] A: SEÑOR DIRECTOR. La hache general todavía está lejos.
[238] A: SEÑOR DIRECTOR. (¿Ha encargado el wisky para la reunión de...) De seguir así: ¡wisky! ¡Mucho wisky en la reunión de mañana!
[239] A: REDACTOR. *(Intencionado.)* Por usted, se suprimiría...

DIRECTOR. Limitado y con picatostes [240] de primera calidad, no hay cuidado.

REDACTOR. *(Adulón.)* ¡Usted sí que es un político, señor Director! [241].

(*El* JOVEN ASPIRANTE, *que no se ha movido de la ventana y que ha ido reflejando en sí el creciente resplandor rojizo, exclama de pronto.*)

JOVEN. ¡Son antorchas, señor Director! ¡Y vienen hacia aquí!

(*El señor* DIRECTOR *y el* REDACTOR *corren hacia la ventana. En la cara de los tres, el resplandor rojizo adquiere características de incendio* [242]. *Sube también el rumor de marea humana.*)

REDACTOR. Esa reunión debía celebrarse hoy mismo y con carácter de urgencia.

DIRECTOR. Calma, Sánchez. La tarde de mañana está muy cerca y esto que ocurre favorece, es necesario para la eficacia de la reunión.

REDACTOR. Piense en los ceros del sur, en los ceros del centro, en los redondos ceros del norte.

DIRECTOR. Sólo pienso en una palabra: evolución. No daremos tiempo a que se le anteponga la erre.

JOVEN. ¡Miren! ¡Son periódicos! ¡Antorchas hechas con periódicos!

DIRECTOR. ¿Qué hacen ahora?

REDACTOR. Están haciendo un montón de...

DIRECTOR. *(Sacándose y poniéndose unas gafas.)* ¿De qué, Sánchez? ¿De qué?

JOVEN. ¡De periódicos, señor Director!

---

[240] A: «bizcochos».
[241] A: REDACTOR. *(Adulón.)* (Sagacidad se llama esa figura, señor Director.) ¡Usted sí que es un político, señor Director!
[242] A: «... En la cara de los tres, siempre creciente, el resplandor rojizo adquiere características de incendio.»

DIRECTOR. ¡Y ahora le prenden fuego!

(*El resplandor se hace intenso. De la calle sube, cada vez más claro, el rumor de marea humana. El señor* DIRECTOR *se precipita a uno de los teléfonos y nervioso marca*) [243].

¿Brigada de...? Aquí el señor Director. (*Excitado.*) ¡Fuego! Fuego a toda plana! ¿Que cuántos? (*Al* REDACTOR.) Sánchez, ¿son muchos los incendiarios?
REDACTOR. (*Asomándose.*) Unos... Calcule aquí abajo unos... [244].
DIRECTOR. (*Rápido.*) ¡Son la tira! ¡Vengan rápido! (*Cuelga.*) [245].
JOVEN. Ya se oye, señor Director [246].
DIRECTOR. ¿Qué se oye?
JOVEN. Escuche.

(*Se acerca el sonido de una sirena.*)

DIRECTOR. ¡Una sirena! (*Yendo, alegre, a la ventana.*) Habría que proponer la canonización del...

(*Se corta. La sirena se oye ahora en su máxima intensidad. También se oye algún grito y algún muera ininteligible. El señor* DIRECTOR *inquiere.*)

---

[243] A: «... de los teléfonos y nervioso, marca tres cifras».
[244] A: REDACTOR. (*Asomándose a la ventana.*) Unos... Calcule aquí abajo unos tres mil.
[245] A: SEÑOR DIRECTOR. (*Rápido, al teléfono.*) ¡Unos diez mil! ¡Vengan rápido! (*Cuelga.*)
[246] A: REDACTOR. ¿Ceros a la derecha, Señor Director?
SEÑOR DIRECTOR. Ni a la derecha ni a la izquierda, estos son ceros tácticos.
REDACTOR. ¿Publicables?
SEÑOR DIRECTOR. ¡No sea usted necio!
JOVEN. Ya se oye, señor Director.

¿Muera quién ¿Quién piden que muera? ¿Y abajo? ¿Abajo qué? [247].

(Clara, llega de la calle la siguiente exclamación.)

VOZ EN LA CALLE.   ¡Abajo la sección de sucesos!
DIRECTOR.   ¿La sección de sucesos?· *(Asomándose, valiente ahora, a la ventana, increpa a los de la calle.)* ¡Eso quisierais! ¡Vagos!, ¡maleantes!, ¡indocumentados!, ¡incendiarios! (Empujando al JOVEN ASPIRANTE hacia la calle.)* ¿Usted qué hace aquí? ¡Muévase!, coja una cámara, baje, y retrate a todo el que pueda. *(Dándole un último empujón.)* ¡Largo!

(El JOVEN ASPIRANTE *desaparece. El señor* DIRECTOR *se encara con el* REDACTOR. *Ya ha ido desapareciendo el tumultuoso ruido de abajo. Lo que continúa, intenso, es el resplandor rojizo.)*

Y usted ya sabe: entre vagos [248].
REDACTOR.   Maleantes.
DIRECTOR.   Indocumentados.
REDACTOR.   E incendiarios.
DIRECTOR.   Se han efectuado numerosas detenciones.

(Lo que cae del techo ya es una lluvia de telegramas. Al mismo tiempo, comienza a sonar de nuevo un teléfono. Luego otro. Pronto suenan los seis. El señor DIRECTOR *sigue dando instrucciones.)*

Exalte el vigoroso patriotismo de las fuerzas del orden.

---

[247] A: JOVEN.   ¡La sirena! *(Se acerca una sirena de la «poli».)* SEÑOR DIRECTOR.   *(Yendo a la ventana.)* ¡Benditos sean! *(Alegre.)* Habría que proponer la canonización del Jefe de la Brigada, ¿eh, Sánchez? *(La sirena se oye ahora en su máxima intensidad. También se oye algún grito y algún muera ininteligibles.)* ¿Muera quién? ¿Quién piden que muera? ¿Y abajo? ¿Abajo qué?
[248] En A se lee a continuación esta acotación:

(Empiezan a caer de nuevo telegramas del techo.)

352

¿Y, quién juega mañana? Bueno, es igual. Utilice, como siempre, las noticias madre [249].

REDACTOR.   ¿Y de la sección financiera?

DIRECTOR.   ¿De la sección financiera? *(Tajante.)* Espere a que pase la reunión de mañana.

REDACTOR.   ¿Ordena algo más, señor Director?

DIRECTOR.   Nada de momento, Sánchez.

(El REDACTOR *hace mutis. El señor* DIRECTOR *descuelga uno de los teléfonos.)*

Aquí el señor Director. ¿Con quién hablo? ¿Cómo? Le oigo muy mal, coja aire y grite. *(Excitado.)* ¿Cómo? ¡Aprenda usted a contar, imbécil! [250]. *(Cuelga de un golpe.)*

(Los demás teléfonos no han dejado de sonar. Ahora, molesto, los va descolgando el señor DIRECTOR *dejando los auriculares sobre la mesa. Se oyen muchas voces ininteligibles brotando de ellos. Sigue la lluvia de telegramas. El señor* DIRECTOR *se acerca a la ventana y se coloca como antes. El resplandor de la hoguera le incendia la cara. El señor* DIRECTOR *saca un dedo fuera de la ventana como queriendo comprobar la realidad de las llamas. Lo retira rápidamente, y chupándose el «quemado» dedo, hace mutis. Durante unos instantes se oyen las ininteligibles voces de los auriculares. Y llueven, llueven, llueven telegramas. Lento cae el*

TELÓN) [251].

---

[249] A: ... Exalte el vigoroso patriotismo de las fuerzas del orden. *(Enfático.)* ¡De nuestro orden! Y, ¿quién torea mañana? Bueno, es igual, utilice como siempre las noticias (maestras) madre.

[250] A: SEÑOR DIRECTOR. Aquí el Señor Director. ¿Con quién hablo? ¿Cómo? ¿Señor Austria? Le oigo muy mal, coja aire y grite. ¿Austria? ¿Asturias? ¿Cómo? ¿En qué quedamos: Austria o Asturias?

[251] En A dice: «Telón corto». Esta pieza aparece firmada así: «L. Olmo. Madrid, mayo de 1965.»

Colección Letras Hispánicas